Für meine Eltern

AUTONOME PROVINZ BOZEN SÜDTIROL
PROVINCIA AUTONOMA DI BOLZANO ALTO ADIGE

Deutsche Kultur

Die Drucklegung dieses Buches wurde ermöglicht durch
die Südtiroler Landesregierung / Abteilung Deutsche Kultur.

2021

Umschlagmontage:
Illustration: stock.adobe.com – Vasif_art
Foto: David Niederkofler

Fotos: David Niederkofler

Design & Layout: Athesia-Tappeiner Verlag

Druck: GZH, Zagreb

ISBN 978-88-7073-962-6

www.athesia-tappeiner.com
buchverlag@athesia.it

TAPPEINER

MIX
Papier aus verantwortungsvollen Quellen
FSC® C105545
FSC www.fsc.org

David Niederkofler

Mein Fahrrad und ich

11.000 km von den Alpen bis zum Himalaya

Italy2Nepal

TAPPEINER.

Inhalt

6 **WARUM MIT DEM FAHRRAD NACH NEPAL?**

8 Körperliche und mentale Vorbereitung

10 Mein Start in Südtirol

12 **ÖSTERREICH**

12 Erste Erfahrungen mit Couchsurfing

16 Herausforderung Sprachbarriere

17 **SLOWENIEN**

18 Ich könnte ununterbrochen essen …

19 Abendessen mit slowenischen Studenten

20 **KROATIEN**

20 Feiern mit Kroaten

23 Ich verstecke mich vor Wildschweinen

25 Der Beinaheunfall

25 Das Hundehotel

29 **SERBIEN**

29 Das Problem mit den Hunden

31 Serbische Gastfreundschaft

33 Ich fühle mich in Serbien sehr wohl

34 Weitergereicht

35 Serbien wird immer besser

40 **BULGARIEN**

41 Zwielichtige Gestalten

43 Bulgarien kann auch anders

45 **GRIECHENLAND**

46 **TÜRKEI**

46 Glück im Unglück

48 Full Service

50 Istanbul: berauschend!

53 Die Türken und das Essen

57 Radeln im Regen und Kaffeesatzlesen

61 **GEORGIEN**

62 Meine ersten Reisepartner

64 Der Goderdzi-Pass

67 Stress mit dem chinesischen Visum

71 Meine Drohne wird entdeckt …

73 **ASERBAIDSCHAN**

74 Hitzealarm!

77 Mit der Fähre über das Kaspische Meer

79 **KASACHSTAN**

81 Wieder allein

82 Der erste Kontakt mit Kasachen

86 Per Anhalter nach Beyneu

91 Tourist? No problem!

93 **USBEKISTAN**

94 Der Ausflug zum Aralsee

97 Ein Tag mit einem usbekischen Bauer

99 Oase Khiva

101 400 Kilometer durch die usbekische Steppe

103 Der anstrengendste Tag meiner Reise

107 Überanstrengt

109 Relaxen in Buchara

111 Die ersten Beschwerden

112 Das Radfahren mit Nacho beginnt
116 Wiedersehen mit meinen Freunden

118 TADSCHIKISTAN
120 Es geht wieder von vorne los
126 Afghanistan ganz nah
126 Der Pamir-Highway
128 Im Wakhan-Tal
132 Die Musik kann es richten
133 Besuch von Wölfen?
136 Endlich wieder Asphalt und Zivilisation
137 Ich bezwinge den Ak-Baital-Pass
141 Letzte Tage in Tadschikistan

149 KIRGISTAN
151 Zurück in der Zivilisation
151 Das Radfahren wird immer leichter
155 Luxus in Osh
156 Nacho muss fort
157 Wandern im Norden von Kirgistan
160 Die Nacht im Taxi

163 CHINA
163 Die längste Einreise meines Lebens
167 Die Tortur geht weiter
171 Ich will weg!
174 Auch das Ausreisen ist mühsam

176 PAKISTAN
176 Im Osten viel Neues
179 Der atemberaubende Norden Pakistans
184 Nacho ist wieder da – Fairy Meadows
186 Kompliziertes Pakistan
189 Es werden immer mehr …
195 Islamabad – was für eine große Überraschung
199 Action auf der GT-Road
206 Die Zeit drängt

213 INDIEN
214 Ein guter Start im neuen Land
218 Ich finde ein Handy
220 Unergründliches Chaos
221 Pause in Indien
226 Ich komme wieder!

229 NEPAL
232 Auf Safari
236 Kathmandu zum Greifen nah
240 Der letzte Tag auf dem Rad
245 Der Drei-Pässe-Trek bis zum Everest Base Camp
249 Eine lange Reise geht zu Ende

255 NACHWORT

Warum mit dem Fahrrad nach Nepal?

„Ich werde es machen!", sage ich kurz vor Weihnachten 2017 zu mir, während ich die fertig geplante Route von Italien bis nach Nepal vor mir auf dem Bildschirm des PCs ansehe. „Am 11. März 2019 bin ich weg!"

Meine Fahrradreise um die halbe Welt hat eigentlich schon im Herbst 2017, eineinhalb Jahre vor dem eigentlichen Start, begonnen. Ab diesem Zeitpunkt fiebere ich nur noch diesem einen Tag im Jahr 2019 entgegen.

Ich bin also kurz vor Weihnachten 2017 in Graz und dabei, mein Telematik-Studium an der Technischen Universität abzuschließen. Alle Prüfungen habe ich schon hinter mir, es fehlt nur noch die Diplomarbeit. Ich rechne mir aus, dass ich das Studium spätestens im Juni 2018 beendet haben werde und im Anschluss noch ein paar Monate lang Geld verdienen kann.

Der Plan geht auf und im Sommer 2018 arbeite ich in meiner Heimat Südtirol als Programmierer. Bis zu diesem Tag ist viel passiert. Das Studium ist nach fünf Jahren erfolgreich abgeschlossen, und ich habe in der Zwischenzeit einen Teil meiner Ausrüstung für die große Reise zusammengesucht. Es gab ein paar Änderungen bei der Route, im Zeitplan und auch in meinem Kopf. In den vergangenen Wintermonaten kamen immer wieder Gedanken auf wie: Was hast du da eigentlich vor? Schaffst du das überhaupt? Und auch:

Warum Nepal?

Warum mit dem Fahrrad?

Warum so weit?

Fahr doch zu zweit, warum nimmst du niemanden mit?

Diese und noch mehr Fragen werde ich von nun an fast jeden Tag hören, als ich meiner Familie, Freunden und Bekannten ungefähr Mitte des Jahres 2018 zum ersten Mal von meinem Vorhaben erzähle. Ich habe es sehr lange für mich behalten und keinen wissen lassen, was 2019 passieren wird. Aus dem Grund, dass ich mir selbst nicht sicher war, ob ich es wirklich durchziehen kann, und weil ich mir nicht ganze eineinhalb Jahre immer dieselben Fragen anhören wollte.

„Der spinnt doch nur wieder! In zwei Wochen wird er diese Schnapsidee wieder vergessen haben …", meint die Mutter eines guten Freundes, den ich schon seit dem Kindergarten kenne. „Warte nur ab. Wenn der das sagt, dann macht er es auch. Da bin ich mir sicher", antwortet dieser

Der Startschuss ist gefallen: Mein Bruder radelt noch mit bis Bruneck.

seiner Mutter. An diese Sätze kann ich mich noch gut erinnern. So eine Bestärkung kann ungemein motivieren.

Warum mein Ziel ausgerechnet Nepal geworden ist, kann ich nicht genau sagen. Dieses Land hatte ich schon seit Jahren im Hinterkopf, aber nie konkret geplant, es eines Tages zu besuchen. Durch den höchsten Berg der Welt ist es überall bekannt und strahlt daher einen gewissen Reiz aus.

Eigentlich war zuerst die Idee vom Radreisen in meinem Kopf und dann erst das Ziel Nepal. Mein Mitbewohner aus der Studienzeit war für ein paar Wochen als Rucksacktourist in Kirgistan unterwegs.

Als er mir erzählte, wohin er verreisen wird, musste ich noch mal nachfragen: „Kirgis… was?“ Ich hatte zu diesem Zeitpunkt überhaupt keine Ahnung, wo Kirgistan sein soll und schon gar nicht, wie es dort aussieht.

Während er weg war, schickte er mir immer wieder Fotos von der unglaublich schönen Landschaft. Ich war sofort am PC und musste mehr über Kirgistan erfahren. Ich will auch dort hin!

Manchmal habe ich die Angewohnheit, lieber etwas zu weit und zu groß zu denken als zu klein: Wenn ich schon mal da drüben bin, könnte ich mir ja auch die Nachbarländer ansehen.

So kam ich dann auf das im Süden liegende Tadschikistan. Die Bildersuche im Internet lieferte endlose Weiten, wunderschöne Berglandschaften und etwas für mich nicht Begreifbares: jede Menge Radfahrer!

Nach kurzer Recherche war klar, auch ich will dort mit dem Rad fahren! Der sogenannte „Pamir-Highway" in Tadschikistan ist ein sehr beliebtes Ziel für Radreisende. Er soll mit seinen 1250 Kilometern und über 4600 Meter hohen Gebirgspässen eine echte Herausforderung für jeden Radler sein. Es gibt nur wenige Dörfer auf dieser Strecke und so ist man oft auf sich allein gestellt.

Als ich das las, packte mich der Ehrgeiz. Ich habe schon immer bei allem Möglichen die Herausforderung gesucht. Wenn es zu leicht ist, wird es für mich schnell langweilig. Es darf ruhig etwas anspruchsvoller sein.

Ich setzte mich immer mehr mit dem Thema Radreisen auseinander und sah, dass vieles möglich ist, solange der Wille da ist. Für mich stand fest, dass ich in Tadschikistan Fahrrad fahren will. Dort hinzufliegen, Rad zu fahren und dann wieder heimzureisen war aber nie eine Option. Das musste besser und abenteuerlicher gehen.

Langer Rede kurzer Sinn: Nach weiteren Wochen Recherche wusste ich, dass es tatsächlich möglich ist, mit dem Fahrrad von zu Hause bis nach Tadschikistan zu radeln. Dafür würde ich etwa vier bis fünf Monate brauchen. Da ich nach dem Studium aber für ungefähr ein Jahr verreisen wollte, musste da noch was draufgelegt werden. Und so kam mir Nepal wieder in den Sinn. Die Tour war perfekt.

KÖRPERLICHE UND MENTALE VORBEREITUNG

Wie bereite ich mich auf so eine lange Reise vor? Ich hatte keine Ahnung. Die mentale Vorbereitung auf diese Reise hat jedenfalls schon während meines Studiums begonnen.

Mein Fach war ein sehr technisches, und es gibt vergleichsweise wenige Telematik-Absolventen pro Jahr. Wir Telematiker sind auf dem Arbeitsmarkt also ziemlich gefragt – das wird zumindest an der Universität so gepredigt. Es wurde uns ständig eingetrichtert, wie viel Geld wir mit der Arbeit verdienen sollen und wann der Arbeitsplatz zu wechseln ist, um noch mehr zu verdienen. Es gab sogar Kurse und Seminare, wie man das höchstmögliche Gehalt bei einem Bewerbungsgespräch rausschlagen kann.

Für viele mochte das vielversprechend klingen und eine tolle Zukunft verheißen. Für mich war das nichts. Ich konnte dieses ständige Geschwafel von Geld und von „Karriere machen" nicht mehr hören.

Mir war klar: Ich will nicht ein Leben lang verbissen dem Geld nachlaufen und keine Zeit für das eigentliche Abenteuer des Lebens haben – reisen, die Welt entdecken, Leute kennenlernen, Abenteuer und neue Dinge erleben. Mich haben schon immer Menschen fasziniert, die eine Geschichte erzählen können. Wie viel Geld diese auf dem Konto haben oder welche Karriere sie gemacht haben, interessiert mich dabei am wenigsten.

Das Studium an sich hat mir viel Spaß gemacht, und ich habe dabei auch viel gelernt. Nur mit dem Gedanken als Lebensziel, so reich wie möglich begraben werden zu wollen, konnte ich mich nie wirklich identifizieren und habe mich deshalb entschlossen, eine 1-jährige Auszeit zu nehmen.

Jetzt, zu Hause, nach dem Studium, bereite ich mich nicht gezielt auf meine große Reise vor, ich wüsste auch nicht genau, wie ich das machen sollte. Die Route selbst lege ich schon fest, doch über die einzelnen Länder entlang der Strecke informiere ich mich hauptsächlich bezüglich Einreisebestimmungen, Visum und Wetter. Wie die Leute, die Kultur und das gesamte Drumherum sind, schaue ich mir nur ganz kurz oder überhaupt nicht an. Ich will nicht mit Vorurteilen in ein Land einreisen, sondern mir selbst ein Bild davon machen.

Viele Freunde und Bekannte warnen mich vor der Türkei und Pakistan. Über diese Länder liest man viel Schlechtes in den Medien, aber während der Planung meiner Route habe ich in der Radreise-Szene das totale Gegenteil gehört. Das reicht mir, um mich unglaublich auf diese zwei Länder zu freuen.

Da der Starttag der 11. März 2019 sein wird, kann ich davor, in den Wintermonaten 2018/19, nicht viel auf dem Fahrrad trainieren. Erstens ist es eisig und kalt, zweitens wird mein Fahrrad erst einen Monat vor dem geplanten Start geliefert. Deshalb versuche ich, die Beinmuskeln mit Skitouren irgendwie bei Kräften zu halten und überlasse alles andere dem Schicksal.

Es darf jetzt nur nichts schiefgehen, geht mir bei jeder Skitour durch den Kopf. Breche ich mir jetzt ein Bein, dann war die Planung und Aufregung der vergangenen eineinhalb Jahre umsonst.

Eine Bekannte gibt mir immer wieder zu verstehen, dass man mir diese Anspannung ansieht. In den letzten Tagen und Wochen vor dem Start wechselt meine Stimmung täglich zwischen Aufregung und riesiger Vorfreude. Es wird ernst … Ich habe ein bisschen Angst.

MEIN START IN SÜDTIROL

Montag, 11. März 2019. Es ist halb sieben. Der Wecker klingelt. Endlich. Ich habe vor Aufregung sehr schlecht geschlafen und freue mich, endlich aufstehen zu können. Diese Freude schlägt aber schnell in Druck und Angst um. Ich muss los, ich will aber nicht!, geht es mir ständig durch den Kopf, während ich mich anziehe und mir von meinen Eltern und Geschwistern zum Geburtstag gratuliert wird.

Die Tatsache, dass ich heute meinen 25. Geburtstag feiere, habe ich in den vergangenen Tagen komplett verdrängt. In meinem Kopf drehte sich alles so ausschließlich um die Vorbereitung und den heutigen Start meiner Reise, dass ich tatsächlich versäumt habe, meiner Zwillingsschwester ein Geburtstagsgeschenk zu besorgen. Klingt traurig, ist es auch. Sie nimmt es aber zum Glück mit Humor und zeigt sich verständnisvoll.

Die Aufregung ist groß, denn ich habe mir vorgenommen, spätestens um neun Uhr loszufahren. Ich brauche eine Deadline, sonst werde ich nie aufbrechen. Zusammen mit Familie und Freunden esse ich Geburtstagskuchen und versuche, mich mit Gesprächen abzulenken. Ich will nicht auf die Uhr sehen, ich will einfach nicht fort. Ist es schon neun Uhr?

Es ist ein großartiges Gefühl, mit lieben Menschen zusammenzusitzen und über Gott und die Welt zu philosophieren. Hin und wieder wage ich einen Blick auf die Uhr und sehe, dass es schon nach neun Uhr ist. Ich sage nichts und hoffe, dass es ihnen nicht auffällt. Nie im Leben hätte ich gedacht, dass mir das Losfahren so schwerfallen wird …

Nach einigen Minuten fällt dann eben doch auf, dass ich den Start verpennt habe. Jetzt geht alles ganz schnell. Alle zusammen stehen wir vom Küchentisch auf und ich werde aufgefordert, mich bereitzumachen. Nach wenigen Minuten stehe ich vor meinem Elternhaus in Luttach und muss mich ein letztes Mal für eine sehr lange Zeit von meinen Eltern, Geschwistern und Freunden verabschieden. Das Rad steht vollgepackt neben mir. Es ist ein sehr unguter Moment. Nach vielen kräftigen und emotionalen Umarmungen stehen wir im Kreis, und es herrscht eine bedrückende Stille. All meine Liebsten stehen in diesem Rund, und wir sehen uns nur an. Niemand sagt was. Ich glaube, das ist das Zeichen, endlich zu starten …

Der erste Tritt in die Pedale. Mein schwer beladenes Rad wackelt und ich muss es im Gleichgewicht halten. Ich komme nicht weit – nur zehn Meter. Mein Kilometerzähler schaltet das erste Mal von 0,00 auf 0,01 Kilometer um. Das nehme ich zum Anlass, anzuhalten und mich ein letztes Mal nach meiner Familie umzudrehen.

„Schon zehn Meter gefahren! Fast am Ziel!“, lache ich, während mir innerlich überhaupt nicht zu Scherzen zumute ist.

Mein Bruder Simon begleitet mich die ersten 20 Kilometer nach Bruneck. Auf dem Weg dort hin machen wir in Sand in Taufers am Arbeitsplatz des Freundes halt, den ich seit dem Kindergarten kenne. Er ist derjenige, der immer an mich geglaubt hat und seiner Mutter vor über einem Jahr sagte, „... dass er das durchziehen wird“.

Es ist ein unbeschreibliches Gefühl, ein Jahr später neben ihm zu stehen und tatsächlich zur lange geplanten Reise nach Nepal aufzubrechen. In Bruneck muss ich mich ein letztes Mal von meinem Bruder verabschieden, und dann geht es los. Ab jetzt bin ich allein unterwegs. Krass.

Ich fahre durch das Pustertal Richtung österreichische Grenze. Auf dem Radweg liegt noch Schnee, weshalb ich auf der viel befahrenen Straße bleiben muss. Während des Radelns versinke ich mehrere Male in meinen Gedanken: Und das machst du nun für neun Monate! Das wird sehr anstrengend und sehr lang. Schaffst du das denn?

Auf der Pustertaler Straße werde ich mehrmals von Leuten angehalten, die in den Nachrichten von meinem Plan erfahren haben. Es ist wunderbar, wie sie sich mit mir mitfreuen, endlich diese Reise starten zu können. Die kurzen, anregenden Gespräche lenken mich von meiner Aufregung und dem Muffensausen etwas ab. Das ungewohnt schwere Fahrrad und die vielen Stopps machen mich langsam, und ich erreiche erst am späten Nachmittag die Grenze.

Eigentlich ist dieser Grenzübergang für mich nichts Besonderes, da ich hier mehrere Male im Jahr mit dem Auto vorbeifahre. Dennoch feiere ich diesen Moment sehr. Ich habe soeben mein erstes von insgesamt 18 geplanten Ländern hinter mir gelassen und werde meine Heimat Südtirol erst im Dezember wiedersehen. Ein spannendes, aber auch ein klein bisschen beunruhigendes Gefühl. Ich weiß überhaupt nicht, was mich in den kommenden Monaten erwarten wird.

Österreich

Von der Grenze bis Lienz sind es 35 Kilometer. Diese spule ich zügig herunter. Es wird schon dunkel und ich will nicht zu spät bei meinem ersten Gastgeber ankommen. Ich darf heute Nacht bei einer jungen Frau verbringen, die ich über „Couchsurfing“ kennengelernt habe.

ERSTE ERFAHRUNGEN MIT COUCHSURFING

„Couchsurfing“ ist ein internetbasiertes Netzwerk, wo Mitglieder Reisenden einen Schlafplatz anbieten. Das Prinzip ist super: Man hat ein Dach über dem Kopf, lernt interessante Leute kennen und kann viele Geschichten austauschen.

Als ich bei Lisa ankomme, hat sie ein leckeres Abendessen vorbereitet und wartet schon auf mich. Wir unterhalten uns gut, aber nicht allzu lange. Man scheint mir anzusehen, dass ich sehr müde bin, und sie lässt mich schlafen gehen.

Der heutige Tag war für mich sehr belastend – mental und körperlich. Nach einer fast schlaflosen Nacht und der langen Winterpause mit dem schweren Rad gleich auf Anhieb eine 100-Kilometer-Etappe zu machen, spüren meine Beine sehr. Mein Körper ist todmüde. Doch nicht nur der Körper braucht seine Pause, sondern auch mein Kopf.

Heute ist eine Menge passiert: Geburtstagsglückwünsche, viele Abschiede, mehrere Gespräche mit Unbekannten und natürlich die ständige Ungewissheit, wie wohl die nächsten Monate werden. Meine Eindrücke und Gedanken halte ich in einem Tagebuch fest und schlafe dann sofort ein. Ein anstrengender, trauriger und zugleich wahnsinnig toller erster Tag.

Von Lisa komme ich erst spät weg. Ich brauche noch zu lange, bis ich meine Taschen wieder gepackt und sie auf dem Rad stabil fixiert habe. Auch das Navigieren mit dem Smartphone während der Fahrt fällt mir schwer. Ich muss oft anhalten, um zu sehen, wo ich abbiegen muss. Alles ist noch sehr ungewohnt.

Lienz hinter mir lassend fahre ich – wie auf dem Großteil meiner Reise – immer Richtung Osten. Der Radweg ist in keinem guten Zustand. Die Unwetter der vergangenen Monate und der Schnee vom Winter sind noch deutlich zu spüren. Ich muss mein Rad oft durch den Schlamm schieben oder über große Eisflächen balancieren.

Die erste Landesgrenze – ich freu' mich!

Wenn du jetzt ausrutschst und dir irgendwas brichst, war deine Reise genau zwei Tage lang, scherze ich mit mir selbst. Zum Glück passiert nichts und ich komme am Abend bei Spittal an. Hier irgendwo will ich mein Zelt aufschlagen, doch die Suche nach einem passenden Platz gestaltet sich schwieriger als erwartet: Normalerweise habe ich immer an möglichst abgelegenen Stellen gezeltet, aber jetzt will ich eine in der Nähe des Radweges finden. Das hat den Vorteil, dass ich morgen in der Früh gleich weiterfahren kann, ohne lange Umwege zu machen. Der Nachteil ist aber, dass überall Häuser stehen und ich keinen versteckten Platz finde.

Oben: Das fängt ja gut an – „Radweg“ nach Spittal.

Unten: Ein Zelt, ein Topf, ein Kocher – mein reisendes Hotel.

Nach einer halben Stunde Suche wähle ich zum Übernachten eine kleine Wiese oberhalb einer Straßenkreuzung, neben einem Strommast. Romantisch ist anders, aber „es ist ja nur für eine Nacht.“ Während ich mein Zelt aufstelle, hoffe ich, dass niemand vorbeikommt. Ich will nicht schon am zweiten Tag meiner Reise rechtfertigen müssen, was ich hier mache. Wild Zelten ist in Österreich eigentlich verboten … Es dauert eine gefühlte Ewigkeit, bis ich meinen Schlafplatz fertig aufgebaut habe. Das Suchen der Kochutensilien geht auch nicht schneller. Die Sachen sind noch ohne System auf die sechs Fahrradtaschen verteilt, und ich finde mich in meinem neuen Wohnzimmer noch nicht zurecht.

Es gibt Spaghetti mit Thunfischsauce. Alle Speisen bereite ich auf meinem Campingkocher zu. Mit nur einem Topf werden es keine spektakulären Gerichte sein, aber solange sie Kraft geben, bin ich zufrieden. Die Kraft hat mich für heute verlassen, und ich warte in meinem Schlafsack darauf, dass ich einschlafe. Es wird kalt, und ich spüre heute meine Knie sehr stark. Sie schmerzen. Der Start der Reise war wohl etwas zu überstürzt und anstrengend. Hoffentlich sind die Schmerzen morgen wieder weg.

Die Nacht verläuft ruhig und es kommt niemand vorbei. Das ist schon mal gut, aber leider haben die Knieschmerzen nicht nachgelassen. Mist! Vielleicht ist es nur die Kälte, die schmerzt, und es wird im Laufe des Tages besser. Ich hoffe es zumindest.

Das Abbrechen des Zeltplatzes dauert eine gefühlte Ewigkeit. Ich habe noch überhaupt kein System, wie ich meine Sachen zusammenpacken und in die Fahrradtaschen geben kann, ohne alles fünfmal in die Hand zu nehmen. Na ja, das wird schon noch werden …

Sobald die ersten Sonnenstrahlen meinen Zeltplatz erreichen, geht es weiter. Ich freue mich sehr, weiterzufahren! Die Motivation ist riesig. Das liegt wahrscheinlich daran, dass ich die heutige Nacht wieder bei Couchsurfern verbringen darf und mir über den Schlafplatz keine Sorgen machen muss.

Der Tag verläuft wenig spektakulär. Mit dem Ziel Klagenfurt geht es den Radweg entlang und ich mache viele Pausen. Das Radfahren braucht eine Menge Kraft und ich bin ständig am Essen und Trinken. Ich hoffe, dass die vielen Pausen auch meinen schmerzenden Knien in die Karten spielen, aber es wird nicht sonderlich besser.

In Klagenfurt am Wörthersee eingetroffen, darf ich bei Lukas und Insa unterkommen.

„Bier?“, ist das erste Wort, das ich von den beiden höre. So gefällt mir das! Lukas ist selbst begeisterter Radfahrer und weiß genau, was man nach einem langen, strapaziösen Tag braucht: ein kühles Bier, eine Dusche und viel zum Essen. Genau in dieser Reihenfolge werden mir diese Dinge angeboten. Die beiden sind einsame Spitze!

Wir verbringen den Abend bei einem Bier, reden über unsere Vergangenheit und natürlich die weiteren Pläne für meine Reise. Wie es der Zufall will, möchte Insa genau zur selben Zeit nach Nepal fliegen und dort an einem Hilfsprojekt teilnehmen; genau zu der Zeit, wie ich es geplant habe dort zu sein. Das wäre einfach Wahnsinn, wenn wir uns dort tatsächlich wieder treffen würden …

HERAUSFORDERUNG SPRACHBARRIERE

Nicht mehr lange, dann bin ich schon in Land Nummer drei! Bevor ich weiterfahre, zeigt mir Lukas die schönste Route, wie ich zur slowenischen Grenze komme. Diese führt an der Bahnstrecke entlang, mitten durch Felder.

Es ist überhaupt nichts los und ich habe den gesamten Radweg für mich allein. Die Sonne scheint und es weht sogar ganz leichter Rückenwind: ein herrlicher Morgen! Ich genieße den Tag sehr und rufe meine Eltern an, um die Freude zu teilen. Sie freuen sich mit, sind aber natürlich besorgt, ob alles in Ordnung ist. Von meinen anhaltenden Knieschmerzen erzähle ich nichts.

Kurz vor der Grenze mache ich Rast und stärke mich mit den Bananen und Müsliriegeln, die Lukas und Insa mir heute Morgen zugesteckt haben. Eine ältere Dame kommt vorbei und will mit mir reden. Leider verstehe ich nichts, da sie Slowenisch spricht. Trotzdem hört sie nicht auf zu reden, und ein freundliches Lächeln und Nicken meinerseits macht sie glücklich. So einfach kann man Leute zufriedenstellen.

Diese Szene und der kurz darauf folgende Grenzübergang machen mir bewusst, dass das Abenteuer jetzt so richtig beginnt. Bisher konnte ich mich mit den Leuten in meiner Muttersprache verständigen, konnte alles lesen und ganz unkompliziert einkaufen gehen. Das wird sich jetzt ändern. Die Sprachbarriere wird kommen! Soviel ich weiß, sind die Leute im Osten nicht immer der englischen Sprache mächtig, und ich beherrsche außer Englisch keine andere Sprache, die mir ab jetzt weiterhelfen könnte. Ich freue mich schon auf diese Herausforderung. So sehr, dass ich für den Rest des Tages die Schmerzen in den Knien nicht mehr spüre. Slowenien!

Slowenien

Die erste Nacht in Slowenien verbringe ich im Zelt am Waldrand. Es ist ein schöner Ort hier. Der Verkehr der nahe gelegenen Straße ist verebbt, und ich erlebe einen traumhaften Sonnenuntergang, während die Nudeln vor sich hinkochen. Ich merke, dass es immer noch Winter ist. Die Temperaturen fallen sehr schnell, sobald die Sonne hinter den Bergen verschwindet.

Ich hau mich ins Zelt und lasse die vergangenen Tage Revue passieren. Es ist noch nicht mal eine Woche vergangen und doch habe ich schon so viel erlebt. Habe viele sympathische Menschen kennengelernt, Sonnenuntergänge genossen und bin durch drei Länder geradelt. Das geht alles so schnell!

Während ich in meinen Gedanken versinke, höre ich es draußen rascheln. Irgendwas streunt vor meinem Zelt herum. Es kommt immer näher. Was ist das? Ein Mensch oder ein großes Tier können es nicht sein. Das hört sich anders an. Ich harre ein paar Minuten im Zelt aus,

Herausforderung Sprachbarriere: Einreise nach Slowenien.

Ständig bin ich am Futtern! Radeln ist echt anstrengend …

um auf eine neue Bewegung zu warten. Es kommt aber nichts mehr. Was mache ich nun? Mir ist es zu lästig, draußen nachsehen zu gehen, und so beschließe ich, es einen Fuchs oder einen Hasen gewesen sein zu lassen. Es wird mich schon niemand auffressen …

ICH KÖNNTE UNUNTERBROCHEN ESSEN …

Am nächsten Tag geht es nach Maribor. Der Weg dort hin ist ziemlich hügelig und raubt mir viel Kraft. Kraft, die ich ohnehin nicht habe. Meine Beine fühlen sich schwer an, die Knie schmerzen. Ich erreiche die Stadt um drei Uhr nachmittags und fülle meinen Magen.

Die vergangenen Tage haben mich viel Energie gekostet und das bekomme ich jetzt zu spüren. Ich könnte ununterbrochen essen! Das Mittagessen wird ein Döner – ein köstlicher Döner – und dazu noch unverschämt günstig! Hier in Slowenien kostet alles nur noch einen Bruchteil dessen, was ich von zu Hause gewohnt bin. Ich zahle keine zwei Euro.

Während ich den Döner genieße, kommt ein Mann vorbei und spricht mich auf mein Fahrrad an. Die Hintergrundgeschichte ist schnell erklärt und ich werde sofort zum Übernachten bei ihm eingeladen. So ein großzügiges Angebot. Leider muss ich ablehnen, da ich mich schon mit einem Couchsurfer verabredet habe, der mich beherbergen wird. Trotzdem finde ich es bemerkenswert, wie gastfreundlich die Leute sind. Ich bin noch keine Woche unterwegs und werde schon das erste Mal von der Straße weg eingeladen!

Der Döner war eindeutig zu wenig für meinen Körper, der immer noch nach Nahrung schreit. Es nützt nichts, und so kaufe ich an einem Straßenimbiss noch einen Burger. Er ist riesig! Genau richtig! Als Nachspeise noch Cola und Kuchen aus einem Laden, und dann mache ich mich auf den Weg zu meinem heutigen Gastgeber.

ABENDESSEN MIT SLOWENISCHEN STUDENTEN

Andrež studiert in Maribor und ich darf in seinem Zimmer im Studentenheim schlafen. Es ist Wochenende und deshalb wenig los. Dafür ist in seinem Zimmer umso mehr los. Hier herrscht das totale Chaos. Ich schlängle mich zwischen Heften, Büchern, Mappen, Wasserpfeifen und Kleidern zu meinem Bett, wo ich mich erst mal ausruhe.

Andrež gönnt mir eine halbe Stunde Schlaf, bevor es zum Abendessen geht. Seine Freunde kochen heute Abend indisch. Das hat den einfachen Grund, dass sie Inder sind – Austauschstudenten. Wir verstehen uns auf Anhieb bestens, und mir werden unzählige Destinationen um die Ohren geworfen, die ich mir in Indien ansehen muss, sobald ich dort bin.

Obwohl ich weiß, dass ich in ein paar Monaten wirklich in Indien sein werde, kommt mir das Gespräch mit den Austauschstudenten momentan sehr surreal vor. Ich bin in Slowenien, wie um Gottes Willen soll ich jemals mit dem Fahrrad bis nach Indien kommen?! Das wird eh nie passieren, denke ich mir …

Allein ist nicht einsam. Auch so macht Radfahren Spaß.

Kroatien

Der nächste Tag ist ein besonderer. Ich überquere schon wieder eine Grenze: Kroatien!

Ich bin gerade mal 500 Kilometer weit gefahren und schon im vierten Land angekommen! Der Grenzübergang ist etwas eigenartig, aber entspannt. Mit einem Fahrrad an der Grenzkontrolle anzuhalten und den Ausweis herzuzeigen, fühlt sich irgendwie überflüssig und zugleich sehr aufregend an.

„Woher kommst du?"

„Italien."

„Und wohin geht's?", fragt der Grenzbeamte in gutem Deutsch.

„Ich versuche, nach Nepal zu kommen", erkläre ich dem Mann, der mich nur etwas belächelt und sofort durchwinkt.

Ich frage nicht länger nach und mache mich aus dem Staub. Weit komme ich jedoch nicht: Das obligatorische Foto mit dem Grenzschild darf ich nicht versäumen.

Der Weg zum Dorf Prelog ist noch weit. Ich bin relativ spät in Maribor gestartet und fühle mich nicht ganz fit. Ich komme nur langsam vorwärts, und die ungewohnt hohen Temperaturen von 28 Grad machen das Radfahren nicht wirklich leichter. Trotz der Müdigkeit und den schmerzenden Knien genieße ich das Radfahren sehr – besonders in den Abendstunden. Ich befinde mich auf einer Straße inmitten großer Maisfelder und es ist kein Auto weit und breit zu sehen. Die Sonne nähert sich langsam dem Horizont. Der Himmel verfärbt sich und es wird kühl. Ein Traum!

FEIERN MIT KROATEN

In Prelog komme ich bei Igor und seiner Familie an. Sie wollen mich heute beherbergen. Igor ist selbst ein begeisterter Radfahrer und vor einigen Jahren durch Europa gestrampelt, bis man ihm in Verona das Rad gestohlen hat.

Oben: Schon mein viertes Land – Kroatien!

Unten: Perfekte Straßen, Weite, Felder …

REPUBLIKA
HRVATSKA
EU

Eine Nacht bei Igor und den Seinen. Fast fühle ich mich wie ein Familienmitglied.

Als Allererstes wird mir ein Kaffee und eine Dose Bier hingestellt. Es folgen eine üppige kalte Platte und das Angebot einer warmen Dusche. Stinke ich etwa? Nach der Dusche geht es mit dem Essen weiter. Ich darf Kukuružnjača – für die Region typische Maiskekse – probieren. Die ganze Familie schaut mich erwartungsvoll an. Als ich ein Grinsen zeige und die Kekse lobe, strahlen alle erleichtert. Ach, was für tolle Leute es doch gibt!

Wir schauen zusammen die Nachrichten an – ich verstehe natürlich nichts, kann aber erkennen, dass es um Serbien geht. Auf die Frage, was die Kroaten über Serbien denken, bekomme ich ganz unterschiedliche Antworten. Vater und Opa verlieren kein einziges gutes Wort über ihr Nachbarland: „Dort sind nur Gauner! Pass auf dein Rad auf, sobald du dort bist! Die werden sicherlich versuchen, es zu stehlen!"

„Ach Papa, so ist das ja gar nicht!", unterbricht Igors Schwester ihren Vater. „Die ältere Generation spürt immer noch den Krieg im Rückenmark und will von Serbien nichts wissen. Wir jungen Leute sind da aber anders. Serbien wird dir gefallen. Die Leute sind, wie in Kroatien auch, sehr sympathisch", verspricht sie mir. Mal sehen …

Am Abend werde ich von den jungen Leuten im Dorf herumgeführt. Wir betrinken uns, essen Pizza und teilen unsere Lebensgeschichten mit den anderen. Als ich eine Runde Getränke zahlen will, werde ich sofort daran gehindert. „Du bist Gast, und als Gast darfst du kein Geld ausgeben", wird mir sinngemäß vermittelt.

ICH VERSTECKE MICH VOR WILDSCHWEINEN

Der neue Tag lässt mich mit viel Rückenwind starten. Den brauche ich auch dringend, denn ich fühle mich nach der gestrigen Nacht nicht wirklich fit. Es war ein sehr herzlicher Abend mit Igor und seiner Familie. Wir kennen uns überhaupt nicht und doch verstanden wir uns auf Anhieb gut. Igor wird mir noch lange in Erinnerung bleiben.

Bevor ich aufbrach, hat mir seine Mutter eine ganze Tasche voll Obst und belegten Broten mitgegeben. Ich weiß gar nicht, wo und wie ich das prall gefüllte Teil auf meinem Rad noch unterbekommen soll. Der totale Wahnsinn!

Der heutige Abend wird gleich spannend werden wie der vorherige, nur auf eine ganz andere Weise …

Ich fahre zunächst mehr oder weniger planlos vor mich hin, ohne ein spezielles Ziel zu haben. Dabei vergesse ich völlig die Zeit und lande kurz vor Sonnenuntergang inmitten einer Ackerlandschaft am Waldrand. Hier will ich mein Zelt aufstellen, doch die Äcker sind total umgepflügt. Ich finde hier keinen brauchbaren Zeltplatz und so schaue ich mich im Wald um. Was ich da sehe, vertreibt mir die Lust am Zelten: Wildschweinspuren und riesige Löcher, die die Rotte mit ihren Schnauzen gegraben hat.

Hier will ich auf keinen Fall zelten! Ich hatte noch nie mit einem Wildschwein zu tun, aber soweit ich gehört habe, sollen diese Tiere nicht ungefährlich sein. Ich kann einen nächtlichen tierischen Besuch überhaupt nicht gebrauchen!

Schnell nehme ich Reißaus und kurve suchend im Wald herum. Es wird immer dunkler und ich muss endlich mein Zelt irgendwo aufstellen. Nach etwas Suchen komme ich an einem kleinen eingezäunten Jungwald vorbei. Hoffentlich nützt dieser Zaun was … Na ja … Es ist ja nur für eine Nacht, schwirrt mir wieder im Kopf herum.

Das Essen hänge ich ein paar Meter weiter an einen Baum und schlafe todmüde ein. Ob ich nachts tierischen Besuch erhalten habe, weiß ich nicht genau.

Radreiseidyll: Ich genieße die Stille und den Sonnenuntergang.

Die Tasche mit dem Essen liegt zwar morgens am Boden, aber es ist noch alles da. Vielleicht war es der Wind, der die Tasche heruntergezerrt hat, vielleicht waren es Tiere. Ich weiß es nicht.

DER BEINAHEUNFALL

Der gestrige Rückenwind wird heute mit stärkstem Gegenwind ausgeglichen. Es ist einfach nur beschissen! Ich komme überhaupt nicht weiter. Egal, was ich mache, der Wind bläst mir immer ins Gesicht. Keine Ahnung, wie das möglich ist …

Zudem bin ich in einer öden Landschaft unterwegs. Vor mir nur die Straße und rechts und links Äcker. Die Sonne lässt sich überhaupt nicht blicken und unter den grauen Wolken radle ich bis zur serbischen Grenze.

Unterwegs werde ich beinahe von einem Baustellenschild erschlagen: Während ich gerade gegen den Wind ankämpfe, überholt mich ein LKW nach dem anderen. Eigentlich finde ich das heute nicht mal schlecht, denn ihr Sog zieht mich immer ein klein wenig nach vorne und hilft, dem Gegenwind zu trotzen. Einer der LKWs hat Bauschutt und Baustellenschilder geladen. Der Wind erfasst eines der Schilder und schleudert es durch die Luft: Es schlägt keine fünf Meter vor mir mit voller Wucht am Boden auf.

Ich bin sofort hellwach, geschockt. Mir wird bewusst, dass dieses Schild meine Reise hätte beenden können. Das war gerade extrem großes Glück! Diesen Vorfall muss ich erst mal verarbeiten – ich will nicht vom Gegenwind geschwächt und unkonzentriert weiterfahren und mache Pause. Eine Cola muss her.

DAS HUNDEHOTEL

Renata, meine heutige Gastgeberin, wohnt in der Nähe des Grenzdorfes Osijek und betreibt ein Hundehotel. Sie kümmert sich um die Vierbeiner, während deren Besitzer auf Reisen sind. Das Hotel zu finden, ist nicht schwer: „Einfach dorthin fahren, wo die meisten Hunde sind“. Diese Aufgabe schaffe ich.

Ich liebe Kroaten! Kaum habe ich Renata und die vielen Hunde begrüßt, wird mir schon ein Wiener Schnitzel und Bier vorgesetzt. Sogar eine warme Dusche kann ich mir gönnen! Herrlich! Renata erzählt mir vom Grenzkrieg zwischen Kroatien und Serbien.

„Wenn du über die Grenze fährst, wirst du noch viele zerstörte und zerschossene Häuser sehen“, meint sie. „Die Dörfer nahe der Grenze sind total verarmt und nicht wieder aufgebaut worden“.

Je näher die serbische Grenze rückt, desto verwahrloster sind die Häuser.

Renata spricht aber nicht nur über die schlechten Seiten Serbiens, wie so viele Kroaten das tun, sondern auch über die Schönheiten des Nachbarlandes. Die Leute seien sehr freundlich, ihr Essen wäre herrlich und sie wüssten, wie man feiert. Das nehmen wir zum Anlass, den einen oder anderen Rakija zu trinken – selbst gemachter Obstbrand.

Ich bin gespannt, was mich morgen wohl erwartet.

Renata hat nicht zu viel versprochen. Je näher ich der Grenze komme, umso verlassener und heruntergekommener sehen die Häuser in den Dörfern aus. Nahezu kein Haus ist verputzt. Einschusslöcher hier, eingestürzte Mauern dort. Nur einzelne Personen sind auf der Straße und sie sehen nicht gerade glücklich aus. Als Fortbewegungsmittel scheint hier immer noch der Traktor die erste Wahl zu sein. Ich fühle mich, als ob ich ein paar Jahrzehnte zurückversetzt wurde.

Zur Grenze muss ich einer schmalen, unauffälligen Straße folgen. Hier sieht es aus wie in irgendwelchen Slums. Rohbauten stehen herum, ohne Türen, ohne Fenster – und doch hausen darin mehrere Familien. Kinder spielen im Dreck, Mütter hängen Wäsche auf improvisierte Wäscheleinen und Männer betrinken sich. Als sie mich entdecken, rufen sie mir irgendwas nach. Ich kann es nicht verstehen, es klingt aber nicht wirklich einladend oder wohlmeinend. Schnell weg hier.

Ich trete auf meinem Fahrrad über eine große Brücke. Sie führt über die Donau. Seit dem Start meiner Reise bin ich der Drau entlanggefahren, bis sie hier an der kroatisch-serbischen Grenze in die Donau mündet. Der heutige Tag ist für mich also ein bedeutender. Ich wechsle sozusagen den Fluss und zugleich noch das Land.

Das serbische Grenzschild zeigt neben dem lateinischen Alphabet auch kyrillische Buchstaben. Ich kann überhaupt nichts lesen, von verstehen ganz zu schweigen. In mir kommt Vorfreude auf, aber zugleich eine Art Besorgnis. Bleibt das lateinische Alphabet? Wird jetzt alles nur noch kyrillisch geschrieben? Kann ich überhaupt noch was lesen?

Natürlich gibt es ein Foto mit Grenzschild und schon rolle ich dem Grenzhäuschen auf serbischer Seite entgegen. Dass ich heute zum ersten Mal die Europäische Union verlassen werde, hatte ich über all den Erlebnissen ganz vergessen.

Ich gebe dem Beamten meinen Reisepass und er drückt einen Einreisestempel rein. So unvorbereitet kommt das für mich nun sehr überraschend, aber ich freue mich, meinen ersten Stempel im Reisepass zu haben. Serbien, ich komme!

Република Србија
Republic of Serbia
Добродошли
Welcome

Serbien

Wow, schon das fünfte Land! Wenn das so weitergeht, dann bin ich schon bald am Ziel, überkommt mich der Übermut. Vielleicht liegt es auch daran, dass ich kurz nach der Grenze die Bierdose kippe, die ich aus Kroatien mitgebracht habe. Ich feiere Grenzübergänge mit einem Bier. Diesmal gibt es eine Orange als Snack dazu.

Serbien fällt mir sofort als viel ärmeres Land als Kroatien auf. Die Straßen in Grenznähe befinden sich in einem desolaten Zustand, darauf unterwegs sind Traktoren und Eselskarren. Auch Autos sieht man, aber nur sehr alte. Es scheint, als ob die Leute hier wirklich kein Geld hätten. So was Trauriges habe ich lange nicht mehr gesehen. Und das alles gar nicht weit weg von zu Hause – dem reichen mitteleuropäischen Alpenraum …

DAS PROBLEM MIT DEN HUNDEN

Der erste Tag in Serbien wird anstrengend. Zuerst verirre ich mich in der Pampa und lande auf einem Feldweg, der laut Karte eine Straße sein sollte. Ich komme nur im Schneckentempo weiter. Es scheint gestern geregnet zu haben. Der Boden ist aufgeweicht und ich muss das Rad durch zähen Schlamm schieben.

Ich will nicht umdrehen und zerre es eine halbe Stunde durch den Matsch. Das ist letztlich mühsamer, als über eine nahegelegene Steigung hinauf zu treten. Sobald ich die Schinderei hinter mir habe, geht es endlich über eine ewig lange Gerade in Richtung Novi Sad. Ich komme durch kleine Dörfer, die es in sich haben. Es scheint, als würden alle serbischen Haushalte Hunde halten. Und was für welche! Es sind keine kleinen süßen Hunde, sondern riesige Schäferhunde oder Vergleichbares.

Kaum erspäht mich einer der Köter, kann ich nur noch das Weite suchen. Sie sind hier nicht angeleint, springen über die Grundstückszäune oder schlüpfen unter diesen durch. Alles nur, um mir in einem Höllentempo nachzuhetzen. Natürlich macht der Hund ordentlich Krawall, den die benachbarten Kollegen hören und ebenfalls die Verfolgung

Oben: Balanceakt Serbien: Schöne Landschaft, wilde Hunde.

Unten: Falsch abgebogen? Ich steh im Wald …

aufnehmen. Es passiert nicht selten, dass ich mehr als zehn dieser riesigen Köter hinter und neben mir habe. Ich bin viel zu langsam, um davonzukommen, und muss ständig aufpassen, dass mich keiner in die Wade beißt. Ich hasse diese Situationen, in denen ich Hunden hilflos ausgeliefert bin.

Hier in Serbien scheinen Hunde ein größeres Problem zu sein, es muss wirklich viele Streuner geben. Während ich dem kleinen Dorf entgegenradle, in dem meine nächste Gastgeberin lebt, sehe ich unzählige verendete Hunde am Straßenrand. Wurden die alle überfahren? Der Anblick stimmt mich sehr traurig. So viele tote Tiere habe ich noch nie in so kurzer Zeit gesehen. Und schon gar nicht Hunde!

Nach etwas mehr als 100 Kilometern erreiche ich das Dorf vor Novi Sad, wo ich die heutige Nacht verbringen darf. Ich habe mich am Telefon nur kurz mit Sladjana unterhalten können und sie konnte mir ihre Adresse nicht genau angeben. Mein Akku ist inzwischen leer und alles, was ich weiß, ist, dass sie in einem grünen Haus mit hölzernem Tor wohnt.

Klingt eigentlich einfach, nach einem grünen Haus zu suchen. Leider stehen hier nur Häuser in dieser Farbe – die meisten von einem hölzernen Zaun umgeben. Na super. Ich bin genervt. Meine Beine haben heute 100 Kilometer hinter sich, mehrere Fluchtversuche vor riesigen Hunden und den obligatorischen Gegenwind. Ich will nur noch ankommen, etwas essen und mich ausruhen.

Ich suche das Dorf systematisch ab, aber auf keinem Schild findet sich der richtige Name. Wie finde ich jetzt Sladjanas Haus? Nach 15 Minuten Suche treffe ich auf die ersten Dorfbewohner und frage sie sofort nach Sladjana. Was für ein Riesenglück! Die beiden können mich sofort zum richtigen Haus schicken. Ich bin nur zwei Straßen davon entfernt.

Sladjana wartet schon auf mich. Sie wohnt in einem ganz einfachen Haus. Gleich zu Beginn zeigt sie mir das Zimmer, in dem ich schlafen darf. Es ist kalt hier, doch sie bringt sofort zwei elektrische Heizkörper. Sehr aufmerksam! Während ich meine Siebensachen sortiere und mich unter die Dusche stelle, bereitet Sladjana etwas zum Essen zu. Sie, ebenfalls begeisterte Radfahrerin, verdient sich ihren Lebensunterhalt als Künstlerin. In ihrer Wohnung sind haufenweise Bilder, Skulpturen und Schmuckstücke verteilt.

Als kleines Andenken schenkt sie mir eine ihrer selbstgemalten Grußkarten, auf deren Vorderseite ein Mandala zu sehen ist. Ich freue mich immer sehr über solch kleine Gesten und selbst gebastelte Dinge.

Am Abend kommen wir auf das Thema der streunenden und aggressiven Hunde zu sprechen. Mir scheint, als ob sie nicht gern darüber reden würde. Sie versucht immer wieder, das Thema zu wechseln, doch irgendwann rückt sie doch mit der Sprache heraus und erzählt, dass ihr erster Hund vergiftet im Dorf aufgefunden wurde. Der zweite wurde von Unbekannten eiskalt erschossen.

Was ist hier los? Wer macht so was? Ich bin gerade mal einen Tag in Serbien und schon muss ich mir anhören, dass Leute auf Hunde schießen. Diese Nachrichten stimmen mich nicht wirklich zuversichtlich und ich habe erst mal gehörigen Respekt vor dem neuen Land. Wer weiß, was hier alles noch passieren wird …

Nachts schlafe ich hervorragend. Vor lauter Grenzübergängen, Eindrücken und neuen Bekanntschaften habe ich gar nicht wahrgenommen, dass meine Knieschmerzen langsam schwinden.

Normalerweise schmerzen meine Knie am Morgen sehr. Heute ist das nicht der Fall. Perfekt! Ich hatte schon befürchtet, irgendwann eine ausgiebige Ruhepause einlegen zu müssen. Wie es aussieht, wird das wohl nicht nötig sein. Bis Istanbul möchte ich sogar ohne einen Ruhetag kommen. Haut das hin, dann liege ich nach heutigem Stand fast eine Woche vor meinem Zeitplan.

SERBISCHE GASTFREUNDSCHAFT

Ich will nicht zu weit vorausschauen, sondern konzentriere mich jetzt voll und ganz auf Serbien. Heute ist Belgrad an der Reihe. Der Weg dort hin ist genauso mühsam wie es der Tag nach Novi Sad war: ununterbrochen Gegenwind und tote Hunde neben der Straße.

Radfahren macht zurzeit alles andere als Spaß. Ich weiß aber, dass es irgendwann wieder besser werden wird und der Wind nicht immer in dieselbe falsche Richtung wehen kann.

In Belgrad bin ich mit Milutin verabredet, wieder einem Radfahrer. Ihn habe ich bereits in Kroatien übers Internet kennengelernt und er hat mich sofort zu sich nach Hause eingeladen.

Er muss arbeiten und hat erst am Abend für mich Zeit. Inzwischen schickt er mich zu einem kleinen Kiosk, um eine SIM-Karte zu kaufen. Das erweist sich als kleine Herausforderung, da der Kioskbesitzer kein Englisch spricht und meine Gesten nicht deuten kann. Glücklicherweise kommt ein Mädchen vorbei und übernimmt den Übersetzer-Job. Sie beobachtete, dass ich mich nicht verständigen konnte und bot mir sofort ihre Hilfe an.

Die Menschen hier im Osten kümmern sich einfach mit solcher Herzlichkeit um Fremde. Serbien wird immer besser! Auch das Essen in einem von Milutin empfohlenen Hinterhof-Restaurant zeigt Serbien von seiner guten Seite. Es schmeckt köstlich! Ähnlich wie bei einem Buffet darf ich mir aus verschiedenen Fleischsorten, Kartoffeln, Gemüse und Salaten einen Mittagsteller zusammenstellen. Dazu noch eine Cola. Die Leute hier sind so nett und sie lassen mich nicht mal den Teller selbst an den Tisch tragen. „Ruh dich erst mal aus und wir bringen dir dann das Essen. Die Cola möglichst kalt, oder?" Was soll man da noch sagen, herrlich!

Am Abend treffe ich Milutin. Ein sehr sympathischer Typ, der mich durch die Stadt führt, mir die besten Brauhäuser und Ćevapčići zeigt, mich über die Jugoslawien-Kriege aufklärt und mir natürlich die beste Route für die kommenden Tage vorschlägt. Da ich mich in Serbien sowieso nicht auskenne, halte ich mich an seine Empfehlung. Mir gefällt es, wenn Einheimische mir Insider-Tipps geben können. Würde ich stur meiner vor einem Jahr geplanten Route folgen, würde ich bestimmt viele sehenswerte, möglicherweise unbekannte Orte versäumen. Ich will ja das Land kennenlernen und nicht blind durchrauschen. Die anfänglichen negativen Erfahrungen bezüglich hundetötender Leute habe ich verdrängt und freue mich auf die kommenden Tage in diesem Land.

Milutin hat für mich Straßen ausgewählt, auf denen ich ganz entspannt vor mich hinradeln kann. Es ist sehr ruhig hier und ich kann die Land-

Kyrillisch lernen während des Radfahrens …

schaft genießen. Es ist zwar hügelig und bei der Hitze sehr beschwerlich, aber trotzdem macht das Radfahren viel Spaß. Das liegt sicher daran, dass ich ständig extrem coole Leute kennenlerne.

Als mir die Mittagshitze zu viel wird, will ich an einem Kiosk am Straßenrand – mitten im Nichts – Eis und ein Getränk kaufen. Vor dem Laden sitzt ein junger Mann, vielleicht zwei bis drei Jahre älter als ich. Er erspäht mich schon von Weitem und gibt Zeichen, ich solle anhalten.

„Wo kommst du her?", fragt er in flüssigem Deutsch. Dass er so gut Deutsch spricht, verwundert mich sehr, aber ich freue mich, endlich wieder eine andere Sprache als Englisch sprechen zu dürfen.

„Aus Italien, und ich bin auf dem Weg nach Kragujevac."

Was er antwortet, ist ebenso überraschend wie kurios: „Ich verstehe dich nicht. Ich kann zwar Deutsch sprechen, verstehe aber kein Wort davon. Bitte sprich Englisch mit mir."

Wir unterhalten uns in zwei verschiedenen Sprachen, während uns sein Vater Eis und Cola bringt. Genau das, was ich kaufen wollte! Die Leute hier sind ausgesprochen interessiert an meinem Vorhaben, sodass ich nur selten dazu komme, selbst Fragen zu stellen. Es macht Freude, über die noch junge Reise zu erzählen, aber gleichzeitig ist es schade, bei jeder Begegnung immer dieselben Sätze wiederholen zu müssen.

ICH FÜHLE MICH IN SERBIEN SEHR WOHL

Ich muss los. Milutin aus Belgrad hat mir eine Adresse in Kragujevac aufs Handy geschickt, wo ein Freund von ihm wohnt. Dieser ist bereit, mich für eine Nacht bei sich aufzunehmen! Welch ein Luxus!

Ich will den Kioskbesitzer für das Eis und die Cola bezahlen, doch er lehnt das strikt ab. Er will kein Geld von mir. Auch nach mehrmaligem Bitten, ihn bezahlen zu dürfen, lehnt er es ab. Ein Wahnsinn … Das Gespräch am Kiosk hat mich viel Zeit gekostet und ich fahre in die Nacht hinein. Ich will Andrej, Milutins Freund, nicht warten lassen und trete so kräftig wie möglich in die Pedale. Es wird langsam kalt und ich bin allmählich hundemüde.

Es geht steil bergauf, es ist nach acht Uhr am Abend und es liegen noch 20 Kilometer vor mir. Ich kann nicht mehr. Fast im Minutentakt schaue ich auf mein Handy, um zu sehen, wie weit es noch ist. Vor lauter Müdigkeit vergesse ich, auf das Höhenprofil der Route zu schauen. Plötzlich stehe ich auf einer Anhöhe und sehe unter mir im Tal die Stadt. Das muss Kragujevac sein! Es geht bis Andrejs Haus nur noch bergab. Die Straße wird zu einer mehrspurigen Schnellstraße. Obwohl ich Mühe habe, in der Dunkelheit aufmerksam zu bleiben und dabei noch auf den Verkehr achten muss, lasse ich das Rad einfach rollen. Es gleitet in einem rasanten Tempo zu Tal. Ich werde so schnell, dass ich mehrere LKWs überholen muss, die langsam hinunterbremsen.

In Serbien fühle ich mich fast wie in einem All-inclusive-Hotel. Ich darf von Haus zu Haus fahren und werde überall durchgefüttert. Bei Andrej ist das nicht anders. Seine Familie hat das Abendessen schon aufgetischt. Ich habe nicht mal Zeit, mein Gesicht zu waschen und werde sofort zum Esstisch verfrachtet.

„Du musst essen! Du brauchst Kraft!"

Wo sie recht haben, haben sie recht, und ich lasse mich nicht zweimal bitten.

Andrej, seine Frau und die zwei Kinder sind ein Traum. Die vier sind begeisterte Bergsteiger und erzählen von ihren Ausflügen. Im nächsten Jahr sollen die Dolomiten, einer ihrer größten Träume, drankommen.

Mein Hunger ist extrem und es ist mir fast schon peinlich, dass ich fast alles auf dem Tisch allein esse. Das stört Andrej überhaupt nicht und bringt mir nur noch mehr vom köstlichen serbischen Essen ein! So nett! Ich bin mir nicht sicher, womit ich das alles verdient habe. Obwohl mich die Serben nicht kennen, behandeln sie mich wie ein Familienmitglied.

Ich versuche, Andrej für die Gastfreundschaft zu danken und ihm ein paar serbische Geldscheine dazulassen. Dieses Vorhaben scheitert aber kläglich und er gibt mir in fast schon zornigem Ton zu verstehen, dass er kein Geld von mir annehmen will. Er will, dass es uns allen gut geht und mehr nicht. Es ist seine größte Freude, mir helfen zu können.

Am nächsten Tag geht es mit dem All-inclusive-Urlaub weiter. Andrej begleitet mich zehn Minuten ins Stadtzentrum, bis zu seinem Arbeitsplatz. Dort verdrücken wir Burek zum Frühstück – ein Teiggericht, mit Fleisch oder Marmelade gefüllt. Zum Abschied schenkt er mir noch eine Briefmarke, da er weiß, dass ich eine Postkarte nach Hause schicken will. Dieser Mann ist einfach sagenhaft.

WEITERGEREICHT

Kaum habe ich mich von einem wahnsinnig herzlichen Serben verabschiedet, schon stolpere ich über den nächsten.

Ich bekomme über Instagram eine Nachricht von Ljubiša, dass er meine Reise schon seit ein paar Tagen verfolgt und mich gern treffen möchte. Er wohnt nicht weit weg und so mache ich mich auf den Weg zu ihm. Er ist ungefähr gleich alt wie ich und es stellt sich heraus, dass er schon zwei längere Radreisen hinter sich hat: einmal nach Barcelona und im Jahr darauf nach Lissabon. Krasser Typ!

Er führt mich in seiner Gegend herum. Wir kommen an einem Sportzentrum vorbei – plötzlich wird alles wieder sehr modern. Der Komplex sticht aus dem sonst recht anspruchslosen und einfachen Serbien sehr heraus. Viele Sportler sind aber nicht zu sehen. Vielleicht liegt es auch daran, dass es einfach zu heiß ist für Sport. Es ist erst zehn Uhr am Morgen, aber ich schwitze schon wie verrückt. In den vergangenen Tagen war das Wetter sehr gut und die Temperaturen stiegen stark an. Die fast 30 Grad bin ich noch nicht gewohnt!

Ich fahre gemütlich in den Süden Serbiens, um zu meinem nächsten „Couchsurfing"-Gastgeber zu gelangen. Die Straße ist gut, der Verkehr hält sich in Grenzen und es geht sogar leicht bergab. Anfangs komme ich durch mehrere Dörfer, die durch ihre unverputzten Häuser wie in einen roten Schimmer gehüllt scheinen.

Ich vergleiche die Gegenden oft mit zu Hause. Echt erstaunlich, wie wenig weit man von der Heimat wegfahren muss, um eine ganz andere Welt zu sehen.

Später werden die Dörfer weniger und ich erreiche ein schönes Waldstück in einem Tal. Mein Rad rollt immer noch von allein bergab und ich kann die Natur bewundern. Fast wie zu Hause, denke ich mir, als ich eine Mitteilung von Ljubiša erhalte:

„Fahr morgen nach Niš. Dort ist ein Bekannter, der dich aufnehmen und sich heute noch bei dir melden wird."

Was ist mit den Serben los?! Ich habe nicht um Hilfe gebeten und doch kümmern sich die Leute hier so extrem herzlich um mich. Kaum zu glauben! Wie können die Kroaten so schlecht über Serbien reden? Dieses Land ist ein Traum!

SERBIEN WIRD IMMER BESSER

Am nächsten Morgen trete ich mit meinem Fahrrad in Richtung Niš zu Ivica. Ivica ist der Bekannte von Ljubiša und hat mir eine Route zukommen lassen, der ich folgen soll. Warum, weiß ich nicht genau, aber ich mache einfach mal, was mir gesagt wird.

Die Route führt mich auf einer Landstraße an kleinen Dörfern vorbei. Es geht eben dahin und der Rückenwind setzt seit langer Zeit auch wieder ein. Während des Strampelns übe ich mich im Lesen des kyrillischen Alphabets. Hier stehen die Dorfnamen mit lateinischen und kyrillischen Buchstaben auf den Schildern. Von Tag zu Tag geht es besser, nur bei den Zischlauten habe ich noch meine Schwierigkeiten.

Ich bin nur noch 30 Kilometer von Niš entfernt und mir kommen zwei Radfahrer entgegen. Sie winken mir wie wild zu und bringen mich zum Anhalten. Es ist Ivica und ein Freund! Jetzt verstehe ich, warum ich der vorgegebenen Route folgen musste! Ivica ist mir entgegengefahren, um mich zu sich nach Hause zu begleiten. Geiler Typ!

Er und sein Begleiter sprechen kein Wort Englisch und ich leider kein Serbisch. Die einfachsten Sachen bringen wir einander mit Gestikulation bei und der Rest wird mit dem Google-Übersetzer erledigt. Das funktioniert wunderbar. Ich spreche in meiner Sprache in das Handy rein und der Übersetzer gibt den Satz in Serbisch wieder.

Ivica hat einen kleinen Bauernhof und zeigt mir als Allererstes seine zwei Traktoren. Die sind sein ganzer Stolz. Er drückt mir ein Bier in die Hand und wirft den Grill an. Es gibt Fleisch. Viel Fleisch. Dazu selbst gemachte Soßen und natürlich selbst gebrannten Rakija. Um sicherzugehen, stellt er gleich drei unterschiedliche Flaschen auf den Tisch. Deren Inhalt wurde jeweils aus einer anderen Obstsorte hergestellt und ich muss oder darf alle verkosten. Der Schnaps ist stark, hat aber ein gutes Aroma. Wenn ich nicht „Stopp" rufen würde, bekäme ich ständig nachgeschenkt.

Nach dem späten, fleischhaltigen Mittagessen zeigt Ivica Bilder aus seiner Jugend. Er ist schon lange beim Militär und sehr stolz darauf. Die Bilder zeigen ihn und seine Kameraden bei Übungen mitten im Wald, beim Brückenbauen oder gut getarnt im Schnee. Es zaubert ihm ein breites Lächeln ins Gesicht, als er seine Bilder wieder einmal betrachtet. Es ist schön, mit anzusehen, wie er sich freut. Schade nur, dass ich seine Sprache nicht verstehe. Zweifellos könnte er jede Menge Geschichten erzählen, aber dafür würden wir mit dem Übersetzer Tage brauchen.

Es bleibt nicht bei den Bildern. Später, als eine der Schnapsflaschen zur Hälfte geleert ist, holt Ivica einen Teil seiner Militärausrüstung. Er drückt mir seinen Helm, eine kugelsichere Weste und das Holster einer Pistole in die Hand.

„Probier die mal an", sagt die Übersetzungs-App zu mir.

Mit meiner schlanken Statur hätte ich in den Sachen wahrscheinlich zweimal Platz. Ich sehe aus wie ein Clown, Ivica muss auch lachen. Zur

Oben: Serbien, ich komme wieder!

Unten: Im Balkan übernachte ich meist privat. Daher ist jedes Campen hier ein kleines Abenteuer.

Ivica schenkt mir eine Warnweste und eskortiert mich durch die 13 Tunnel in Grenznähe.

Krönung holt er tatsächlich noch seine Pistole aus der Schublade. Er vergewissert sich zwei Mal, dass sie ungeladen ist und sich kein Magazin darin befindet. Ich hatte noch nie eine Dienstwaffe in der Hand.

Nach der Modenschau geht es weiter mit dem Abendessen – den Großteil bilden wieder Fleisch und Alkohol. Der Abend wird noch lang und ich werde durch die Stadt geführt, mit Kaffee und Kuchen verköstigt, aber das Highlight kommt am Schluss.

Bevor ich mich zum Schlafen bereitmache, hält mir Ivica sein Handy hin. Der Übersetzer wandelt einen Satz um, den Ivica auf Serbisch hineingesprochen hat. Er wolle die Nacht auf der Couch verbringen und ich solle in seinem Bett schlafen. Wenn ich im Bett schliefe, könne ich mich besser ausruhen und genug Kraft für die morgige Etappe zur bulgarischen Grenze tanken.

So was ist mir noch nie passiert. Ivica bietet mir tatsächlich sein Bett an, während er auf der Couch schlafen will. Das alles nur, damit ich mich besser ausruhen kann. So eine selbstlose Geste habe ich noch nie erfahren und lehne natürlich ab. Ich möchte nicht, dass er in seinem eigenen Haus auf der Couch nächtigen muss. Leider habe ich keinen Einfluss auf seine Entscheidung und so muss oder darf ich in seinem Bett schlafen.

In den nächsten Morgen starte ich mit leichten Kopfschmerzen, aber ansonsten bin ich sehr fit. Ivica hat schon das Frühstück vorbereitet. Neben Burek und Joghurt darf eines nicht fehlen: Rakija. Ich bin noch nicht bereit für Schnaps, aber was tut man nicht alles für eine tolle Bekanntschaft …

Auf dem Weg zum Grenzdorf Dimitrovgrad muss ich durch 13 Tunnel fahren. Laut Ivica seien diese sehr gefährlich und er will mich nicht allein hindurchfahren lassen. Er schenkt mir eine Warnweste, schwingt sich auf sein Rad und begleitet mich.

Wir fahren in eine Schlucht ein und erreichen die ersten Tunnel. Sie sind nur wenige Hundert Meter lang und meiner Meinung nach nicht wirklich gefährlich, aber trotzdem genieße ich die Begleitung.

Ivica und ich legen 20 Kilometer zurück, bis wir endlich aus dem letzten Tunnel hinausfahren. Ivica gibt mir zu verstehen, dass er jetzt umkehren wird. Er muss zur Arbeit. Bevor wir uns verabschieden, steckt er mir eine Tasche voll mit Essen und einen Anstecker seiner Militäreinheit als Andenken zu. Ich weiß nicht, was ich sagen soll … Serbien ist extrem. Ich werde wiederkommen.

Kurzzeitig zurück in der EU!

Bulgarien

Schon wieder ein Grenzübergang. Der Beamte will wissen, wohin ich fahre.

„Nepal."

„Wie bitte?" –

„Ja, genau. Bis Istanbul und dann Nepal."

Ich habe diesen Wortwechsel mit meiner Helmkamera gefilmt und realisiere erst ein paar Tage später, welchen Stuss ich da von mir gegeben habe. Istanbul und gleich danach Nepal. Letzteres ist mehrere Tausend Kilometer von Istanbul entfernt, aber der Beamte an der Grenze hat nicht genauer nachgefragt und mich sofort durchgewunken.

In Bulgarien bleibe ich nur vier Tage, die sehr abwechslungsreich sind. Zu Beginn fahre ich das erste Mal mit meinem Rad auf der Autobahn! An einer Kreuzung fragte ich einen Straßenarbeiter, wie ich am besten zur Hauptstadt Sofia komme. Er deutete in Richtung Autobahn und wollte, dass ich dort fahre. Und los ging's. Also, ich bin mir nicht sicher, ob das erlaubt ist, aber versuchen kann ich es ja mal …

Es stellt sich heraus, dass es recht erfreulich ist, auf der Autobahn zu radeln. Die Straße ist in perfektem Zustand, es ist wenig los und ich trete fröhlich auf dem Pannenstreifen dahin. Die überholenden Autos scheine ich überhaupt nicht zu stören. Niemand hupt oder gestikuliert wild durch die Scheibe. Sogar die Polizei fährt an mir vorbei, ohne irgendwie zu meckern. Jetzt bin ich überzeugt, dass Radfahren auf bulgarischen Autobahnen erlaubt ist.

Obwohl es hier mit dem Fahren gut funktioniert, kann ich mich nicht wirklich für das Land begeistern. Die Leute sind sympathisch und die Wirtschaft scheint besser als in Serbien zu laufen. In den größeren Städten sind Fabriken großer Elektronik- und Autohersteller zu sehen.

Leider hat das Land ein riesengroßes Müllproblem. Überall, wo ich mich umschaue, kann ich enorme Müllhaufen sehen: Plastikflaschen, Autoteile, Restmüll. Es wird alles einfach in den Straßengraben gekippt. Ein sehr ernüchternder Anblick.

ZWIELICHTIGE GESTALTEN

Am zweiten Tag ist alles miserabel. Ich weiß nicht genau, was los ist, aber ich bin einfach antriebslos. Heute geht überhaupt nichts voran. Ich fahre ständig im Gegenwind, es regnet und ich habe den Eindruck, als würde ich kaum vorwärtskommen. Ein Blick auf den Kilometerzähler sagt mir zwar das Gegenteil, aber das kann mich auch nicht aufheitern. Es hat gerade überhaupt keinen Spaßfaktor, mit dem Rad zu fahren. Einen Hügel nach dem anderen quäle ich mich hinauf, es macht mir einfach keine Freude.

Vielleicht hilft eine Pause. Ich schalte den Flugmodus meines Smartphones aus und checke die Nachrichten. Es ist nicht allzu viel Spannendes passiert, während ich offline war, und ich rufe zu Hause an, um mich nach dem Wohlbefinden meiner Lieben zu erkundigen. Selbst dieses Telefonat schafft es nicht, mich aufzumuntern, und so muss ich wohl oder übel mit schlechter Laune weiterfahren.

Kurz vor der Dämmerung suche ich mir einen Zeltplatz. Mir springt ein verlassenes Fabrikgelände ins Auge und ich will dort mein Glück versuchen. Über Nacht soll es regnen. Da wäre ein überdachter Zeltplatz hervorragend. Als ich dort ankomme, sehe ich mehrere zwielichtige Gestalten herumschwirren, die recht nervös werden, sobald sie mich sehen. Es wird sofort telefoniert.

Ich will nicht wissen, was da gerade abläuft, und mache mich, so schnell es geht, aus dem Staub. Nichts wie weg hier!

Im Rückspiegel am Lenker meines Fahrrades sehe ich, wie die Leute in ihre Autos steigen. Eines davon entfernt sich schnell, das andere fährt in meine Richtung. Was passiert jetzt? Wegradeln geht nicht mehr, also bleibt nur noch abwarten. Das Auto kommt immer näher. Es ist schon fast dunkel und die Scheinwerfer blenden mich. Es ist nur noch 100 Meter von mir entfernt, wird aber nicht langsamer. Ich bereite mich schon auf eine Diskussion vor, um zu erklären, was ich hier mache, doch der Wagen schießt ungebremst an mir vorbei und verschwindet in der Ferne. Ich muss die Leute bei irgendeinem Geschäft gestört haben, dass sie sich so fluchtartig aus dem Staub machen …

Einer der besten Zeltplätze meiner Reise.

BULGARIEN KANN AUCH ANDERS

So mies der gestrige Tag war, so wunderbar ist der heutige! Die Sonne strahlt mit voller Kraft und das vom Regen nass gewordene Zelt trocknet innerhalb weniger Minuten. Das Radfahren geht geschmeidig dahin: Ich habe mächtig Rückenwind. Der trägt mich durch kleine Dörfer in einem schmalen Tal, das mir von Einheimischen empfohlen wurde. Es ist schön, endlich wieder weniger Müll zu sehen und mehr Natur. Es läuft so gut, dass ich zu Mittag schon 70 Kilometer zurückgelegt habe. Das feiere ich mit zwei Dönern und einer Cola zum Mittagessen.

Der Rückenwind will nicht aufhören und treibt mich ganz gemütlich in Richtung türkische Grenze. Die will ich morgen überqueren. Ich bin schon gespannt, was mich in diesem Land erwarten wird. Viele Leute haben mich gewarnt, es würden dort nur Diebe und Gauner leben. So ganz kann ich das nicht glauben und will mir selbst ein Bild davon machen. Ich verstehe sowieso nicht, wie Leute über ein Land urteilen können, ohne jemals selbst dort gewesen zu sein. Wenn man es nicht selbst erlebt hat, muss man offenbar das glauben, was im Internet und in den Medien steht.

Die Motivation ist heute nicht zu bremsen, und ich fahre bis kurz vor Sonnenuntergang auf gut präparierter Straße der Stadt Chaskowo zu. Kurz davor beende ich den Tag am Waldrand, baue mein Zelt auf, koche eine Gulaschsuppe aus der Dose und kann heute sogar nach langer Zeit wieder einmal einen schönen Sonnenuntergang und klaren Sternenhimmel bestaunen. Was für ein Tag, was will man mehr?!

Der heutige Tag war mit geschafften 147 Kilometern der bisher längste. Mittlerweile habe ich 1700 Kilometer zurückgelegt und bin 17 Tage unterwegs. Ich freue mich auf die Türkei.

ΚΑΛΩΣ ΗΡΘΑΤΕ
ΔΗΜΟΣ ΤΡΙΓΩΝΟΥ
WELCOME
TRIGONO MUNICIPALITY

Griechenland

Griechenland war nie Teil meiner Reiseplanung. Ursprünglich sollte die Route so direkt wie möglich nach Istanbul führen: Einfach deshalb, weil ich vor den kalten Temperaturen fliehen und ein kleines Zeitpolster aufbauen wollte, um mir dann in Asien mehr Pausentage zu gönnen.

Nach nicht mal drei Wochen Radfahren habe ich nun schon einen „Vorsprung" von sieben Tagen herausgeholt. Seelenruhig kann ich also der Türkei entgegenfahren.

Während ich der Grenze stetig näher komme, sehe ich immer wieder Straßenschilder mit Pfeilen Richtung Griechenland. Nur fünf Kilometer vor dem türkischen Grenzübergang komme ich an eine große Kreuzung, die mich ein x-tes Mal einlädt, einen Abstecher zu den Griechen zu machen.

Ein kurzer Blick auf die Landkarte und schon radle ich zur griechischen Grenze. Auf mich kommen ein zusätzlicher Grenzübergang – der extrem gelassen abläuft – und ganze 30 Kilometer griechische Schnellstraße zu.

Natürlich habe ich auf bulgarischer Seite noch ein Bier gekauft, das ich mir jetzt im neuen Land schmecken lasse. Es ist schon spät am Nachmittag und ich muss mich nach dieser Stippvisite in Griechenland beeilen, noch vor Sonnenuntergang in der türkischen Stadt Edirne anzukommen. Dort darf ich wieder bei Einheimischen übernachten.

Ich war noch nie so kurz in einem Land wie in Griechenland. Nach nicht mal zwei Stunden reise ich schon wieder aus.

Oben: Stippvisite in Griechenland – 30 Kilometer „schnuppern".

Unten: Wie weit ist es noch?

Türkei

Jetzt wird es spannend. Ich fahre der Grenze eines Landes entgegen, vor dem ich schon so oft gewarnt wurde. Wenn ich den Leuten glauben soll, dann werden mich hinter dem Schlagbaum Gauner, Diebe und Betrüger erwarten.

Die kurze Strecke im Niemandsland zwischen griechischem und türkischem Grenzübergang ist schon etwas beängstigend. Überall Stacheldrahtzaun, Militär und Überwachungskameras. So eine Grenze habe ich bisher noch nicht gesehen. Vielleicht ist der Grund dafür, dass ich hier die Europäische Union endgültig verlasse und Asien immer näher komme.

Bei solchen Gedanken realisiere ich wieder, wie weit ich nur mit Muskelkraft schon gekommen bin. Ich habe es bis zur äußersten Grenze der Europäischen Union geschafft! Ich freue mich auf die neuen Länder, habe aber auch ordentlich Respekt davor.

Doch hier ist erst mal alles ganz entspannt. An der Grenze werde ich kurz aufgehalten und befragt, woher ich komme, wohin ich fahre, und was ich in den Taschen mitführe. Die drei Fragen sind schnell beantwortet. Ich muss keine meiner Fahrradtaschen öffnen, lediglich der Reisepass wird durchgeblättert und ein neuer Stempel reingedrückt.

„Welcome to Turkey. Enjoy", schickt mich der Offizier weiter.

GLÜCK IM UNGLÜCK

Die Türkei fühlt sich sofort ganz neu an. Die Gebäude aber sind sehr alt. Ich sehe Moscheen, Steinbrücken, neue Automarken. Der Verkehr ist in Edirne hektischer, als ich es bisher von der Landstraße gewohnt bin. Hier fahren viele Türken tiefergelegte, getunte Tofaş – eine türkische Automarke. Das Vorurteil, dass Türken gern an ihren Autos herumbasteln, hat sich hier zumindest bestätigt. Mal sehen, wie es weiter im Osten wird.

In Edirne angelangt, soll ich mich bei jemandem melden, den ich über das Internetportal „Couchsurfing" kennengelernt habe. Ich freue mich schon auf eine Dusche und ein Bett. Ich kippe fast vom Rad vor Müdigkeit. Heute war ein anstrengender Tag. In Bulgarien und während der 30 Kilometer durch Griechenland hatte ich nonstop richtig starken Gegenwind, in Kombination mit praller Sonne. Das schlaucht ungemein.

Ich schreibe meinem Gastgeber mehrere Nachrichten, dass ich in der Stadt angekommen bin, erhalte aber keine Antwort. Vielleicht ist er gerade beschäftigt?

Während ich auf eine Rückmeldung warte, schaue ich mich in der Stadt um. Zum ersten Mal sehe ich eine Moschee mit eigenen Augen. Die Innenstadt ist sehr hektisch. Leute laufen an mir vorüber, links und rechts sausen Autos vorbei und aus Lautsprechern dröhnt der Aufruf eines Muezzins zum Gebet. Es wird dunkel und ich werde nervös. Wo ist mein Gastgeber? Er meldet sich nicht mehr. Wo soll ich die heutige Nacht verbringen?

Verzweifelt versuche ich, den Türken anzurufen, aber er geht nicht ran. Was soll ich jetzt machen? Hatten die Leute doch recht, dass man den Türken nicht vertrauen kann?

Der junge Mann, der mich heute beherbergen wollte, ist wie vom Erdboden verschluckt. Gestern hat er mir den Stadtteil genannt, in dem er wohnt. Es ist eine unsinnige Aktion, aber ich mache mich trotzdem in diese Richtung auf. Vielleicht sieht er mich auf der Straße und erkennt mich.

Erst nach 22 Uhr komme ich dort an. Vergeblich. Es ist niemand mehr auf der Straße und in kaum einem Fenster ist noch Licht. So ein Mist!

Als ich mich schon nach einem Hotel umsehen will, kommt ein Auto angefahren und hält keine zehn Meter vor mir. Ich bin genervt und habe keine Lust auf ein Gespräch mit Unbekannten. Ich will nur noch eine Dusche und schlafen gehen. Trotzdem überwinde ich mich, das junge Paar anzusprechen, meine Situation zu schildern und nach dem nächsten Hotel zu fragen.

Die Frau versteht ein paar Worte Englisch und kapiert, dass ich in einer unglücklichen Situation stecke. Die zwei jungen Türken überlegen nicht lange und schon stehe ich in ihrer Wohnung. Sie haben mich kurzerhand zu sich nach Hause eingeladen. Das habe ich nicht erwartet, als ich nach einem Hotel fragte! Geil!

Leider ist das Englisch der beiden nicht ausreichend für eine gute Verständigung. Sie wählen eine Nummer auf ihrem Smartphone und drücken es mir in die Hand:

„Hallo? Mit wem spreche ich?“, höre ich in perfektem Deutsch aus den Lautsprechern.

Deutsch?! Ich dachte, ich bin in der Türkei? Es stellt sich heraus, dass ein Bekannter meiner neu gewonnenen Freunde zwei Jahre lang in Köln studiert hat und jetzt einwandfrei Deutsch spricht. Der junge Mann bittet mich zu sich, er hat in seiner Wohnung ein Bett frei und ich darf bei ihm übernachten. Nichts lieber als das!

Wir verbringen den Rest des Abends in einem Restaurant mit weiteren Freunden, viel Alkohol und köstlichem Essen! Mir werden viele türkische Worte beigebracht, von denen ich mir auf Anhieb kein einziges merken kann. Diese kurze Zeit in der Türkei hat mir schon so viele Eindrücke beschert, dass mein Kopf heute nicht mehr aufnahmefähig ist. Sogar ein Tattoo will mir einer meiner Trinkpartner stechen. Dieses Angebot lehne ich jedoch dankend ab …

Die Nacht wird Tag und ich komme erst spät – oder besser früh – zum Schlafen. Ich hätte nicht gedacht, dass ich gleich am ersten Tag in der Türkei so was erleben würde – in einem Land, vor dem mich so viele gewarnt haben! Die Türken sind extrem herzliche Menschen! Ich fühle mich ungeheuer wohl hier!

FULL SERVICE

Heute fühle ich mich wegen des Feierns nicht besonders wohl. Meinen Gastgebern geht es genauso und wir bauen uns mit einem extra starken türkischen Kaffee auf – ungefiltert.

Von Edirne mache ich mich auf den Weg nach Istanbul. Vier Tage trennen mich von der Stadt – vier strapaziöse Tage. Da ich recht zügig nach Istanbul kommen will, wähle ich den direkten Weg dort hin, die Schnellstraße. Hier ist zwar viel Verkehr, aber das stört mich überhaupt nicht. Es gibt einen breiten Seitenstreifen, auf dem ich ungestört gen Osten rollen kann.

Gäbe es nicht den Wind, dann würde das Fahren hier sogar Spaß machen. Ich habe aber Pech und muss die vier Tage nach Istanbul mit sehr starkem Gegen- und Seitenwind kämpfen. Es ist kalt und ich komme überhaupt nicht voran! Oft bläst mir der Wind dermaßen entgegen, dass ich sogar bergab mit voller Kraft in die Pedale treten muss, um auf eine Geschwindigkeit von 10 km/h zu kommen.

Ich merke, wie schnell mich das erschöpft und benötige viele Pausen. Mir ist schlecht. Die Kombination aus starkem Gegenwind, ständigem Auf und Ab der Straße und dem gestrigen Partyabend ist nicht gerade die beste Voraussetzung …

Trotzdem schaffe ich es irgendwie ins nächste Dorf, wo Inanç auf mich wartet. Er ist ungefähr gleich alt wie ich und arbeitet am Wochenende freiwillig bei der sogenannten „Bicycle Academy“. Diese Academy ist ein riesiger Parcours für Radfahrer, wo sich Kinder und Jugendliche nach der Schule oder am Wochenende treffen, um gemeinsam Rad zu fahren. Es gibt sogar einen Raum mit vier für Radreisende bereitgestellten Betten. Das ist der absolute Wahnsinn! Eine Dusche und selbst eine Küche sind vorhanden!

Ich darf mich also wie zu Hause fühlen, während Inanç von seiner Familie, der Bicycle Academy und der Türkei erzählt. Er ist ein sehr netter Typ, und während er erzählt, fügt er mich zu einer WhatsApp-Gruppe Radreisender hinzu. Ab diesem Tag ändert sich sehr vieles.

Die Gruppe, in der ich da gelandet bin, ist speziell für Radreisende auf der Seidenstraße erstellt worden. Ich dachte immer, es gäbe pro Jahr nur eine Handvoll Radler, die nach Asien fahren, aber da habe ich mich total getäuscht! Plötzlich bin ich mit über 200 anderen Radreisenden in Kontakt, kann meine Erfahrungen mit Gleichgesinnten teilen und auch Antworten auf Fragen erhalten. Es dauert nicht lange, bis ein Belgier auf eine meiner Fragen antwortet, und wir verabreden uns in Tiflis, der Hauptstadt Georgiens, auf ein Bier. Ich habe zu diesem Zeitpunkt noch keine Ahnung, wen ich dort kennenlernen werde …

Während ich nach Istanbul fahre, treffe ich ununterbrochen extrem herzliche Leute. Neben Inanç ist zum Beispiel Melih vom Fahrradgeschäft Satrai Cycle einer davon. Er lädt mich zu sich in die Werkstatt auf einen Kaffee ein. Ich sehe ihm bei seiner Arbeit zu, schlürfe den Kaffee und erzähle ihm, dass ich eine SIM-Karte kaufen will.

„Nimm deinen Reisepass mit, wir fahren", ist die einzige Antwort auf meine Äußerung. Ich frage nicht lange nach und mache einfach, was mir gesagt wird. Er sperrt sein Geschäft zu, wir setzen uns in sein Auto und fahren zum nächsten Shoppingcenter. Dort angekommen, steigen wir aus und spazieren geradewegs auf das Geschäft eines Mobilfunkanbieters zu.

Jetzt verstehe ich, was los ist: Melih schließt tatsächlich sein Geschäft für ein paar Stunden, nur um mir zu helfen, eine SIM-Karte zu kaufen. Krasser Typ! Die Türken sind so was von hilfsbereit und freundlich. Das erstaunt mich jedes Mal von Neuem!

Melih übernimmt das komplette Verhandlungsgespräch mit dem Verkäufer. Ich verstehe kein Wort. Er läuft sogar noch zu einem zweiten Anbieter, um das Angebot zu vergleichen und gibt mir zu verstehen, dass er das günstigste Angebot an Land gezogen hat.

Zwei Stunden später sind wir wieder zurück in Melihs Werkstatt und ich bin um eine SIM-Karte reicher. Es freut mich sehr, wie sehr er sich um mich kümmert, und er lädt mich sogar ein, bei ihm und seiner Familie zu übernachten. Es ist schon spät am Nachmittag. Weit wäre ich heute sowieso nicht mehr gekommen und so nehme ich das großzügige Angebot an.

Melih wohnt bei seiner Mutter, zusammen mit seiner Schwester. Die Familie kocht ein typisches türkisches Gericht, um mir ihre Kultur näherzubringen. Leider vergesse ich die Namen der Speisen sofort wieder, sobald sie mir genannt werden.

Während wir essen, erzählt Melih von seinen Fahrradreisen. Vor einigen Jahren war er in Kasachstan, China und Kirgistan unterwegs. Auch in Skandinavien ist er schon mit seinem Rad gefahren. Das Reisen mit dem

Fahrrad hat ihm so gut gefallen, dass er ein Fahrradgeschäft eröffnete und seitdem unter anderem Reiseräder konstruiert und verkauft.

Die Zeit verfliegt viel zu schnell und ich muss am nächsten Morgen schon wieder los.

ISTANBUL: BERAUSCHEND!

Ich komme zwei Tage später in Istanbul an und bin zuerst von der großen Stadt überwältigt. Um ins Zentrum zu gelangen, fahre ich über eine sechsspurige Straße. Der Verkehr ist unglaublich. Überall Autos, Busse hupen, Scooter (Mofas) wuseln ohne System und überholen rechts und links. Obwohl auf der Straße sehr viel los ist, fühle ich mich nie unsicher und erreiche bald einen der Häfen, wo ich per Schiff über den Bosporus zur asiatischen Seite Istanbuls übersetzen will. Ich kaufe mir gleich ein Mehrtagesticket für die Fähren, da ich in dieser Stadt einen Pausentag einlegen werde – der erste meiner Reise!

Ich warte nur wenige Minuten auf das Schiff und schon kann ich die etwa zehnminütige Überfahrt genießen. Für mich ist dies der Moment, wo ich Europa verlasse und in Asien ankomme. Ich freue mich unglaublich, lasse mir aber zwischen all den Fremden nichts anmerken. Das erste Mal in Asien! Und das mit dem Fahrrad!!

Ich schaffe es überhaupt nicht, die vielen Eindrücke und Gedanken hier in Istanbul zu verarbeiten. Wie ein kleines Kind freue ich mich, endlich in Asien zu sein, schiebe mein Fahrrad vom Schiff und betrete wieder Festland. Komplett in meinen Gedanken versunken, bemerke ich fast nicht, dass mich jemand anspricht.

Es ist ein türkischer Student der fragt, was ich hier mache. Die Antwort ist schnell übermittelt und mein Gegenüber ist total begeistert von meinem Vorhaben. Er ist so aus dem Häuschen, dass er gleich losrennt und mit einem kleinen Säckchen Süßigkeiten zurückkommt.

„Es ist zwar nicht viel, aber ich möchte dir auf deiner Reise weiterhelfen. Wenn du mal einen schlechten Tag hast, iss eine dieser Süßigkeiten und es wird dir besser gehen. Willkommen in der Türkei!"

Die Handvoll Süßigkeiten mögen vielleicht nicht viel sein, aber die gute Absicht dahinter feiere ich extrem. Solch spontane Situationen und kleine Gesten finde ich immer wieder überwältigend und vergleiche manchmal mit meinem Heimatland. Ich denke nicht, dass jemand einem wildfremden Radfahrer ein paar Süßigkeiten kaufen würde, nur weil er mit dem Rad die Welt entdecken will …

In Istanbul darf ich bei Marco übernachten. Er ist selbst begeisterter Radfahrer und es freut ihn sehr, dass ich zu ihm komme. Marco wohnt in

Der weltbekannte Große Bazar inmitten der Stadt.

Die Blaue Moschee in Istanbul.

einem Kondominium im elften Stock. Mein schweres Rad und die vielen Taschen dort hinaufzuschleppen dauert lange, und ich muss mich erst mal ausruhen. Marco bereitet in der Zwischenzeit Spaghetti und Tee zu. Während die Nudeln kochen, nimmt er mein Rad unter die Lupe. Als Fahrradmechaniker kennt er sich bei Rädern bestens aus und wir diskutieren über das Pinion-Getriebe, das mein Rad schaltet. Auch Marco fährt mit so einem Antrieb und wir tauschen unsere Erfahrungen damit aus.

Am Nachmittag begleitet mich Marco zu einem Shoppingcenter, um mir bei der Suche nach einem kleinen Tagesrucksack zu helfen. Ich habe nicht daran gedacht, so was mitzubringen. Er nimmt sich viel Zeit, mir über die Geschichte und Kultur hier in Istanbul zu erzählen. Am Abend lädt er zwei Bekannte zu sich ein und ich erhalte sogar ein paar Einblicke in die iranische Kultur. Einer der beiden ist nämlich Iraner und studiert hier in Istanbul.

Auch wenn ich Marco und seine Freunde noch nicht lange kenne, behandeln sie mich wie ein Familienmitglied und ich fühle mich bei ihnen sofort wohl. Am nächsten Tag, meinem ersten Pausentag der Reise, führen sie mich sogar durch die Stadt. Sie zeigen mir die verschiedenen Moscheen, den weltbekannten Bazar, ein paar Gärten, den Hafen und natürlich versteckte Restaurants, die ein Tourist normalerweise gar nicht finden würde.

Es ist unglaublich, dass sich die Leute hier einen ganzen Tag Zeit nehmen, um mir, einem Fremden, die Stadt zu zeigen.

DIE TÜRKEN UND DAS ESSEN

Der Tag vergeht viel zu schnell und ich muss am nächsten Morgen schon wieder los. Es geht in den Norden, zur Küste am Schwarzen Meer. Der Weg dorthin ist angenehm und umrahmt von ganz viel Grün. Der Verkehr ist wie vom Erdboden verschluckt und ich bin hier auf dem Land fast als Einziger auf der Straße.

Je näher ich der Küste komme, umso hügeliger wird es aber. Es wird anstrengend und inzwischen auch sehr heiß. Das Fahren macht keinen Spaß und ich muss mein Rad ein paar Mal sogar den Berg hinaufschieben, so steil ist es. Ich hätte nicht gedacht, dass es hier so viele Berge und Hügel gibt. Die Natur ist zwar wunderschön, aber ich fühle mich nicht zu 100 Prozent fit und schleppe mich über mehrere Tage hinweg nach Kandira – ein Dorf nicht weit von der Küste.

Hier darf ich wieder bei einer Familie die Nacht verbringen. Ich freue mich sehr darauf. Der Vater ist Mathematikprofessor und will mich mitnehmen zur Schule.

Die Kinder an dieser Schule sind sehr interessiert an meiner Unternehmung und fragen viel. Erstaunlich oft wird aber auch die Frage gestellt, wie viel ich zu Hause in Italien verdiene. Geld ist eben ein Thema, das die meisten Leute interessiert. Danach darf ich sogar mit den Professoren im Professorenzimmer einen Kaffee trinken und der Direktor druckt noch das Foto von mir vor seiner Schule aus. Geile Leute!

Zurück bei der Familie des Professors, wartet zuallererst eine warme Dusche auf mich, und die Frau meines Gastgebers lässt es sich nicht nehmen, meine Wäsche zu waschen. Vielleicht ist das ein versteckter Hinweis?

Während die Eltern das Abendessen zubereiten, spielt mir die jüngste Tochter ein Stück auf dem Klavier vor. Mit dieser Familie einen Tag zu verbringen, genieße ich sehr. Mir wird wieder vor Augen geführt, wie gastfreundlich Türken sind, und ich würde am liebsten noch ein paar Tage bleiben.

Von Kandira aus biege ich ins Landesinnere ab und kürze somit die Ausbuchtung der nördlichen Küste ab. Nach wenigen Kilometern tauchen schon wieder die ersten Berge und steilen Straßen auf. Ich komme nur ziemlich langsam voran, aber der breite Seitenstreifen macht das Fahren nicht stressig. Die Autos halten einen großzügigen Abstand und ich kann ganz ruhig in meinem Tempo den Berg hochtreten.

ISTANBUL TICARET ODASI
BUDO

Istanbul – eine großartige, lebendige und geschichtsträchtige Stadt!

Die Straßen hier in der Türkei sind der Wahnsinn! Breit, gut in Schuss und als Radfahrer wird man stets respektiert. Ich genieße das Unterwegssein hier in der Türkei und schaffe es bis zum frühen Nachmittag nach Bolu. Hier lebt Okul, ein weiterer Gastgeber auf meiner Reise.

Er nimmt mich sofort freundlich bei sich auf, drückt mir ein Bier in die Hand und schaltet den Fernseher ein. Okul weiß genau, was ich brauche: einfach einen Moment Ruhe nach dem ständigen Bergauffahren von der Küste bis hierher. Es waren etwa 90 Kilometer und 1500 Höhenmeter.

Sobald ich mich etwas erholt habe, führt er mich durch sein Dorf, und nach dem Abendessen darf ich in seinem Hinterhof in einer kleinen Hütte sein selbst gebrautes Bier verkosten. Es schmeckt und wir feiern bis spät in die Nacht. Das tägliche Kennenlernen neuer Leute, und mit ihnen zu feiern, gefällt mir sehr. Es ist allerdings auch ziemlich anstrengend, da ich ja oft bis spät in die Nacht unterhalten werde und nur wenig Schlaf bekomme. Das Weiterradeln am nächsten Tag ist dann natürlich mühsam, aber ich würde es mir nicht anders wünschen wollen.

Am nächsten Morgen gibt es türkisches Frühstück. Für mich ist es eine Mischung aus Frühstück und Mittagessen. Es gibt Brot, Käse, Wurst, Backkartoffeln, angebratene Salami und vieles mehr. Der Tee darf natürlich nicht fehlen.

Ich komme erst um halb eins von Okuls Zuhause weg und seine Frau gibt mir eine Tasche mit belegten Broten und gekochten Eiern mit. Ich liebe die Türkei!!

Von nun an passiert es fast jeden Tag, dass ich bei Einheimischen unterkomme. Als ich vom Landesinneren wieder zur Küste schwenke, bleibe ich eine Nacht in Samsun bei Bahi – einem 80-jährigen Iraner, der seit Jahren in der Türkei lebt.

Auf dem Weg zu seiner Wohnung komme ich an einem kleinen Restaurant vorbei. Ich betrete es und gönne mir ein sogenanntes Pide. Diese Speise vergleiche ich immer mit Pizza. Es ist ein flach ausgelegter Teig, darauf Käse, Gemüse und sonstige Zutaten meiner Wahl. Das Essen in der Türkei schmeckt mir sehr und ist dazu noch günstig.

Während ich auf mein Pide warte, komme ich mit dem Angestellten und dem Koch ins Gespräch. Anfangs wollen sie mir nicht glauben, dass ich mit dem Fahrrad von Italien bis hierher gefahren bin. Doch nach ein paar Minuten, mehreren Versuchen, ihnen meine Tour auf Englisch zu erklären, und zig Fotos glauben sie mir dann doch. Die beiden sind so begeistert, dass ich ihnen einen meiner Sticker, die ich mir für die Reise habe anfertigen lassen, schenken soll und sie diesen an ihre Eingangstür kleben. Jetzt bin ich sozusagen in einem Restaurant der türkischen Stadt Samsun verewigt.

Es mag komisch klingen, aber mittlerweile habe ich mich so sehr an diese warmherzigen Türken gewöhnt, dass es mich fast nicht mehr erstaunt, als sie zunächst kein Geld für das Mittagessen annehmen wollen. Nach längerem Diskutieren darf ich ihnen dann aber doch ein paar Scheine geben und das Restaurant verlassen.

RADELN IM REGEN UND KAFFEESATZLESEN

Von Samsun fahre ich immer die Küste entlang. Nur fünf Tage trennen mich vom nächsten Land, Georgien. Die Küstenstädte leben vom Tourismus und sind deshalb recht gut ausgebaut. Es gibt mehrspurige Straßen und manchmal sogar Radwege. Das macht das Radeln hier erfreulich und ich komme zügig voran.

Es regnet das erste Mal tagsüber während meiner Reise und so muss ich nun doch meine Regensachen auspacken – nach 34 Tagen!

Zu Beginn ist der Regen recht lästig. Aber nach wenigen Minuten habe ich mich an die gesunkenen Temperaturen gewöhnt, die Regensachen bleiben dicht und plötzlich macht mir das Radeln im strömenden Regen sogar viel Spaß. Ich genieße den Tag wie schon lange nicht mehr. Woran es liegt, kann ich mir selbst nicht erklären.

Sobald es mir dann doch zu kalt wird, wärme ich mich in einem Restaurant mit Tee und Pide auf. Die Restaurantbesitzer scheinen sich hier an der Küste sehr zu ähneln. Sie sind alle von meiner Reise total begeistert und wollen mich oft überhaupt nicht mehr gehen lassen.

Während ich durch den Regen radle, denke ich immer wieder, ob es nicht besser gewesen wäre, durch das Landesinnere zu fahren. Obwohl das Fahren hier angenehm ist, wird es doch auch schnell langweilig. Fast eine ganze Woche lang sehe ich immer zu meiner Linken das Schwarze Meer und zur Rechten grüne Hänge, auf denen Haselnüsse angebaut werden. Die Landschaft ändert sich kaum und einen guten Zeltplatz zu finden, ist nicht immer leicht: Direkt am Meer, neben der lauten Schnellstraße, will ich nicht schlafen und an den Haselnuss-Hängen finde ich nur nach langem Suchen einen brauchbaren Zeltplatz.

Ich sage zu mir, das nächste Mal fahre ich durch das gebirgige Landesinnere. Doch genau in diesem Moment schreibt mir der Belgier, mit dem ich mich in Tiflis verabredet habe.

„Ich hoffe, bei dir ist besseres Wetter. Ich fahre seit Tagen bei Minusgraden durch Schneestürme“, teilt er in seiner Nachricht mit.

VELOPLUS

Ich mache mir Sorgen um ihn und zugleich erkenne ich, dass ich doch nicht die schlechteste Route gewählt habe. Ich freue mich, den Belgier bald kennenzulernen.

Auch die letzten zwei Tage vor Georgien muss ich im Regen fahren, kann aber bei Einheimischen übernachten und meine Sachen trocknen.

Zuerst werde ich von einem jungen Studentenpaar aufgenommen. Die beiden helfen mir beim Ausdrucken von Dokumenten, die ich in Georgien für das chinesische Visum brauchen werde. Und am nächsten Tag – kurz vor der Grenze – komme ich zu einem weiteren jungen Paar, das gerade Besuch von seinen Tanten hat.

Im Haus ist immer „Action" angesagt, ich werde von vorn bis hinten durchgefüttert, mir werden unterschiedliche Weinsorten zum Verkosten angeboten, ich darf bei der Gartenarbeit mithelfen und am Abend sagt mir eine der Tanten meine Zukunft voraus – mithilfe der ausgetrunkenen, gestürzten Tasse mit den Überresten des ungefilterten türkischen Kaffees.

Ich genieße den letzten Tag in der Türkei bei der coolen, aufgedrehten Familie und bin etwas traurig, dass ich das Land morgen verlassen werde. Die Türkei hat mir sehr gut gefallen. Ich habe mich immer wohlgefühlt, die Leute waren herzlich, zuvorkommend und immer hilfsbereit. Ich weiß, dass ich irgendwann wieder in dieses Land zurückkehren werde. Bisher ist es mein absolutes Lieblingsland auf der Reise. Besonders die Tatsache, dass ich vom Gegenteil der zahlreichen Vorurteile gegenüber den Türken überzeugt wurde, freut mich ungemein.

Mit einem lachenden und weinenden Auge fahre ich der georgischen Grenze entgegen und hoffe auf ein weiteres Land mit gastfreundlichen und herzlichen Menschen.

Von anderen Radreisenden und im Internet habe ich erfahren, dass dieser Grenzübergang heikel werden kann. Wenn die Beamten einen schlechten Tag haben, werde ich all meine Taschen durch den Röntgenscanner schicken und vor allem meine mitgebrachten Medikamente erklären müssen.

Oben: Erstes Zelten am Schwarzen Meer.
Ein Morgen wie aus dem Bilderbuch.

Unten: Radwege direkt am Schwarzen Meer!

Das Grenzgebäude ähnelt im Inneren einem Flughafen. Es gibt endlose weiße Gänge ohne Beschilderung, mehrere Schalter mit Glaswänden und Drehkreuzen. Der Wartebereich ist riesig und ich komme neben einer indischen Familie zum Stehen. Mein beladenes Fahrrad fällt auf und ich werde um ein Selfie gebeten. Sind das die ersten Vorboten Indiens und seiner Selfie-Kultur?

Ich werde an einen Schalter gewunken und muss meinen Reisepass vorzeigen. Die einzigen Fragen, die mir gestellt werden, sind „Wo kommst du her?" und „Wo willst du hin?" Ein x-tes Mal muss ich die Fragen beantworten und dann lässt man mich einfach passieren. Ich war eigentlich auf eine Kontrolle meiner Sachen vorbereitet, doch diese bleibt aus. Auch gut.

So schnell und unauffällig wie möglich schiebe ich mein Rad aus dem Gebäude und mache mich aus dem Staub. Georgien, ich komme!

Noch keine Touristen.
Das Schwarze Meer ganz für mich allein!

Georgien

In Land Nummer neun fällt mir sofort die neue Schrift auf. Ich kann überhaupt nichts entziffern und die Leute verstehe ich auch nicht. Nur wenige Meter hinter dem Grenzübergang steht ein älterer Mann am Straßenrand und will Honig und Wein verkaufen. Ich habe aber keine Lust, die schweren Glasflaschen mitzuschleppen, und so lehne ich dankend ab. Es kommen sicher noch Touristen in Autos vorbei, die dem Mann etwas abkaufen wollen …

Nach dem Wein verkaufenden Mann folgt eine Tankstelle auf die andere, Wechselstuben und Casinos stehen in Reih und Glied. Ich fahre eine Zeit lang der Stadt Batumi entgegen, während die Tankstellen nicht weniger werden wollen.

Batumi selbst scheint eine wohlhabende Stadt zu sein. Aus dem Stadtzentrum ragen ein paar extravagante Hochhäuser, eine Umlaufbahn führt auf einen nahe gelegenen Hügel und sogar eine Promenade gibt es. Ich sehe mir die auffallendsten Sehenswürdigkeiten kurz an, suche aber bald wieder das Weite.

Mich interessieren die Täler, Berge und Menschen des Landes viel mehr. Ich habe das Gefühl, in den Städten herrscht immer dieselbe Hektik, es geht alles sehr unpersönlich über die Bühne und man wird nur als geldbringender Tourist betrachtet. Deshalb kurve ich mit meinem Rad lieber in der Natur herum und sehe, was dort auf mich zukommt.

Ich fahre im Süden Georgiens Richtung Goderdzi-Pass, und schon einen Tag nach Batumi beginnt es wieder zu regnen. So ein Mist. Es ist kalt, windig und ich fühle mich kraftlos. An einer Bushaltestelle finde ich Zuflucht vor dem Regen und warte eine Stunde lang ab. Es hat noch nicht ganz aufgehört zu regnen, aber ich will Strecke machen.

Weit komme ich allerdings nicht: An der nächsten Kreuzung mache ich kurz halt, um auf dem Handy den Weg zu checken. Das bemerkt ein vorbeifahrender Mann und hält seinen Kastenwagen neben mir an. Er wirft mir ein paar georgische Worte zu, aber ich verstehe natürlich nichts. Der Mann versucht es viele weitere Male, aber ich verstehe immer noch nichts. Erst, als ich meinen Handy-Übersetzer ins Spiel bringe, können wir uns einigermaßen verständigen. „Ich weiß eine Unterkunft für dich", wollte der Kastenwagenfahrer mitteilen.

Eigentlich habe ich heute keine Lust mehr, weiterzufahren. Spontan sage ich deshalb zu und lade mein Fahrrad auf den Kastenwagen. Mal sehen, wohin mich der Mann bringt.

Wir fahren wieder talauswärts, von wo ich gekommen bin, und halten in einem kleinen Dorf. Mein Fahrer steigt aus und deutet, ich solle hier warten. Er verschwindet fünf Minuten und ich habe keine Ahnung, was hier abgeht. Zehn Minuten später ist er immer noch nicht zurück. Nach 15 Minuten wird mir die Situation suspekt und ich will nach dem Fahrer sehen. Doch in diesem Moment kommt er zum Auto gerannt und drückt mir sein altes Handy in die Hand. Er zeigt mir Fotos seiner Familie, vom Auto und von LKWs, die er repariert hat. Was für ein skurriler Typ. Es macht nicht wirklich viel Sinn, was er von sich gibt, aber ich warte einfach mal ab, was er als Nächstes vorhat.

Wir fahren fast eine halbe Stunde eine Bergstraße hoch und erreichen einen Bauernhof. Dieser scheint die Endstation zu sein, denn mein Chauffeur lädt das Rad ab. Wir sind bei einem wirklich abgelegenen Gästehaus gelandet, mitten in den georgischen Bergen. Zehn Euro soll die Übernachtung mit Abendessen und Frühstück kosten. Ich habe keine andere Wahl und nicke höflich.

So unvermittelt, wie der Kastenwagen vor einer Stunde neben mir aufgetaucht ist, so unvermittelt ist er auch wieder verschwunden.

Man bringt mir eine warme Suppe, Hühnchen, Brot, Kuchen und viel selbst angebauten Wein zum Abendessen. Ich bin der einzige Gast im Haus und die Hausherrin tut alles, damit es mir gut geht. Das tut es.

Den gesamten Schlafsaal habe ich für mich allein und darf mir mein Bett aussuchen. Die Nacht ist kalt und ich schlafe schlecht.

MEINE ERSTEN REISEPARTNER

Der nächste Tag beginnt wieder mit Regen und ich komme erst gegen Mittag los, als der Regen aufhört. Hoch über dem Tal habe ich einen super Ausblick über die Häuser inmitten der saftig grünen Natur. Das Tal, in dem ich hier unterwegs bin, gefällt mir sehr, auch wenn es noch immer leicht bergauf geht.

Doch bevor ich den nächsten Berg hochtreten kann, muss ich zuerst wieder hinunter ins Tal. Während ich langsam Höhenmeter abbaue, betrachte ich die Häuser, an denen ich vorbeikomme. Viele haben einen

Oben: Ein herrlicher Ausblick über das Tal. Freie Natur ist mir lieber als Städte.

Unten: Ross und Paxton, die beiden Amerikaner, werde ich noch mehrere Male treffen.

russischen Touch – so stelle ich mir das zumindest vor. Ich sehe sehr viel Beton, Beton, Beton.

Im Talgrund angelangt, mache ich mich wieder auf den Weg Richtung Goderdzi-Pass. Die Straße schlängelt sich wunderschön ins Tal hinein und der Verkehr hält sich in Grenzen. Obwohl es bewölkt und nicht sonderlich warm ist, genieße ich die Fahrt.

Es kommt noch besser, als ich vor mir zwei Radler erspähe. Sie machen in einer Kurve halt und schießen ein paar Fotos. Ich bin nur noch wenige Meter von ihnen entfernt und erkenne, dass auch sie Radreisende sein müssen! An ihre Räder sind Taschen montiert, genau wie bei mir. Ich freue mich sehr und mache mit der Fahrradklingel auf mich aufmerksam.

Ross und Paxton, ein Ehepaar aus den Vereinigten Staaten, sind zwei sympathische Zeitgenossen und wir fahren gemeinsam weiter. Sie erzählen mir, dass sie schon fast ein Jahr unterwegs sind. Nach einem halben Jahr in Südamerika haben sie ihre Fahrräder nach Europa gebracht und fahren jetzt, so wie ich, Zentralasien entgegen.

Die beiden sind die ersten Gleichgesinnten, die ich auf der Straße treffe. Es ist prima, nun in der Gruppe unterwegs zu sein und die verschiedenen Erlebnisse teilen zu können.

DER GODERDZI-PASS

Bis zum höchsten Punkt des Goderdzi-Passes, an dem sich ein Skigebiet befindet, brauchen wir drei Tage. Der Weg dort hin beginnt mit jeder Menge Schlamm. Wo zuerst noch eine gut asphaltierte Straße war, ist jetzt nur noch Schotterpiste, und durch die vielen Regenschauer der vergangenen Tage hat sie sich in ihre schlammige Version verwandelt. Wir kämpfen uns, zusammen mit alten, rostigen „Lada Nivas“ (Geländewagen), den Berg hoch und kommen dem Schnee immer näher.

Am Tag, an dem wir den Pass überqueren wollen, fühle ich mich sehr stark. Ich freue mich darauf und bin voll motiviert, die verbleibenden 1000 Höhenmeter hinter mich zu bringen. Ich fahre voraus, während Ross und Paxton ihr Zelt einpacken und sich bereitmachen. Die beiden sind ein sehr entspanntes Paar und genießen ihre Reise. Es macht viel Spaß, mit ihnen unterwegs zu sein. Obwohl wir jetzt in einer Gruppe reisen, kann jeder sein Ding machen und in unterschiedlichem Tempo fahren.

Ich sehe, wie der Schnee neben der Straße mehr wird und schlängle mich zwischen den vielen schlammigen Pfützen den Berg hoch. Es wird kalt, aber durch die Anstrengung auf dem schweren Rad spüre ich das nicht. Zwischendurch kommt sogar die Sonne zum Vorschein und ich fühle mich ein bisschen wie zu Hause. Was würde ich jetzt für ein paar Skier geben …

Tagträumend trete ich vor mich hin, erreiche endlich den Goderdzi-Pass und bin ganz überrascht: Neben mir türmt sich der Schnee. Mehrere Meter ragt er in die Höhe – ich fühle mich ganz klein. So was habe ich mit dem Rad noch nicht erlebt und warte darauf, die Freude mit Ross und Paxton zu teilen. Sie kommen nur wenige Minuten nach mir an und wir fallen uns in die Arme. Es scheint so, als ob auch sie einen solchen Anblick noch nie erlebt hätten. Die obligatorischen Fotos dürfen nicht fehlen, aber wir halten uns nicht lange auf. Der Wind hat aufgefrischt und wir frieren. Nichts wie weg von hier.

Nur wenige Kilometer nach dem Pass nimmt der Schnee rapide ab und die Temperaturen steigen zum Glück wieder etwas an. Die Straße ist eine Mischung aus Beton und Schlamm. Wir kommen nur langsam voran und müssen uns sehr konzentrieren, um mit dem Vorderrad nicht auszurutschen. Unsere wackelige Fahrerei fällt den Autofahrern auf, ein georgisches Ehepaar hält uns sogar an.

„Was macht ihr da?“, ruft die Frau aus dem Wagen.

Paxton erklärt ihr unser Vorhaben: Dass wir mit unseren Fahrrädern um die Welt reisen und andere Länder entdecken wollen.

Das gefällt den Georgiern so sehr, dass sie voll Freude aus dem Auto springen und uns erst einmal die Hände schütteln. Der Mann holt aus dem Kofferraum sogar eine Flasche Sekt heraus.

Ich wusste gar nicht, dass Georgier vorsorglich immer eine Sektflasche im Kofferraum haben. Die Flasche wird geöffnet und wir müssen oder dürfen mit den beiden anstoßen. Die Georgier sind echt verrückte Leute!

Während wir gemütlich unseren Sekt schlürfen, bildet sich hinter uns ein kleiner Stau. Fünf Autos sind es mittlerweile, die darauf warten, die schmale Straße ins Tal hinunterzufahren. Sie kommen aber an uns nicht vorbei und sind gezwungen, stehen zu bleiben. Es scheint aber niemanden zu stören und alle harren ganz ruhig aus.

Wir beeilen uns dann aber doch und verabschieden uns vom freundlichen georgischen Paar. So was habe ich noch nie erlebt … Wie oft habe ich das inzwischen schon gesagt!

Vom Goderdzi-Pass fahren wir weiter Richtung Tiflis und landen auf einem Hochplateau. Hier wohnt niemand, es wächst nichts und wir haben die Straße und Natur ganz für uns allein.

Dieses Nichts zu durchqueren, dauert drei Tage, und die Einzigen, die wir treffen, sind ein Deutscher und ein Belgier mit ihren riesigen Trucks.

Beeindruckend: In eisiger Kälte vorbei an meterhohen Schneewänden.

Sie sind auch auf Weltreise und laden uns zum Abendessen ein. Es ist kalt und wir dürfen uns zu ihnen in einen der Trucks setzen.

Hier fühlt man sich wie in einer kleinen Wohnung. Von der Waschmaschine über den Dampfgarer bis hin zur Mikrowelle ist in diesem Truck alles zu finden. Für uns werden Spaghetti alla Carbonara gekocht und eine Flasche Wein geöffnet. Es ist immer wieder schön, zu erleben, wie gastfreundlich Menschen sein können. Wir kennen die beiden erst seit ein paar Minuten und schon dürfen wir uns bei ihnen im Truck aufwärmen und bekommen sogar was zu essen.

„Falls ihr irgendwas braucht, klopft einfach an und wir versuchen zu helfen", verabschieden wir uns von den beiden und stellen unsere Zelte neben den Trucks auf. Es ist einfach so nett, wie sie uns unterstützt haben.

Nachts wird es kalt, - 8 Grad. Ich schlafe im Wissen, notfalls bei meinen Nachbarn im Truck anklopfen zu können, sofort ein und friere nicht. Was ich zu diesem Zeitpunkt noch nicht weiß: Diese Nacht wird die kälteste der gesamten Reise sein.

Ich werde mit einer Tasse Kaffee geweckt und verabschiede mich, zusammen mit meinen zwei amerikanischen Reisepartnern, von den Truckern. Dieses Treffen wird mir noch lange in Erinnerung bleiben.

Wir schaffen es endlich nach Tiflis und kommen bei einem Engländer unter, den ich vor Wochen über Facebook kennengelernt habe. Er weiß, dass ich in dieser Stadt das chinesische Visum beantragen werde und deshalb ein paar Tage hierbleiben muss. Ohne zu überlegen hat er mir angeboten, während dieser Zeit bei ihm zu bleiben.

Ich kann diesen Satz nicht oft genug wiederholen: Unfassbar, wie herzlich und gastfreundlich die Leute auf dieser Welt sind!!

STRESS MIT DEM CHINESISCHEN VISUM

Von der Gastfreundlichkeit ermutigt, gehe ich gleich zur chinesischen Botschaft, um mein Visum zu beantragen. Ich habe gehört, dass hier immer sehr viel los sein soll, also stehe ich schon um sechs Uhr morgens vor der Eingangstür.

Es regnet. Ich muss bis acht Uhr warten und die Gerüchte bestätigen sich … Immer mehr Leute treffen ein und warten auf das Öffnen der Botschaft. Viele der Wartenden arbeiten für ein Reisebüro und wollen gleich mehrere Visa für ihre Kunden beantragen. Das kann also dauern …

Um acht Uhr ist es dann so weit. Ich werde als Erster in die Botschaft eingelassen und muss meine Unterlagen vorzeigen.

„Was willst du hier?", schnauzt mich die Dame am Schalter an.

„Ich möchte mein Touristenvisum für China beantragen."

„Das geht nicht. Du bist Italiener, mach das bei dir zu Hause in Italien", erwidert sie mir.

Ich habe mich aber vorbereitet und weiß über mein Recht Bescheid, hier ein chinesisches Visum beantragen zu dürfen. Mehrere Minuten lüge ich ihr vor, dass ich erst vor Kurzem nach Tiflis gezogen bin, als EU-Bürger hier ohne Visum für drei Monate leben darf, selbstständig bin und hier arbeite. Ganz überzeugt scheint mein Gegenüber nicht zu sein, aber je länger ich rede, desto unentschlossener scheint sie zu werden und glaubt mir dann irgendwann doch.

„Aber deine Unterlagen sind nicht vollständig, du brauchst Hin- und Rückflüge mit einem Reiseplan für China! Du bekommst kein Visum!"

Mich ärgert es innerlich sehr, dass die Leute hier so unhöflich mit potenziellen Touristen umgehen und es ihnen so schwer machen, ein Visum für China zu erhalten. Ich lasse mir aber nichts anmerken und reiche ihr die bestätigten, gebuchten Flüge nach Shanghai beziehungsweise Peking – natürlich gefälscht. Auch der ausgearbeitete Reiseplan stimmt überhaupt nicht mit meinem tatsächlichen Vorhaben überein.

Die Dame schaut mir mit einem fragenden Blick skeptisch in die Augen. Jetzt nur nicht lachen oder verlegen wirken! Sie dreht sich kurz weg, um mit ihrem Vorgesetzten zu sprechen und ruft mir zu: „Komm in drei Tagen mit 100 Georgischen Lari (30 Euro) wieder! DER NÄCHSTE!"

Ich habe selten so lustlose und unsympathische Angestellte wie hier in der chinesischen Botschaft erlebt. So schnell mich meine Beine tragen können, marschiere ich aus der Botschaft raus und lache mir ins Fäustchen. Es hat tatsächlich geklappt!

Die Lügengeschichte habe ich auftischen müssen, da ich im Westen Chinas auf dem Landweg in die Provinz Xinjiang einreisen will. Dort leben Uiguren, eine turkstämmige Minderheit, die von China vehement unterdrückt wird. Mit unterschiedlichsten Repressalien und unter anderem auch mit Konzentrationslagern ähnlichen Umerziehungsanstalten sollen sie den Han-Chinesen angepasst werden.

Hätte ich der überaus netten Dame erzählt, dass ich durch diese Region reisen will, hätte ich mir das chinesische Visum sofort abschminken können – erst recht, wenn dabei auch noch mein Fahrrad als Reisemittel erwähnt worden wäre. Dazu später mehr.

In den Tagen des Wartens auf mein Visum wasche ich meine Kleider, reinige gründlich das Fahrrad und räume meinen Saustall in den Taschen auf. Von der Stadt sehe ich bei Tag nicht sonderlich viel. Es regnet ständig und ich genieße das Faulenzen in der Wohnung meines Gastgebers. Nur abends traue ich mich hinaus und treffe zum ersten Mal den Belgier, der mir in der Türkei eine WhatsApp-Nachricht zukommen ließ. Er stellt sich als Nacho vor und hat gerade ein paar Tage in Tiflis verbracht, zusammen mit anderen Radfahrern.

Bei dem regnerischen Wetter bietet es sich an, eines der Schwefelbäder zu besuchen, für die Tiflis bekannt ist. Im warmen Wasser zu entspannen und mit den anderen Radlern Erfahrungen auszutauschen, genieße ich sehr.

Nacho ist schon fast ein halbes Jahr unterwegs und plant, bis nach Tokio in Japan zu radeln. Wir finden heraus, dass wir ab Usbekistan eine ähnliche Route bis Nepal haben werden und beschließen, uns im Osten Usbekistans wieder zu treffen.

Mit ihm trinke ich ein Bier, wir gehen zusammen abendessen und trennen uns dann schon wieder. Nacho muss weiterfahren, während ich noch ein paar Tage in Tiflis urlaube.

Die paar Tage Erholung sind dringend notwendig. In den zurückliegenden Tagen und Wochen gab es mehrfach Regenschauer, es war richtig kalt und eine warme Dusche hatte ich die ganze letzte Woche auch nicht.

Ich genieße, hänge einfach mal ab, sehe mir mit anderen Radreisenden die Stadt an und hole nach einer halben Woche das chinesische Visum ab. Es hat tatsächlich geklappt!

Die unsympathische Dame in der Botschaft reicht mir meinen Reisepass. Ich kontrolliere gleich das Visum und dessen Datum. Diese Pappnasen haben mir tatsächlich geglaubt und mir das gewünschte Visum ausgestellt!

Ich freue mich riesig und zugleich ärgert es mich, dass es den Menschen so schwer gemacht wird, in ein anderes Land zu reisen. Na ja, hier geht es eben um China. Aber ich bin doch nur ein harmloser Tourist und möchte mir das Land ansehen, mehr nicht. Auch dieses Mal verlasse ich die Botschaft so schnell es geht, bevor es sich jemand vielleicht anders überlegt.

Ab heute bleiben mir drei Monate Zeit, um in China einzureisen. Ich werde das über den Landweg ganz im Westen machen – und nicht wie in der offiziellen Version per Flugzeug nach Peking.

Genug Zeit in Tiflis verbracht, sage ich zu mir und packe meine Siebensachen. Weiter geht's nach Aserbaidschan!

Zu Beginn meiner Reise hatte ich noch vor, von Georgien nach Russland zu fahren. Aber auch dieses Visum ist nur schwer zu bekommen und

so beschließe ich, den gemütlicheren Weg durch Aserbaidschan zu nehmen. Das glaube ich zumindest zu diesem Zeitpunkt noch …

MEINE DROHNE WIRD ENTDECKT …

Nur zwei Tage später erreiche ich den Grenzübergang zwischen Georgien und Aserbaidschan. Es ist zwei Uhr nachmittags und so bleibt genug Zeit bis Sonnenuntergang und zur Schließung der Grenze. Das Ausreisen aus den Ländern geht immer recht schnell und unbürokratisch.

An der georgischen Grenzstation hält man mich nur kurz auf. Die Beamten wollen wissen, wie mir das Land gefallen hat. Ich kann nur Gutes berichten, was sie sehr freut, und sie wünschen mir noch viel Glück in Aserbaidschan. Das hätte ich wirklich brauchen können.

Ich überquere die Brücke, die Georgien von Aserbaidschan trennt, und komme bei der ersten Kontrolle an. Zwei junge Soldaten verlangen meinen Reisepass und sehen, dass ich Italiener bin.

„Juventus oder Milan?“

„Wie bitte?“, frage ich.

„Juventus oder Milan?“, wiederholt einer der beiden.

Ich entscheide mich für Juventus und werde mit einem zustimmenden Lachen weitergeschickt zur nächsten Kontrolle. Dieser Grenzübergang ist ja mal spannend!

Ich muss warten, da vor mir ein Auto durchsucht wird. Als ich endlich drankomme, werden sofort meine Taschen verlangt. Sie müssen durch den Röntgenscanner.

Ich denke mir nichts dabei, aber der Dame hinter dem Scanner scheint irgendetwas überhaupt nicht zu gefallen. Sie ruft einen Offizier zu sich und zeigt auf eine meiner Taschen.

„Öffnen!“

Ich kann mir schon denken, was ihr nicht passt, stelle mich jedoch unwissend. Es ist die Drohne, die ich in dieser Tasche habe und die den beiden überhaupt nicht recht ist. Die Dame erklärt mir, dass es verboten ist, Drohnen nach Aserbaidschan zu bringen. Das habe ich nicht gewusst.

Ich soll die Drohne abgeben, dann könnte ich weiterfahren. Das mache ich ganz sicher nicht! Das Gerät war nicht gerade günstig und ich werde sie

Oben: Ein netter Abend mit zwei Truckern.
Auch besser Situierte helfen gern und sind gastfreundlich.

Unten: Radfahren in Georgien ist ein Traum und
die Straße fast menschenleer.

nicht so einfach abgeben. Ich versuche, mit dem Offizier und der Dame zu diskutieren, schlage vor, sie sollen die Drohne versiegeln und bei meiner Ausreise noch mal kontrollieren.

Es nützt aber nichts, sie bleiben bei ihrer Meinung, und auch nach über drei Stunden Diskussion habe ich keine Chance, meine Drohne nach Aserbaidschan zu bringen.

Ich weiß nicht so recht, ob ich mich über meine eigene Dummheit aufregen soll oder über die Beamten, die einfach stur bleiben. Auf jeden Fall habe ich die Schnauze voll und kehre wieder um. Aserbaidschan kann mich mal. Ich werde einen Weg finden, die Drohne nicht abgeben zu müssen.

Für Georgien brauche ich als Italiener kein Visum, kann einfach wieder zurückfahren und dort einreisen. Während ich die wenigen Hundert Meter nach Georgien radle, fällt mir Tom ein, ein deutscher Radfahrer. Ich habe ihn in Tiflis kennengelernt und er hatte eine Bekannte in Grenznähe erwähnt.

Sofort rufe ich ihn an und erfahre, dass diese Bekannte nur 70 Kilometer von meinem Standort entfernt wohnt. Ich trete so flott ich kann in die Pedale und fahre durch die Dunkelheit zu ihr. Die Diskussion an der Grenze hat so lange gedauert, dass es nun schon finster ist. Ich bin total am Ende, komme aber tatsächlich noch am späten Abend bei ihr an.

Meine Drohne darf ich bei ihr deponieren und sie wird mir irgendwann zurückgeschickt nach Italien. Es ist unglaublich, welch ein Glück ich habe, Tom in Tiflis getroffen zu haben und dann auch noch seine Bekannte hier in Grenznähe!

Tom will ebenfalls nach Aserbaidschan und wir fahren am nächsten Tag gemeinsam zur Grenze. Hoffentlich klappt es heute!

Ich lasse Tom beim Röntgenscanner den Vortritt und bei ihm passt alles. Die Dame erinnert sich an mich und befiehlt mir mit einem hämischen Grinsen, jetzt meine Taschen durch den Scanner zu schicken. Sie schaut sich jede Tasche sehr genau an. Als ob sie um jeden Preis etwas finden wolle, nur um mir eins auszuwischen. Sie findet allerdings nichts Verdächtiges und versucht ihr Glück damit, mein mitgebrachtes Kochsalz zu beanstanden. Wir müssen nicht lange diskutieren, bis es ihr zu blöd wird und sie mich weiterschickt. Aserbaidschan!

Aserbaidschan, ich komme! Noch weiß ich nicht, was mich beim Grenzübertritt erwartet …

Aserbaidschan

Das Land fühlt sich sofort ganz anders an. Es wird schnell wärmer, je weiter wir in den Osten fahren, und die Leute erinnern mich ein wenig an die Türkei – sprachlich, aber auch äußerlich. Auch ihr Verhalten ähnelt irgendwie dem der Türken.

Mir geht kurz nach der Grenze das Wasser aus, und ich habe noch keine Bank zum Wechseln von Georgischen Lari in Aserbaidschan-Manat entdeckt. So rufe ich einfach zwei Männern zu, die auf ihrem Grundstück Mittagspause machen, ob sie etwas Wasser für mich haben.

Beim Wasser bleibt es nicht und sie laden Tom und mich zu einer Tasse Tee ein. Wir können uns sehr schlecht verständigen, aber mit ein paar türkischen Worten geht es dann doch. Mir gefällt Aserbaidschan jetzt schon!

Das Einzige, das mir hier fehlt, ist das Brot aus Georgien. Dort gab es riesige Fladenbrote, die extrem gut schmeckten und fast gar nichts kosteten. Viele Reisende haben mich schon vorgewarnt, dass ich das Brot bestimmt vermissen werde, aber ich wollte ihnen nicht glauben. Jetzt erfahre ich es am eigenen Leib …

Ich dokumentiere meine Reise auf Instagram und poste ein Foto aus Aserbaidschan. Es dauert nur wenige Minuten und ich erhalte eine

Nachricht von Ross und Paxton, den beiden Amerikanern. Sie schreiben, dass sie mir nur zwei Tage voraus sind und in einem Gästehaus ein paar Tage Rast machen.

Ich freue mich sehr über diese Mitteilung und fahre zusammen mit Tom nach Sheki, das Dorf, wo die beiden pausieren.

Das Wiedersehen bereitet mir eine unglaubliche Freude. Ich bin mit den beiden zwar nur etwa zehn Tage unterwegs gewesen, doch fühlt es sich an, als ob wir uns schon seit Langem kennen würden.

Schwer am Radreisen ist, dass man sich jeden Tag aufs Neue verabschieden muss: von Leuten, die man auf der Straße trifft; von Gastgebern, bei denen man übernachten darf; von Verkäufern in einem Supermarkt …

All diese Leute werde ich wahrscheinlich nie mehr wiedersehen. Dasselbe gilt für Radfahrer, die ich unterwegs treffe. Sobald unsere Routen sich trennen, ist es ungewiss, ob man sich jemals wieder begegnen wird. Deshalb freut es mich umso mehr, Ross und Paxton hier noch mal zu treffen. Sie sind ein so sympathisches Paar und strahlen eine extreme Ruhe aus. Es fühlt sich gut an, bei ihnen zu sein.

Es regnet und wir sind gezwungen, einen weiteren Tag Pause zu machen. Den nutzen Tom und ich, um das Dorf zu erkunden und Backgammon zu spielen. Ich kenne dieses Spiel schon von klein auf, habe es aber selbst nie ausprobiert. Falls ich während meiner Radreise nach Nepal sonst nichts lerne, kann ich danach zumindest Backgammon spielen …

HITZEALARM!

Es dauert nur wenige Tage, bis Tom und ich am Kaspischen Meer ankommen. Der Weg dorthin war ein weiter, aber auch ein sehr ebener. Die Landschaft hat sich sehr verändert. In den vergangenen Tagen bin ich immer am Fuße des mächtigen Kaukasus entlanggefahren, und jetzt befinde ich mich mitten im Nichts auf einer vierspurigen Schnellstraße.

Weit und breit ist nichts zu sehen und es ist heiß. Sehr heiß sogar. Tom und ich haben zum Glück Rückenwind und können gut Strecke machen. Das passiert nicht oft und wir haben viel Spaß daran, mit über 30 km/h über die Straße zu rollen.

Mit den wärmeren Temperaturen kommen auch die ersten Mücken und wir werden nachts von den Viechern regelrecht aufgefressen. Meine

Oben: Schatten spenden hier nur geparkte LKWs.

Unten: Zeltplatzsuche leicht gemacht. Freie Auswahl!

VELO PLUS
TIMUS

Oben: Freudiges Wiedersehen mit Ross und Paxton in Sheki.

Unten: Wir lassen den mächtigen Kaukasus hinter uns.

Knöchel sind übersät mit Stichen und schwellen sogar an. Tom geht es genauso und die einzige Rettung ist eine improvisierte Dusche, gebastelt aus einer unserer Wasserblasen, in denen wir unser Trinkwasser transportieren. Ist der Schweiß abgewaschen, sind wir für die Mücken nicht mehr so attraktiv und können es einigermaßen aushalten.

Gegen die Hitze haben wir allerdings kein Mittel und versuchen, ihr zu entgehen, indem wir vor Sonnenaufgang losfahren und so viel Strecke wie möglich machen. Die Straße ist in einem sehr guten Zustand, es geht immer geradeaus und der Wind ist auf unserer Seite.

Mit Tom fahre ich ziemlich zügig durch Aserbaidschan, um die Küste des Kaspischen Meeres zu erreichen. Am Hafen von Alat legt das Schiff ab, das uns nach Kasachstan bringt. Wir sind sehr aufgeregt, wie das wohl sein wird. Hier fahren nämlich nur Frachtschiffe, die keinen regelmäßigen Fahrplan haben. Es wird abgelegt, sobald das Schiff beladen ist, das Wetter passt und der Wind in die richtige Richtung weht. Das bedeutet, dass man hier schon mal ein paar Tage stecken bleiben kann. Ich habe auch schon gehört, dass Radfahrer fast zwei Wochen auf ein Schiff warten mussten. Hoffentlich geht es Tom und mir nicht auch so!

MIT DER FÄHRE ÜBER DAS KASPISCHE MEER

Wir erkundigen uns am Schalter und es heißt nur:

„Heute fährt kein Schiff. Kommt morgen wieder."

Gesagt, getan. Wir stellen unsere Zelte auf und warten auf den nächsten Tag. Hier am Hafen gibt es nicht viel zu tun und wir unternehmen einen Spaziergang zu den wartenden LKWs. Dort ruft uns gleich Erbol, ein kasachischer Trucker, zu sich. Er freut sich sehr, uns zu treffen und lädt uns zum Abendessen ein. Es gibt in Öl ertränkte Bratkartoffeln, Tee, Schnaps und Gurken. Eine sportliche Mischung, aber ich genieße die Zeit mit ihm sehr. Er kann verhältnismäßig gut Englisch und erzählt, dass er mit seinem Truck wöchentlich zwischen Kasachstan und Georgien pendelt. Es interessiert ihn sehr, was wir hier machen, und er kann gar nicht mehr aufhören, uns mit Fragen zu bombardieren.

Ein cooler Typ, dieser Kasache. Wenn alle so sind wie er, dann freue ich mich sehr auf das Land am anderen Ufer des Kaspischen Meeres. Erbol gibt uns den Tipp, heute ganz gemütlich zu schlafen, aber morgen Abend das Zelt abzubauen. Er hat das Gefühl, dass dann ein Schiff kommen wird.

Man könnte es nicht treffender voraussagen. Am nächsten Morgen frage ich noch mal nach einem ankommenden Schiff und der Ticketverkäufer antwortet wieder sehr wortkarg: „Heute Abend. Vielleicht."

Ich deute das als Ja und baue mein Zelt ab. Die Aufregung steigt! Während ich meine Sachen zusammenpacke, kommt ein deutsches Paar zum Hafen, ebenfalls auf dem Rad. Tom und ich überbringen ihnen gleich die guten Nachrichten, dass sie sich wahrscheinlich schon heute Abend einschiffen können. Perfektes Timing!

Es dauert tatsächlich nur wenige Stunden und wir dürfen aufs Schiff. Die Ausreiseprozedur geht noch an Land vonstatten und wir sind bereit, das Meer zu überqueren – das Schiff legt um acht Uhr morgens ab. Die Überfahrt dauert 24 Stunden – viel Zeit zum Ausruhen.

Ich verbringe tatsächlich den Großteil davon mit Schlafen. Die Hitze der vergangenen Tage hat mich ziemlich ausgelaugt. Wenn ich gerade mal nicht schlafe, erkunde ich das Schiff und darf sogar einen Blick in die Kommandobrücke werfen. Der Kapitän erklärt mir die einzelnen Schalter, Anzeigen und Karten.

Wir legen am Morgen des nächsten Tages im Hafen in Kasachstan an. Ich freue mich sehr auf dieses Land, weiß aber überhaupt nicht, was mich erwarten wird. Ich bin aufgeregt. Plötzlich kommt das Militär aufs Schiff und fordert alle auf, sich in einer Schlange aufzustellen und den Reisepass bereitzuhalten. Das müssen die Formalitäten für die Einreise nach Kasachstan sein, denke ich mir. Die Offiziere kontrollieren meinen Pass, stellen mir ein paar oberflächliche Fragen und heißen mich in Kasachstan willkommen. Das ging ja geschmeidig!

Als ich mit meinem Rad vom Schiff fahre, überwältigt mich der Anblick Kasachstans. Ich sehe nur Sand, Sträucher, ein paar Betonbauten und sonst nichts. Plattes Land, so weit das Auge reicht. Einfach krass, so was habe ich noch nie gesehen. Obwohl es noch früh am Morgen ist, ist es schon heiß und ich schwitze.

Leider kann ich nicht sofort weiterfahren, sondern werde von weiteren Soldaten aufgehalten. „Mitkommen!“, heißt es wieder. Die Leute hier scheinen nicht viel reden zu wollen …

Das deutsche Paar, Tom und ich müssen uns in Reih und Glied aufstellen und ein Drogenspürhund durchsucht zuerst uns und dann unsere Fahrräder. Es ist eine angsteinflößende Situation, von Soldaten und Drogenspürhunden umgeben zu sein. Der Vierbeiner erschnüffelt nichts und wir dürfen weiter. Die Prozedur ist aber immer noch nicht vorbei. Wir erreichen zwei Gebäude, mitten in der sandigen Steppe. Zwischen diesen Gebäuden werden wir hin und her geschickt, weil niemand weiß, was mit uns zu tun ist. Irgendwann wird uns das Spiel zu blöd, wir fahren einfach davon und dem leeren Kasachstan entgegen.

Kasachstan

Kasachstan ist einfach Wahnsinn. Die Einreise hat lange gedauert und es ist schon nach Mittag. Die Sonne kennt kein Erbarmen und heizt ein mit voller Kraft. Zum Glück weht ein kühlender Wind, aber leider in die falsche Richtung – Gegenwind.

Alle vier in unserer Gruppe haben dasselbe Ziel für heute. Wir wollen in die Stadt Aktau, uns dort ausruhen und Proviant für die Steppe Kasachstans kaufen. Bis dort hin müssen wir 90 Kilometer gegen den Wind fahren. Das Fahren in der Gruppe ist hier in der Steppe besonders vorteilhaft. Wir können abwechselnd im Windschatten fahren.

Obwohl es heiß, windig und im Prinzip sehr langweilig ist, in Kasachstan Rad zu fahren, genieße ich es doch sehr. So eine Landschaft wie diese ist völlig neu für mich.

Dieses unendliche Nichts. Im Außenbezirk von Aktau sieht man immer mehr Gas-Pipelines. Es riecht auch danach. Je näher wir Aktau kommen, umso aufdringlicher wird dieser unverkennbare Geruch von Gas. Hier läuft alles mit Gas, sogar der Großteil der Autos.

In Aktau bleibe ich gezwungenermaßen drei Tage. Ich wollte Geld wechseln, habe aber vergessen, dass Wochenende ist. Die Banken sind geschlossen und ich muss bis Montag warten. Diese Zwangspause nutze ich, um die Stadt zu erkunden, den Bazar zu besuchen und meine Füße in das Kaspische Meer zu stellen. Es ist nicht viel los in der Stadt. Sie scheint nicht sehr touristisch zu sein und dient meiner Meinung nach nur als Zwischenstopp für Durchreisende, die über das Kaspische Meer wollen.

Kasachstan ist das erste Land, in dem ich nur noch mit Russisch weiterkomme. Kaum jemand kann ein Wort Englisch, nicht mal die Rezeptionisten oder Bankangestellten.

Am Montag will ich in der Bank 100 Euro in Kasachische Tenge wechseln. Mein Russisch ist miserabel und die Dame am Schalter versteht kein Englisch. Schon die scheinbar einfache Mission, Geld zu wechseln, wird zur Herausforderung. Ich kapiere nicht, was an meinen eindeutigen Gesten sie nicht verstehen kann.

„Euro – Tenge“, versuche ich meinen Tanz vor dem Schalter zu untermalen, aber die Angestellte will es einfach nicht begreifen. Erst, als ich es mit Dollarscheinen statt den Euro versuche, checkt die Frau, was ich von ihr will. Kennt man hier den Euro nicht mehr? Er ist schließlich auf der Tafel mit den Wechselkursen aufgelistet. Keine Ahnung, was da los war …

116 м
ТЕҢІЗ ДЕНГЕИІНЕН ТӨМЕН
116 м
НИЖЕ УРОВНЯ МОРЯ
116 м
BELOW SEA LEVEL

WIEDER ALLEIN

Am nächsten Tag starten wir. Tom und ich fahren aus Aktau raus – aber jeder in eine andere Richtung. Von Aktau führen zwei Wege zur im Norden liegenden Stadt Beyneu: Ich will die südliche Route fahren und Tom die nördliche.

Es ist ein eigenartiges Gefühl, wieder allein unterwegs zu sein. Seit Tiflis in Georgien war ich nur wenige Tage solo und habe die vergangenen drei Wochen mit Tom verbracht. Ich habe mich sehr daran gewöhnt, zu zweit unterwegs zu sein. Das Kochen ist einfacher, eine Unterkunft zu finden auch und vor allem, sich hier, mitten im Nichts, mit jemandem unterhalten zu können, war sehr anregend.

Jetzt bin ich wieder ganz auf mich gestellt. Ich freue mich auf die nächsten Tage, bin mir aber nicht sicher, ob es eine gute Entscheidung war, allein weiterzufahren ...

Von Aktau muss ich zuerst einen Tag lang nach Osten fahren, bevor die Straße 90 Grad nach links abbiegt und ich Richtung Norden der Stadt Beyneu entgegenfahren kann.

Nur wenige Stunden nach Aktau komme ich in einen Kessel. Die Straße, die sonst so eben ist, führt das erste Mal leicht bergab. Von Weitem sehe ich ein großes blaues Schild neben der Straße. Ich lasse das Fahrrad rollen, komme dem Schild gefühlt aber nicht näher. Hier in dieser weiten Landschaft sieht für mich alles näher aus, als es ist. Ich denke mir, so weit kann das Schild nicht entfernt sein, aber ich muss über eine Stunde fahren, bis ich endlich dort bin.

Es stellt sich heraus, dass ich an einem der tiefsten Punkte Kasachstans angekommen bin. Das Schild sagt mir, dass ich mich 116 Meter unter dem Meeresspiegel befinde. Ich wusste gar nicht, dass so was möglich ist. Ich war noch nie so weit „unter" dem Meer und das wird sehr wahrscheinlich der tiefste Punkt meiner Reise nach Nepal sein. Mal sehen, welcher der höchste sein wird.

Es ist beinahe Mittag und ich zerfließe fast. Es müssen weit über 30 Grad sein. Ein leichter Wind weht, der das Ganze erträglich macht,

Oben: Am „tiefsten" Punkt meiner Reise – 116 Meter unter dem Meeresspiegel.

Unten: Attraktion in der Ödnis – so viele Kamele!

aber zugleich sehr feinen Sand verteilt und auf meinen verschwitzten Armen und Beinen kleben lässt.

Ich will heute über 100 Kilometer schaffen und bin erst knapp unter der Hälfte. Es ist noch ein weiter Weg und der Gegenwind in Kombination mit der Hitze macht es nicht einfacher. Zum Glück habe ich in Aktau genug Wasser mitgenommen.

Der Wind bläst mir ständig ins Gesicht und ich freue mich nur noch auf den Punkt, an dem ich in den Norden abbiegen kann. Dann müsste endlich Seitenwind herrschen und kein Gegenwind mehr! Während ich die karge Landschaft durchfahre, sind die einzigen Attraktionen vorbeifahrende Autos, jede Menge Kamele und ein paar in der Ferne trabende Pferde.

Jede halbe Stunde mache ich eine kurze Pause und versuche, so viel wie möglich zu trinken. Ich schwitze, aber der Wind trocknet den Schweiß schnell ab. Ich habe also keine Ahnung, wie viel Flüssigkeit mein Körper verliert.

Endlich kommt die langersehnte Abzweigung nach links und es geht in den Norden. Hier stehen erstaunlich viele Tiefpumpen, die Erdöl fördern. So eine Pumpe habe ich noch nie im Einsatz erlebt und erst recht nicht so viele auf einmal. Zwischen den Pumpen suchen sich Kamele an den wenigen Sträuchern was zu knabbern. Ein amüsanter Anblick.

Es wird langsam dunkel und ich halte Ausschau nach einem Zeltplatz. Diesen zu finden ist nicht schwer. Es ist ja rundherum nichts, das stören könnte. Die Nacht verbringe ich die meiste Zeit wach. Es ist viel zu heiß zum Schlafen und am nächsten Morgen krieche ich ziemlich übermüdet aus meinem Zelt.

DER ERSTE KONTAKT MIT KASACHEN

Heute ist es aber nicht so weit wie gestern. Fast 100 Kilometer muss ich schaffen, dann komme ich in Shetpe an – einem Dorf, wo ich bei einem Kasachen übernachten darf. Ich habe ihn über „Warmshowers“ kennengelernt.

Dieser Tag wird länger und beschwerlicher als erwartet. Schon am Morgen setzt der Wind wieder ein und ich komme überhaupt nicht vom Fleck. Was mache ich hier überhaupt?!, denke ich bei mir, Macht das überhaupt Sinn? Ich rackere mich hier in der Steppe Kasachstans ab, mir geht das Wasser aus und ich muss doch wieder stundenlang mit Gegenwind kämpfen. Heute macht das Radfahren überhaupt keinen Spaß mehr. Für die 100 Kilometer bis Shetpe benötige ich über sieben Stunden Fahrzeit. So langsam und ausgelaugt war ich noch nie.

Shetpe erreiche ich erst kurz vor Sonnenuntergang. Heute wird es kühl, sobald die Sonne am Horizont untergeht. Ich bin total am Ende und friere sogar ein wenig. Bob, so nennt sich der Kasache, schickt mir seine Adresse. Also raffe ich mich noch mal auf und fahre zum Treffpunkt, wo ich endlich ausruhen kann. Bei der angegebenen Adresse angekommen, ist aber weit und breit kein Haus zu sehen. Hat er sich vertan? Ich schreibe ihm noch mal, aber er bestätigt mir, dass es die richtige Adresse sei.

Ich hatte schon seit Längerem den Verdacht, dass die Menschen immer weniger mit Karten umgehen können, je weiter ich in den Osten fahre. Hier hat sich dieser Verdacht bestätigt. Nach langem Suchen und Herumfahren im Dorf finde ich dann doch Bobs Haus – zehn Minuten vom eigentlichen Treffpunkt entfernt.

Bob ist Englischlehrer und hat Besuch von zwei Schülerinnen. Er bittet mich, mich mit den beiden ein paar Minuten auf Englisch zu unterhalten. Bob selbst ist der englischen Sprache nicht wirklich mächtig und möchte auf diesem Weg sein Englisch und das seiner Schülerinnen verbessern. Ich helfe gern weiter und tausche mich mit den kasachischen Mädchen aus. In der Zwischenzeit bereitet er einen Eimer warmes Wasser vor. Das wird meine Dusche sein. Hier in Shetpe haben die Menschen kein warmes fließendes Wasser.

Unglaubliche Weiten: Tom und ich kämpfen uns durch die Steppe. Kein Schatten weit und breit.

Bobs Eltern beim Nachtmahl. Seine Frau darf aber nicht mit ins Bild.

Ich bin hundemüde und man sieht es mir an. Bob holt mich nach der improvisierten Dusche zum Abendessen. Wir essen mit seiner Frau und seinen Eltern. Nur Bob kann Englisch, weshalb ich mich mit den anderen Familienmitgliedern nur mit Handzeichen verständige. Mit Bobs Frau unterhalte ich mich so gut wie gar nicht. Es fühlt sich so an, als ob sie seine Dienerin wäre und kein Wort mitreden darf. Sie sitzt teilnahmslos am Tisch und wartet nur auf Befehle ihres Mannes. Sobald wir fertig gegessen haben, räumt sie den Tisch ab, verneigt sich vor der Schwiegermutter und verschwindet in ihrem Zimmer.

Echt eigenartig die Kultur in Kasachstan. Junge Frauen haben hier nicht viel zu sagen.

Am nächsten Tag will ich aus Shetpe rausfahren und die 300 Kilometer bis Beyneu, kurz vor der usbekischen Grenze, in Angriff nehmen. Auf dieser Strecke gibt es nur ein paar Teehäuser, wo ich Wasser und Essbares kaufen kann. Mehr nicht. Die Standorte dieser Teehäuser habe ich mir im Vorfeld auf meiner Karte eingezeichnet, damit ich immer weiß, wo Wasser zu bekommen ist.

Ich habe Shetpe noch nicht verlassen, da stolpere ich über ein bekanntes Gesicht. Es ist Tom! Er hat es auf der nördlichen Route auch in zwei Tagen hierher geschafft! Wir freuen uns sehr, einander wieder zu treffen und sind sehr erleichtert. Es ist anstrengend, in dieser kargen und sehr windigen

Gegend ohne Begleitung unterwegs zu sein. Obwohl ich anfangs allein nach Beyneu fahren wollte, freue ich mich sehr über Toms Gesellschaft. Ich sehe ihm an, dass es ihm genauso geht. Noch schnell die Kraftstoffflasche vom Campingkocher mit Benzin auffüllen und dann kann es losgehen!

Nach Shetpe ist vor Shetpe. Es geht gleich windig und heiß wie in den vergangenen zwei Tagen weiter. Tom und ich wechseln uns mit dem Windschattenfahren ab, aber wir kommen nur sehr schleppend voran.

Über die Landschaft gibt es nicht viel zu erzählen. Rechts und links der Straße ist es mal grau vor Sand und Schotter, mal etwas grüner dank der vielen kleinen Sträucher. Wir wollen bis Mittag mindestens 60 Kilometer schaffen und uns dann irgendwo im Schatten ausruhen, falls es hier so was gibt.

Wir haben tatsächlich Glück und finden eine Art Wassertrog für Pferde, mitten im Nichts. Daneben ein kleiner Betonbau, hinter dem wir uns in den Schatten legen und Siesta halten. Die Pferde sind sehr neugierig, trauen sich aber nicht so richtig an uns heran.

Nach einer Weile kommt ein Jeep angerauscht. Fahrer und Beifahrer tragen eine Sturmmaske. Nur Augen und Mund sind frei. Das Auto hält nicht weit von uns entfernt und sie steigen aus. Ein dritter Mann ist auch noch im Bunde, ebenfalls vermummt und mit einem Overall bekleidet.

Die Männer kommen auf uns zu. Wirken bedrohlich. Der normale Hausverstand würde uns sagen, wir sollten so schnell es geht das Weite suchen. Doch in den vergangenen Tagen haben wir gelernt, dass die Kasachen sich mit Sturmmasken vor der starken Sonneneinstrahlung schützen.

Einer der Männer fragt uns, ob es uns gut geht. Wir bejahen und schon sind wir die unbekannten, furchteinflößenden Gestalten wieder los.

Ich würde mich gern noch etwas länger ausruhen, aber wir müssen weiter. Wir haben noch eine lange Strecke vor uns, wenn wir in drei Tagen in Beyneu ankommen wollen.

Neben dem Wind und der sengenden Sonne gibt es jetzt auch ganz leichte Steigungen. Das macht das ganze Unterfangen nicht wirklich einfacher und wir werden noch langsamer. Während ich eine Steigung hinauffahre, werfe ich einen Blick auf ein Straßenschild. Bis Beyneu sind es noch 270 Kilometer. Die Städte danach sind ganze 600 bis 700 Kilometer entfernt …

Das ständige Fahren gegen den Wind macht mich fertig. Ich kann nicht mehr. Wir haben die für heute geplanten 100 Kilometer hinter uns gebracht, aber jetzt geht es einfach nicht mehr. Ich will und kann heute nicht weiterfahren. Tom geht es ähnlich und wir müssen nicht lange diskutieren, den Tag für gelaufen zu erklären. Die Tage vor Shetpe waren für jeden von uns schon sehr belastend und eine ganz neue Erfahrung. Wir brauchen jetzt eine Pause.

Unsere Zelte stellen wir nah am Straßenrand auf und warten auf den Sonnenuntergang. Der Wind legt sich, aber am Horizont kann ich Wolken erspähen. Regnet es heute Nacht?

PER ANHALTER NACH BEYNEU

Die Nacht bleibt trocken, aber am nächsten Morgen braut sich ein Gewitter zusammen. Tom und ich packen unsere Sachen so schnell es geht zusammen und versuchen, vor dem herannahenden Unwetter zu flüchten. Es ist plötzlich sehr kalt, sodass ich nach langer Zeit wieder einmal Pullover und Jacke anziehen muss.

Wir halten auf die Häusergruppe zu, die wir weit entfernt erkennen können. Die Gegend ist ansonsten komplett öd und ausgestorben. Kein Mensch ist zu sehen und alle Häuser sind verbarrikadiert.

Wir sehen, wie die dunklen Wolken immer näher kommen und wollen uns nicht schutzlos dem Unwetter ausliefern. An mehreren Türen rüttelnd versuchen wir, in ein Haus hineinzukommen. Alles ist verschlossen. Es bleibt uns nur die Bushaltestelle übrig, um dort den Regen abzuwarten.

Als wir dort ankommen, wird sie gerade von drei Männern neu gestrichen. Der vierte sitzt betrunken im Firmenauto und kämpft gegen das Einschlafen. Als die Männer uns sehen, unterbrechen sie sofort ihre Arbeit und holen uns zu sich ins Wartehäuschen, damit wir dann vor dem Regen geschützt sind. Es ist kalt, sehr kalt und der Regen setzt ein. Es schüttet wie aus Kübeln und ich bin sehr froh, wenigstens das Wartehäuschen als Schutz zu haben. Bei diesem Wetter will ich ganz sicher nicht Radfahren.

Die Aktion, vor dem Regen noch einen Unterstand zu finden, um nicht komplett nass zu werden, hat mich sehr ermüdet. Ich habe überhaupt keine Lust, nach dem Regen weiterzufahren. Ich erzähle Tom von meinen Gedanken und auch er will heute nicht mehr weiter. Er hat auch keine Lust mehr. Die vergangenen Tage waren einfach anstrengend.

Wieder braucht es nur einen kurzen Blick und wir wissen, was der andere denkt. Wir halten den Daumen raus, warten auf ein Auto, das uns mitnehmen will, und fahren per Anhalter nach Beyneu. Das ist das erste Mal, dass ich einen Teil der Strecke nicht mit dem Fahrrad zurücklege, sondern mit dem Auto. Während wir durch den Regen fahren, frage ich mich, ob das die richtige Entscheidung war? Ich wollte doch mit dem Fahrrad nach Nepal – und jetzt sitze ich hier in einem Auto.

Es dauert ein paar Minuten, doch dann finde ich wieder aus dem gedanklichen Schlamassel heraus. Ich will und muss hier niemandem was beweisen, sondern möchte einfach die Welt erkunden.

Ja, mein Plan war, mit dem Fahrrad nach Nepal zu fahren. Aber diese 200 Kilometer hier sind nur ein Bruchteil der geplanten Strecke und je länger ich im Auto sitze, desto mehr bin ich überzeugt, die richtige Entscheidung getroffen zu haben. Ich komme mit Einheimischen in Kontakt, habe dann etwas mehr Zeit, die Stadt Beyneu zu entdecken, und es ist ein Teil meiner Reise, an den ich mich noch lange erinnern werde.

Der Fahrer kann kein Englisch, doch Tom und ich verstehen, dass er kein Geld für die Mitnahme haben will. Alles, was er sich von uns wünscht, ist ein warmes Mittagessen. Das bekommt er natürlich gern von uns!

Wir fahren fast drei Stunden durch die Pampa. Um uns herum ist überhaupt nichts zu sehen. Das scheinbar unendliche Nichts will einfach nicht aufhören. Die Straße führt kilometerlang geradeaus. Rechts und links davon sind nur kleine Sträucher, Sand und Strommasten zu sehen – mehr nicht.

In Beyneu steuern wir geradewegs auf ein Restaurant zu. Der Fahrer scheint hungrig und müde zu sein. Wir wissen überhaupt nicht, was wir bestellen sollen, also übernimmt das unser Taxifahrer für uns. Es gibt Gemüsesuppe mit Fleischstücken. Dazu Brot, Salat und einen Saft, der mich ein bisschen an Eistee erinnert.

Ich gehe kurz auf die Toilette, bevor wir die Räder vom Auto abladen. Die Toiletten sind hier meistens sehr spartanisch als Plumpsklo ausgeführt. Wellblech sorgt für etwas Privatsphäre und mehr gibt es nicht. Kein Wasser, kein Klopapier, nichts. Ich habe mich an solche Toiletten und ihre Duftnote schnell gewöhnt – in Aserbaidschan hatte ich sie nämlich auch schon kennengelernt.

Als ich zurückkomme, holen Tom und der Fahrer bereits die Räder vom Auto. Ich kontrolliere, ob ich alles habe, spreche dem Fahrer ein großes „Spasiba" (Russisch für Danke) aus und wir fahren in unterschiedliche Richtungen weiter.

Tom und ich suchen uns ein Hotel in Beyneu. Es ist schnell gefunden und wir genießen die erste Dusche seit Tagen. Hier in Beyneu kann ich mich endlich richtig ausruhen – das habe ich auch bitter nötig. Es ist der 23. Juni und es sind nur noch wenige Kilometer bis Usbekistan, doch ich will die Grenze erst in drei Tagen überschreiten.

Das hat den einfachen Grund, dass mich meine Schwester und zwei Kollegen ganz im Osten Usbekistans besuchen wollen. Ich darf also nicht zu früh einreisen, da mein Visum nur 30 Tage gültig ist. Ich will vermeiden, das Land schon wieder verlassen zu müssen, bevor meine Freunde mich treffen können.

So sitze ich mit Tom in Kasachstan, ruhe mich bei kühlen Getränken aus und warte einfach nur ab. In einem Geschäft füllen wir unsere Vorräte auf und entdecken ein Glas Nutella … Ein sehr seltenes Lebensmittel in diesen Gegenden. Ich hätte es fast gekauft, aber Tom hat mich darauf aufmerksam gemacht, dass es bereits seit fünf Jahren abgelaufen ist! Das hätte übel enden können …

Von nun an achte ich mehr auf das Mindesthaltbarkeitsdatum und mir fällt auf, dass besonders Schokoladenprodukte meist seit Jahren abgelaufen sind. Haben die Leute hier kein Geld für diese Dinge oder sind Süßigkeiten einfach nicht beliebt …?

Wir probieren die verschiedensten Früchte und Teigwaren am Bauernmarkt in Beyneu und brechen einen Tag vor der Einreise nach Usbekistan auf. Unser Plan ist, kurz vor der Grenze zu übernachten, und dann so früh wie möglich einzureisen.

Der Weg aus Beyneu raus beginnt sehr sandig und es ist heiß. Am Stadtrand ist eine große Baustelle, wo die Straße zur usbekischen Grenze erneuert wird. Wir müssen sie umfahren und werden auf eine improvisierte Straße geleitet, die oft nur Sand als Untergrund hat. Mit den schmalen Reifen schwimmt das Rad über den weichen Sand, ich verliere oft das Gleichgewicht und kann mich nur im letzten Moment vor einem Sturz retten. Es gibt ein paar Hügel, die mit meinem Rad fast nicht befahrbar sind und ich muss es in der kasachischen Hitze des Öfteren schieben. Obwohl ich gerade erst drei Tage Pause hinter mir habe, könnte ich schon wieder in ein Hotelbett fallen und mich ausruhen.

Die Baustelle endet irgendwann und Tom und ich können auf einer nigelnagelneuen Straße gen Osten fahren. Wir machen gut Strecke und gönnen uns an einem verlassenen Bahnhof Bananen, Brot und Marmelade zum Mittagessen. Die Sonneneinstrahlung ist sehr stark und eine Pause im Schatten kommt gerade recht.

Ich freue mich sehr auf Usbekistan. In Kasachstan habe ich vergleichsweise wenig Zeit verbracht, das Land konnte mich aber auch nicht wirklich überzeugen. Es war dort nur anstrengend, heiß, sehr windig, und ich habe das erste Mal keine Lust, hier noch länger zu bleiben.

Nach der Mittagspause fahren wir bis auf zwölf Kilometer an die usbekische Grenze heran und schlagen neben der Straße unsere Zelte auf. Der Boden, auf dem wir sie aufstellen, ist absolut ausgedörrt. Er ist von Ris-

Ein Unwetter zieht auf. Lieber per Anhalter nach Beyneu!

sen und Spalten durchzogen, wie ich es nur von Fotos und Filmen kenne. Wüste!

Tom schreibt in sein Tagebuch und ich bereite Gemüsereis vor. Unterwegs esse ich viel und gern Reis. Er ist sehr kompakt und praktisch zu transportieren, gibt meiner Meinung nach genug Kraft und ich kann alles hineinmischen, was mir zwischen die Finger gerät. Meistens ist es Gemüse, manchmal aber auch Thunfisch oder Linsen.

Während ich mit Kochen beschäftigt bin, nähern sich Kamele unserem Zeltplatz. Die imposanten Tiere bewegen sich sehr gemächlich und gelassen und wahren zum Glück einen großzügigen Abstand. Mal sehen, ob sie uns nachts einen Besuch abstatten …

Tom und ich wollen morgen früh über die Grenze nach Usbekistan – in das Land, vor dem ich mächtig Respekt habe. Angst vor den Leuten ist es nicht, was mich aber verunsichert, sind die kilometerlangen Abschnitte mitten durch die Steppe. Laut meinen Recherchen soll es Teilstücke von manchmal bis zu 70 Kilometern geben, ohne jegliche Möglichkeit, Wasser zu kaufen.

TOURIST? NO PROBLEM!

„Tourist? Tourist? No problem!"

Das ist mal ein Grenzübergang! Mit diesen paar Worten werde ich durch den Grenzübergang gewunken. Na ja, nicht ganz … Die Vorgeschichte lief etwa so ab:

Tom und ich fahren der Grenze entgegen und stoßen auf eine ewig lange Kolonne von Autos, die über die Grenze nach Usbekistan fahren wollen. Der Stau könnte auch kilometerlang sein, ich habe das Gefühl für Entfernungen in Kasachstan verloren …

Um nicht stunden- oder gar tagelang in der Hitze und im Stau warten zu müssen, fahren wir an der Kolonne einfach vorbei. Die Insassen winken uns zu und ermutigen uns sogar, an ihnen vorbeizufahren. Ich habe eher erwartet, dass die Leute es nicht gern sehen, wenn wir uns an ihnen vorbeischummeln. Aber hier in Zentralasien scheint vieles anders zu sein.

Gemeinsam mit Tom erreiche ich den ersten Grenzzaun, der vom Militär bewacht wird. Die Soldaten sehen uns und winken uns sofort zu sich. Ein kurzer Blick in unseren Reisepass und schon werden wir zum Büro geschickt, wo wir offiziell aus Kasachstan ausreisen.

Der Vorgang dauert keine fünf Minuten und dann stehen wir mit unseren Fahrrädern im Niemandsland zwischen den beiden Ländern. Überall ist Stacheldrahtzaun, die Soldaten schauen grimmig drein und fast keiner sagt ein Wort. Es scheint, als ob die Leute hier sehr angespannt wären.

So einfach, wie wir aus Kasachstan rauskommen, so einfach kommen wir auch nach Usbekistan rein.

„Tourist? Tourist? No problem!", rufen die Soldaten uns plötzlich zu und man könnte es fast aufdringlich nennen, wie sie uns durch die verschiedenen Ämter bugsieren. An allen anderen Leuten vorbei werden wir bis zum ersten Platz in der Schlange vor dem Schalter geschoben. Der Einreisestempel landet kommentarlos im Reisepass und schon werden wir weitergeschickt.

Usbekistan, ich mag dich jetzt schon!

Oben: Auf den kasachischen Sandpisten werden wir von Staubwolken umhüllt.

Unten: Tom schreibt Tagebuch, während Kamele vorbeischauen.

Oben: Die Schweizer Mattias und Dominic bringen Tom und mich zum nächsten Bahnhof.

Unten: Einheimische Jungs beim Armdrücken mit Dominic – null Chance für den Schweizer.

Usbekistan

Nach nur wenigen Metern in Land Nummer zwölf stehen wir inmitten einer großen Traube usbekischer Männer. Sie halten uns Usbekische Som – die hiesige Währung – unter die Nase und geben uns zu verstehen, dass sie Geld wechseln wollen.

Mit solchen Geschäften habe ich überhaupt keine Erfahrung, ich habe mich nicht über den Wechselkurs informiert und lehne erst mal dankend ab. Tom und ich holen uns im ersten Café gleich nach der Grenze was zu essen und checken dort den Wechselkurs. Hier gibt es gratis WLAN und ich erhalte von den beiden Schweizern, die ich in Aktau getroffen habe, eine Nachricht. Sie haben ein Auto gekauft, sind jetzt damit unterwegs und wollen ebenfalls heute nach Usbekistan einreisen.

Tom und ich warten auf die beiden. Es dauert ein paar Stunden, bis sie eintreffen, und wir haben viel Zeit, das Café genauestens unter die Lupe zu nehmen. Doch dann passiert etwas, was ich nie vergessen werde.

Ich checke meine Nachrichten auf dem Smartphone, während Tom einen Anruf erhält. Er geht nach draußen und kommt sehr lange nicht zurück. Ich sehe ihn nur kurz, wie er nervös etwas an der Bar kauft und dann wieder verschwindet. Anfangs denke ich mir nicht viel dabei, doch als er nach zwei Stunden noch immer nicht zurückkommt, gehe ich nachsehen: Tom sitzt vor dem Café, vollkommen aufgelöst. Was ist los?!

Ich muss ihn nicht mal fragen; sofort erzählt er mir, was passiert ist.

Vergangene Nacht ist einer seiner besten Freunde in Deutschland ums Leben gekommen. Diese Nachricht trifft mich hart, sehr hart. Ich weiß nicht, wie ich am besten reagieren soll. Wie versteinert stehe ich einfach nur geschockt da und nehme dann Tom in die Arme. Mit so einem Ereignis habe ich überhaupt nicht gerechnet! Ich weiß ganz und gar nicht, was zu tun ist. Ich bin komplett überfordert.

Zum Glück kommen in diesem Moment die beiden Schweizer Bekannten, Dominic und Mattias, und wir kümmern uns gemeinsam um Tom. Ich kann nicht fassen, was uns da gerade kalt erwischt hat. Tom tut mir unendlich leid. Er will jetzt nur noch so schnell wie möglich nach Hause und die beiden Schweizer bieten an, uns zum nächsten Bahnhof mitzunehmen.

Wir versuchen weiter, uns so gut es geht um Tom zu kümmern. Er überlegt lange, ob es das Richtige ist, jetzt nach Hause zu fahren, kauft dann aber letztendlich doch das Zugticket zum nächsten Flughafen. Obwohl Tom und ich uns erst seit drei Wochen kennen, ist es ein sehr trauriges Gefühl, ihn gehen lassen zu müssen – und das aus einem so erschütternden Grund.

DER AUSFLUG ZUM ARALSEE

Die zwei Schweizer und ich genehmigen uns ein paar Tage Auszeit und fahren mit dem Auto zum Aralsee. Der fast zur Gänze ausgetrocknete See ist ein beliebtes Reiseziel und ich will mir das auf keinen Fall entgehen lassen.

Bevor es auf die über 200 Kilometer lange Reise geht, decken wir uns in einem Dorf mit reichlich Wasser und Essen ein. Auf dem Bauernmarkt gibt es eigentlich alles, was das Herz begehrt! Vom frischen Obst und Gemüse bis zu Eiern und Kräutern ... es gibt einfach alles!

Am meisten bin ich von den Trockenfrüchten und Nüssen begeistert – sie schmecken herrlich und kosten auf diesem Markt so gut wie nichts! Zum Radfahren kaufe ich mir oft eine Mischung aus getrockneten Früchten und Nüssen, ein guter Kraftspender für wenig Geld.

Während wir über den Markt laufen, werden die Schweizer und ich von ein paar Jungs in einen Laden gebeten. Sie wollen Dominic, den Stärksten von uns dreien, zum Armdrücken herausfordern. Dominic hat überhaupt keine Chance, was unsere neu gewonnenen usbekischen Kollegen sehr feiern. Sie helfen uns danach, ein paar Benzinkanister für das Auto zu organisieren. Im Anschluss daran brechen wir auf.

Bis nach Moynaq ist es nicht weit. Etwa eine Stunde fahren wir zu dem Dorf, das früher ein beliebter Fischer- und Urlaubsort war. Doch alles, was wir jetzt sehen, sind verrostete Schiffe, die mitten im Sand liegen. Hier muss früher Wasser gewesen sein. Ich stehe also dort, wo vor einigen Jahrzehnten noch meterhoch Wasser war. Ein atemberaubender, aber zugleich sehr trauriger Gedanke.

Mit dem Auto fahren wir weiter, denn das eigentliche Ziel unseres Ausfluges ist das bisschen Wasser, das vom riesigen Aralsee noch übrig geblieben ist. Die Straße befindet sich in einem schlechten Zustand und wir müssen oft über Sandpisten fahren. Die verbleibenden 100 Kilometer zum erhofften Wasser dauern ewig. Wir kommen nur sehr langsam voran, während die Straße immer schlechter wird. Irgendwann verwandelt sie sich in einen matschigen, schlammigen Weg. Hoffentlich bleiben wir nicht stecken! Hier wird uns so schnell niemand finden und holen kommen, falls was passiert, denke ich mir.

Oben: Wir kommen zu einer riesigen Ölbohrstation. Bis zum Aralsee ist es nicht mehr weit.

Unten: Ein mystischer Ort. Vor Jahren stand hier das Wasser noch meterhoch.

Die Fahrbahn wird ein immer größeres Schlachtfeld und bevor wir überhaupt nicht mehr vorankommen, biegen wir von der „Straße" ab und fahren über eine trockenere Seitenstraße geradewegs auf eine Ölbohrstation zu. Die Arbeiter dort sehen unser Auto schon von Weitem und kommen auf uns zu. Sie sprechen genauso viel Englisch, wie wir Russisch – nämlich gar keins. Das Verständigen fällt uns sehr schwer und wir begreifen nicht, was sie uns sagen wollen. Ich glaube, sie wollen uns erklären, wie wir mit dem Auto am besten zum Wasser kommen. Die Männer malen mit ihren Fingern eine Wegbeschreibung auf den matschigen Untergrund, doch die Zeichnung ergibt für uns keinen Sinn.

Wir verstehen die Männer einfach nicht und es wird uns immer klarer, dass wir das Ufer mit unserem Auto nicht erreichen können. Der Untergrund hier ist viel zu weich und wir würden 100-prozentig im Schlamm stecken bleiben. Das wollen wir nicht riskieren und kehren enttäuscht um. Schade.

Mit den Schweizern fahre ich noch bis Nukus, eine der größeren Städte Usbekistans. Hier kommen wir bei einem jungen Mann namens Steve unter. Er wohnt bei seinen Eltern und arbeitet als Programmierer. Zusammen mit seinem Bruder dürfen wir lokalen Wodka verkosten und bekommen eine Suppe zum Abendessen.

Steve liebt es, viel und lange zu reden. Er erzählt uns von seinem Land, er redet über Politik und die vielen Spekulationen über das benachbarte Turkmenistan. Ich bin erstaunt, wie viel dieser junge Mann weiß. Auch über die europäische Geschichte und die politische Situation der einzelnen Länder weiß er bestens Bescheid. Während er redet und redet, wird immer wieder seine Verzweiflung erkennbar. Er möchte unbedingt von Usbekistan weg und in ein wohlhabenderes Land ziehen, doch es fehlt ihm das Geld. Schon mehrmals hat er in europäischen Unternehmen nach einem Job gefragt, aber immer nur Absagen erhalten.

Mit einem Beispiel macht er deutlich, wie aussichtslos es für Usbeken ist, aus dem Land rauszukommen: Wenn er mit dem Flugzeug von Nukus in die Hauptstadt Usbekistans fliegen würde, um von Taschkent mit einem internationalen Flug in die Schweiz zu reisen, und dann in Bern den Zug zu Dominic (einem der Schweizer) nehmen würde, hätte er bereits sein gesamtes Erspartes aufgebraucht. Er würde also ohne einen einzigen Cent in der Tasche in der Schweiz starten. Er erwähnt oft, dass er als Programmierer schon einer der privilegierteren Leute Usbekistans ist und um einiges mehr als der Durchschnitt verdient. Dennoch reicht es einfach nicht, um das Land verlassen zu können.

Der junge Mann tut mir leid, er möchte so gern in ein anderes Land auswandern, kann es aber nicht. Während ich darüber sinniere, werde ich erneut von der Herzlichkeit der Zentralasiaten überrascht: Steve erzählt und erzählt und erwähnt nebenbei, dass er von seiner Oma Geldscheine aus der Sowjetunion geerbt hat. Er holt sie hervor und drückt mir einen 5-Rubel-Schein in die Hand. Der Schein ist ziemlich mitgenommen und abgegriffen. Er sieht wirklich alt aus und ich kann darauf das Symbol mit Hammer und Sichel erkennen.

„Den schenke ich dir", sagt Steve in einem bestimmenden Ton.

Habe ich richtig gehört? Er schenkt mir tatsächlich eines seiner Erbstücke? Das kann doch gar nicht sein …

„Diese Scheine sind mittlerweile wertlos und ich möchte dir diesen als Andenken mitgeben."

Ich weiß, ich habe keine andere Wahl, als den Geldschein anzunehmen. Ich freue mich sehr über das Geschenk und bin erstaunt und nachdenklich, woher diese Menschen eine solche Herzlichkeit nehmen. Sie kennen mich gar nicht und möchten trotzdem nur das Beste für mich. Das Einzige, was ich tun kann, ist, Steve ebenfalls etwas zu schenken.

Ich habe es mir zum Hobby erkoren, den kleinsten Geldschein eines jeden Landes, in dem ich schon mal war, zu sammeln. Das heißt, ich habe gerade ein paar Kroatische Kuna bei mir und überreiche Steve einen dieser Scheine. Auch er sammelt offenbar Geldscheine und freut sich tatsächlich sehr über die kleine Geste. Dieser Abend wird mir noch lange in Erinnerung bleiben.

EIN TAG MIT EINEM USBEKISCHEN BAUER

Am nächsten Morgen mache ich mich wieder allein mit meinem Drahtesel auf den Weg. Wir verabschieden uns von Steve und die zwei Schweizer fahren mit ihrem Auto weiter in den Osten, während ich südwärts steuere. Die Stadt Khiva ist mein nächstes Ziel. Während ich Städte bisher auf meiner Reise eher gemieden habe, suche ich sie nun in Usbekistan gezielt auf. Erstens gibt es nicht so viele und zweitens finde ich die Architektur hier ganz besonders interessant. Den berühmten usbekischen Baustil habe ich bisher noch nirgends bestaunen können und das will ich mir auf keinen Fall entgehen lassen.

Ich bin wieder auf mich allein gestellt. Ein seltsames Gefühl. Ich gewöhne mich immer sehr schnell an Gesellschaft und brauche jedes Mal ein paar Tage, bis ich wieder mit dem Alleinsein zurechtkomme. Die ersten Stunden komme ich überhaupt nicht damit klar, wieder solo unterwegs zu sein. Mir erscheint es recht langweilig. Ist es das Alleinsein an sich oder einfach die Ödnis, von der ich umgeben bin? Ich weiß es nicht. Zum Glück legt sich dieses unangenehme Gefühl meist sehr bald. Und spätestens am zweiten Tag Richtung Khiva sind alle negativen Gedanken wieder verflogen.

Ich radle kilometerweit in eine Richtung, ohne dass die Straße einen erkennbaren Bogen macht. Es ist heiß und eintönig. Die Straße ist miserabel und ich muss zwischen den Schlaglöchern Slalom fahren. Während ich das mache, rauschen schwer beladene 40-Tonner mit ohrenbetäubendem Lärm an mir vorbei. Es gab Zeiten, da hat Radfahren eindeutig mehr Spaß gemacht.

Je näher ich der Stadt Khiva komme, desto grüner wird die Landschaft. Ich fahre an Reisfeldern vorbei und es wachsen sogar wieder Bäume. Höchste Zeit, mich im Schatten eines solchen auszuruhen.

Mein 50-kg-Rad bette ich in den Straßengraben und lehne mich gegen einen Baum. Mit der Isomatte als Unterlage ist das sehr bequem und beinahe schlafe ich ein. Ich bin müde.

Mit dem ersehnten Schlaf wird es aber nichts, denn ich bekomme Besuch.

Ein Mann mittleren Alters fährt mit seinem Motorrad an mir vorbei. Er hält sofort an und bombardiert mich mit russischen Sätzen. Ich verstehe überhaupt nichts und gestikuliere, dass ich seiner Sprache nicht mächtig bin. Er begreift sofort und beginnt zu lächeln, als ob das überhaupt kein Problem darstellen würde. Seine Art, das Verständigungsproblem zu lösen, finde ich allerdings etwas eigenartig. Er wiederholt seine russischen Sätze, diesmal aber einfach viel lauter! Er schreit mich fast schon an. Ich muss lachen und Mancur, so sein Name, macht es mir nach. Da habe ich aber einen sympathischen Zeitgenossen getroffen.

Nach einer längeren Unterhaltung, ohne jeweils ein Wort des anderen zu verstehen, dämmert mir, dass Mancur mich zu sich nach Hause einladen will. Ich habe mir vorgenommen, während meiner Reise offen für alles zu sein und komme mit.

In seinem Haus ist es kühl. Die Wände sind sehr dick und es gibt nur ein winziges Fensterchen im Raum. Das macht das Haus sehr dunkel, aber es wird wohl der einzige Weg sein, den Wohnraum vor der brutalen Sommerhitze zu schützen.

Ich darf mein Rad in der Wohnung abstellen und werde dann mit dem Auto zu einem Reisfeld gebracht. Mancur gibt mir zu verstehen, dass es in seinem Besitz ist und er sich damit sein täglich Brot verdient. Mehrere Männer sind hier bei der Arbeit. Nur Mancur nicht. Er verbringt den Tag lieber damit, mir seine Heimat und seinen Besitz zu zeigen. Ich genieße es sehr, von einem Einheimischen herumgeführt zu werden, auch wenn ich fast nichts verstehe.

Es soll nicht beim Ausflug zum Reisfeld bleiben. Wir kommen an einem Restaurant vorbei und werden mit frittiertem Fisch und Schnaps bewirtet. Dafür bezahlen darf ich natürlich nicht. Der Tag geht spannend weiter: Ich sehe mir mit Mancur ein Fußballspiel an, wir gehen im Dorfzentrum Eis essen und besuchen um Mitternacht noch die Verwandten meines Gastgebers. Ich werde von Mancurs Eltern, seinen Schwestern und den vielen Kindern gründlich unter die Lupe genommen. Seine Mutter deutet an, dass sie meine Haare schneiden will. Seit dem Start der Reise wurden sie nicht mehr geschnitten und ich sehe dementsprechend aus. Eigentlich hätte ich schon gern gehabt, dass sie mir die Haare schneidet. Es ist viel zu heiß mit den langen Zotteln. Wir verlieren uns jedoch in anderen „Gesprächs"-Themen und es wird leider nichts aus meinem neuen Haarschnitt.

Fast schon überfordert von den vielen neuen Eindrücken, den vielen neu kennengelernten Menschen und dem langen Tag freue ich mich nur noch auf ein Bett.

Es macht mir sehr viel Spaß, von Einheimischen herumgereicht zu werden und zu sehen, wie sie es auch genießen. Aus genau diesem Grund bin ich mit dem Fahrrad unterwegs. So bleibe ich in direktem Kontakt mit den Menschen und rausche nicht im Auto, in einer Blechdose, auf Distanz an ihnen allen vorbei.

Trotzdem ist es immer wieder sehr anstrengend und zeitaufwendig, bei jemandem unterzukommen. Eine schlaflose oder sehr kurze Nacht ist so gut wie immer vorprogrammiert. Genau das, was man nach einem langen und kräftezehrenden Tag auf dem Rad eigentlich nicht braucht. Es ist ein Dilemma, mit dem ich aber, im Hinblick auf die positiven Erlebnisse mit den neuen Bekanntschaften, ganz gut leben kann.

OASE KHIVA

Am nächsten Tag komme ich tatsächlich in Khiva an. Die Oasenstadt ist relativ klein und von einer mächtigen Stadtmauer umgeben. Es ist das erste Mal, dass ich eine Stadt im bekannten, markanten usbekischen Baustil mit eigenen Augen sehe. Bisher kannte ich nur entsprechende Bilder im Internet. Diese Bilder jetzt live zu sehen, ist sensationell und macht mich auch ein klein wenig stolz. Ich habe es mit meinem Fahrrad schon so weit geschafft, dass ich mitten durch menschenleere Steppen fahren und dabei außergewöhnliche Städte und ihre Architektur bewundern darf.

Oase Khiva. Usbekische Architektur ist einzigartig und beeindruckt mich.

In Khiva – übrigens UNESCO-Welterbe – sind die meisten Gebäude und Fassaden aus Lehm. Einen Kontrast zu den erdfarbenen Mauern und Häusern bilden viele Mausoleen und Medresen (Koran- oder Hochschulen), die mit bunten, vorwiegend blauen Majolika-Kacheln verziert sind. Ein wunderschöner Anblick!

Khiva ist schnell erkundet und ich mache es mir, zusammen mit anderen Reisenden, in einem Hostel gemütlich. Hier treffe ich auf Sam, einen Radreisenden aus England. Er hat nur sehr wenig Gepäck dabei und ich kann meinen Ohren kaum trauen, als er mir seine Geschichte erzählt.

Der junge Mann ist Anfang zwanzig und seit über drei Jahren unterwegs; er hat bereits ganz Amerika und ganz Europa mit dem Rad bereist. Damit er in seinem Zeitplan bleibt, legt er pro Tag etwa 200 Kilometer zurück.

Ich bin erst mal baff und habe keine weiteren Fragen.

Die kommenden zwei Wochen werden sehr spannend werden. Ich habe mich mit Nacho, dem Belgier, den ich in Georgien kennengelernt hatte, in der nächsten Stadt namens Buchara verabredet. Nur wenige Tage danach werden mich meine Schwester und zwei Freunde hier in Usbekistan besuchen. Ich freue mich unglaublich, die drei endlich wiederzusehen. Was ich noch nicht weiß, ist, dass ich mir dieses Wiedersehen erst verdienen muss: Der Weg nach Buchara und zu meinen Freunden wird kein leichter sein.

400 KILOMETER DURCH DIE USBEKISCHE STEPPE

Khiva hinter mir lassend, fahre ich wieder gen Osten. Es ist noch früh am Morgen und schon rinnt wieder der Schweiß. Die Temperaturanzeige meines Fahrradcomputers zeigt schon mehr als 30 Grad an, und dabei ist noch längst nicht die sengende Mittagshitze erreicht.

Die Hitze vertreibt meinen Hunger und ich bekomme nur eine Handvoll Kekse runter, die ich während der Fahrt esse. Anhalten ist für mich keine Option. Kaum mache ich eine kurze Pause, schießt der Schweiß aus allen Poren und es bildet sich eine Pfütze unter mir. Während des Radelns habe ich zumindest leichten Fahrtwind, was das Ganze etwas weniger unmenschlich macht.

Ich checke immer wieder die Temperatur – sie steigt und steigt. 40 Grad, 41 Grad, 42 Grad. Es will nicht aufhören! Mir wird fast schlecht, wenn ich auf meiner Karte die Route der kommenden Tage betrachte. Vor mir liegen fast 400 Kilometer durch die Steppe. Weit und breit gibt es sonst nichts.

Kurz nach Mittag erspähe ich von Weitem eine Brücke. Fließt hier mitten im Nirgendwo tatsächlich ein Fluss? Die Brücke ist weiter entfernt als gedacht, aber es stellt sich heraus, dass ich wirklich an einem Fluss vorbeikomme! Trinken kann und will ich das Wasser nicht. Am anderen Ufer ruhen sich Kühe im Schatten der Brücke aus und es liegt viel Dreck im Wasser. Aber für eine kurze Abkühlung reicht es allemal! Die brauche ich unbedingt, mir ist schwindelig und ich muss eine Rast einlegen.

Ich bin nicht der Einzige, der sich im Wasser abkühlen will. Zwei Trucker gesellen sich zu mir und springen ebenfalls kurz in den Fluss. Sogar den Einheimischen ist es zu dieser Jahreszeit zu heiß. Es ist Mitte Juni und die richtig große Hitzewelle kommt erst noch. Da werde ich aber hoffentlich schon in den Bergen Tadschikistans sein.

Erfrischt, voll neuer Energie und mit einem kühleren Kopf mache ich mich auf den Weg nach Buchara. Es sollen drei Tage sein bis dort hin. Leider hält meine Motivation nicht lange an. Die Straße auf der anderen

Seite der Brücke ist nur noch eine Schotterpiste. Mein schweres Rad ist überhaupt nicht für diese Bedingungen gemacht und ich komme nur sehr schleppend voran. Oft nur in Schrittgeschwindigkeit. So ein Schlamassel! Wenn das so weitergeht, brauche ich eine Woche bis Buchara!

Zum Glück ist die Schotterstraße nach zehn Kilometern zu Ende und es geht wieder flotter auf einer Betonstraße weiter, die den Westen mit dem Osten Usbekistans verbindet. Das Problem der schlechten Straße ist somit gelöst, jenes der unerbittlichen Hitze jedoch nicht. Es ist zu jeder Tages- und Nachtzeit glühend heiß. Ich weiß nicht mehr, was ich machen soll.

In der einsamen Steppe zu fahren, habe ich mir vor dem Start meiner Reise reizvoller und erträglicher vorgestellt. Die Hitze habe ich total unterschätzt. Schon fast einen Monat lang bin ich der Hitze Kasachstans und Usbekistans ausgeliefert. Allmählich wird es mir echt zu viel und ich

In der usbekischen Steppe. Trotz der Hitze genieße ich den Tagesausklang.

beschließe, die fast 400 Kilometer bis nach Buchara so schnell wie möglich hinter mich zu bringen.

Dies hat zur Folge, dass ich den heutigen Tag erst sehr spät beende. Fast 200 Kilometer habe ich geschafft und schlage mein Zelt nahe der turkmenischen Grenze auf. Rundherum ist überhaupt nichts zu sehen. Ich bin umgeben von einem riesigen Nichts. Ich genieße die Ruhe sehr. Nicht mal ein Auto ist zu hören und der wunderschöne Sonnenuntergang ist ganz für mich allein.

In meinem Zelt liegend, beobachte ich den Sternenhimmel. Ich habe nur das Innenzelt aufgestellt und somit freien Blick nach oben. Es dauert sehr lange, bis ich einschlafe. Bei der Hitze hier fällt es mir sehr schwer, endlich wegzunicken.

Es handelt sich nur um Minuten und ich wache wieder auf. Ich kann nicht schlafen und schwitze am ganzen Körper. Das stört mich eigentlich nicht so sehr, ich bin es schon gewöhnt. Was mich mehr irritiert, ist die überraschende Helligkeit.

Ich werfe einen Blick nach oben in den Himmel und kann meinen Augen fast nicht trauen. Die Milchstraße! Noch nie habe ich sie so klar und leuchtend mit meinen bloßen Augen gesehen! Ein Traum!

Genau wegen solcher Momente fahre ich mit meinem Rad durch die Welt. Es gibt nur die wunderschöne Natur, mein Fahrrad und mich. Sonst niemanden. Ich genieße den Moment sehr, auch wenn ich allein bin. Viele Bekannte haben mich immer wieder gefragt, wie ich so lange allein mit dem Fahrrad unterwegs sein kann. Doch im Grunde bin ich ja gar nicht so oft allein. Ich treffe täglich neue Leute, kann die kurze, aber schöne Zeit mit ihnen genießen und mache mich dann wieder auf den Weg.

Falls es mal Phasen gibt, wo ich nicht so vielen Leuten begegne oder gar auf mich allein gestellt bin, bin ich trotzdem sehr zufrieden. Ich bin zwar allein, aber nicht einsam. Und das ist wichtig. Solange man sich nicht einsam fühlt, ist es kein Problem, längere Zeit allein zu sein.

Ich denke mir immer, wenn ich mein Glück von einer anderen Person abhängig mache, werde ich längerfristig ein Problem bekommen. Bin ich im Hier und Jetzt – allein, mitten in der usbekischen Steppe – zufrieden und überglücklich, dass ich die Milchstraße sehen kann, dann habe ich wohl alles richtig gemacht.

DER ANSTRENGENDSTE TAG MEINER REISE

Der nächste Tag wird sehr lang und sehr strapaziös. Ich habe genug von der unfassbaren Hitze und stehe heute schon um drei Uhr auf. Die erträglichen Temperaturen in den Stunden vor Sonnenaufgang nutze ich, um

In dieser totalen Finsternis ist die Milchstraße in ihrer ganzen Schönheit zu sehen.

so viele Kilometer wie möglich zu schaffen. Es ist windstill und ich versuche, keine Pause zu machen, bis die Sonne aufgeht. Ich will so viel Strecke machen, wie nur irgend möglich.

Langsam schiebt sich die Sonne über den Horizont. Es gibt hier keine Berge, die sie in irgendeiner Weise noch verdecken könnten. So habe ich dann von früh bis abends ständig die Sonne im Gesicht.

Die Temperatur steigt schnell und mein Fahrradcomputer zeigt schon wieder über 30 Grad an. Das kann es doch nicht sein. Es ist noch nicht mal acht Uhr morgens und ich schwitze schon wieder wie ein Wahnsinniger. Zum Glück weht jetzt der Wind. Heute sogar in die richtige Richtung! Ich habe seit Langem wieder Rückenwind und lasse mich über die endlose, ebene Straße tragen.

Heute befahre ich einen Straßenabschnitt, über den ich nicht viel weiß. Auf einer alten Webseite habe ich ein paar Informationen gefunden, dass entlang der Strecke kleine Teehäuser im Abstand von ungefähr 70 Kilometern stehen sollen. Ich hoffe inständig, dass dem auch so ist. In Kasachstan hatte ich mehrmals Pech und einige der verzeichneten Teehäuser waren nicht mehr bewirtschaftet, dann stand ich ohne Wasser da. Diese Situation möchte ich nicht noch mal erleben – zumal es jetzt auch noch um einiges heißer ist.

Ich habe Glück und die bisher weiteste Strecke zwischen zwei Teehäusern ist tatsächlich 70 Kilometer lang! Hier gibt es sogar tiefgefrorene Wasserflaschen zu kaufen! Davon nehme ich gleich zwei mit und dazu noch einen 5-Liter-Kanister. Und eine Cola. Den Kanister fülle ich in die Wasserblase hinter meinem Fahrradsattel um. Da ich nie zu 100 Prozent weiß, wann und ob die nächste Gelegenheit zum Auffüllen kommt, nehme ich lieber etwas zu viel als zu wenig mit.

Es vergeht keine halbe Stunde, schon ist das Wasser in den zuvor gefrorenen Flaschen aufgetaut. Es ist noch kalt und das Einzige, was meinen Körper einigermaßen abkühlen kann. Ich spüre, wie mir die Hitze im Laufe des Tages immer mehr zusetzt. Eigentlich sollte ich eine Pause machen, erst recht jetzt zur Mittagszeit. Ich spüre den Puls in meinem Hals und in den Ohren. Es ist viel zu heiß, um mit dem Fahrrad zu fahren. Ein Blick auf den Fahrradcomputer bestätigt mir das auch. In der prallen Sonne zeigt er 56 Grad an.

Dennoch halte ich nur kurz beim nächsten Teehaus an, ruhe mich zehn Minuten lang aus, kaufe Wasser und mache mich wieder auf den Weg. Ich will so schnell es geht in Buchara ankommen. Ich muss raus aus dieser Hitze!

Der Tag schreitet unspektakulär voran und ich spüre, wie ich gegen Abend sehr schnell sehr matt werde. Mittlerweile habe ich bereits die

200-Kilometer-Marke geknackt. So weit bin ich bisher noch nie mit dem Fahrrad an einem Stück gefahren! Ich freue mich über diesen Erfolg und sehne mich zugleich nur noch nach einem Bett. Mein Körper ist am Ende und völlig ausgelaugt, doch mein Kopf will unerklärlicherweise noch immer nicht aufgeben.

100 Kilometer vor Buchara muss ich in eine Seitenstraße abbiegen und lande in einer Schlaglochlandschaft. Das Slalomfahren zwischen den Kratern fällt mir schwer und ich muss aufpassen, nicht von der Straße abzukommen. Am Straßenrand wachsen kleine Sträucher mit Dornen. Diese werden mir bald noch den Tag retten …

Nach über 5600 Kilometern auf dem Rad habe ich genau heute, am längsten Tag meiner Reise, den ersten platten Reifen. Das muss ein Zeichen sein, aufzuhören. Ich schiebe mein Rad an den Straßenrand und muss mich erst ausruhen, bevor ich den Schlauch wechseln kann. Vorbeifahrende Männer halten neben mir an und geben mir eiskaltes Wasser zum Trinken. Sie müssen mir angesehen haben, dass es mir nicht gut geht und ich was Kaltes trinken sollte. Sogar beim Wechseln des Reifens legen sie mit Hand an und sind dann wieder so schnell verschwunden, wie sie aufgetaucht sind.

Obwohl die Strecke stets eben war, ist der heutige Tag der zermürbendste der gesamten Fahrradreise gewesen. Die Hitze hat mir extrem zugesetzt und die elf getrunkenen Liter werden wahrscheinlich immer noch zu wenig gewesen sein. Ich fühle mich ausgetrocknet. Den heutigen Tag beende ich komplett erledigt mit einem Topf Reis, baue mein Zelt auf und schlafe sofort ein. An mehr kann ich mich nicht mehr erinnern.

ÜBERANSTRENGT

Der einzige Vorteil des gestrigen anstrengenden Tages ist, dass ich heute nur noch 100 Kilometer bis nach Buchara vor mir habe. Diese will ich schnell hinter mich bringen, doch auch heute soll es nicht so wirklich klappen. Bis zum frühen Nachmittag läuft alles wie am Schnürchen, doch dann werde ich wieder sehr schnell sehr schlapp. Ich fühle mich nicht gut und mir kommt es so vor, als ob mir langsam schwarz vor Augen wird …

Ich setze mich in den Straßengraben und in diesem Moment beginnt meine Nase zu bluten. Das Blut strömt nur so heraus und schnell bildet sich eine kleine Pfütze am Boden. Das geht mehrere Minuten so weiter und ich werde langsam nervös. Normalerweise hat das Nasenbluten immer nach kurzer Zeit aufgehört – heute nicht. Was mache ich jetzt?!

Ich versuche, mich abzulenken und esse Kekse, während ich zusehe, wie das Blut aus meiner Nase tropft. Irgendwie scheint es zu funktionieren und

Oben: Das unendliche Nichts hat was …
Wäre da nicht diese unerträgliche Hitze.

Unten: Mein erster platter Reifen nach 5600 Kilometern.
Ich bin total k. o.

es hört auf! Yes! Meinem Körper gebe ich noch fünf Minuten zum Rasten und fahre dann weiter. Zur Sicherheit stopfe ich mir zusammengerolltes Klopapier in die Nase, um nicht schon wieder in einer Sauerei zu enden.

In diesem Zustand fahre ich so schonend und so zügig wie möglich nach Buchara. Ich habe mich mit Nacho in einem Hostel verabredet und steuere dieses geradewegs an.

„Was hast denn du angestellt?!", fragt mich eine Backpackerin, die ich im Hostel treffe. „Dein ganzes Gesicht ist blutverschmiert! Brauchst du Hilfe?" Während des Nasenblutens muss ich wohl nicht gut aufgepasst und mein Gesicht mit Blut verschmiert haben ...

Ich mache mich auf den Weg ins Zimmer, gönne mir eine eiskalte Dusche und gehe direkt schlafen, auch wenn es erst später Nachmittag ist. Die vergangenen Tage waren ein Erlebnis, das ich nicht noch mal haben muss und sicher nie vergessen werde!

RELAXEN IN BUCHARA

Buchara ist eine attraktive Stadt, von der ich aber in den ersten Tagen nicht viel sehe. Ich verbringe sie fast ausschließlich mit Schlafen und Essen. Im Mehrbettzimmer ist es wunderbar kühl und ich genieße es, einfach mal nichts zu tun. Ich liege den ganzen Tag im Bett, sichere die Fotos meiner Kamera auf die Festplatten, die ich mitschleppe, und informiere mich über Tadschikistan – das nächste Land meiner Reise. Das Visum dafür habe ich online beantragt und auch schon bekommen. Es steht also nichts mehr im Weg.

Am dritten Tag in der Stadt mache ich dann doch einen Rundgang. Der Stadtteil, der für Touristen bestimmt ist, ist sehr sauber und sicher. Die Bauten aus Lehm sind gepflegt und restauriert worden. Besonders den Kalon-Platz mit Minarett und Moschee finde ich sehr schön – mal ganz was anderes.

Der meterhohe, mächtige runde Turm steht nahe dem Eingang zur Moschee, der wie ein riesiges Portal aussieht. Gleich neben diesem Platz gibt es ein Restaurant mit Dachterrasse, von der man einen guten Ausblick über diese imposanten Bauten hat.

Hier gehe ich, zusammen mit einem älteren deutschen Ehepaar, das ich auf der Straße kennengelernt habe, mittagessen. Obwohl es in den vergangenen Tagen sehr oft Plov gab, bestelle ich ihn auch heute.

Plov ist ein Reisgericht mit Zwiebeln, Gemüse und manchmal auch Fleisch. Ein sehr einfaches Essen, aber es schmeckt und kostet nicht viel. In diesem Restaurant ist besonders viel Gemüse und auch mehr Fleisch im Reis – sehr gut!

Wir schlendern danach zusammen durch die Stadt und sehen uns bei den verschiedenen Händlern handgemachte Schalen, Teppiche, Messer und Getöpfertes an. Alles hat ein orientalisches Flair, das mir gut gefällt. Kaufen will ich aber nichts. Erstens will ich nicht anfangen, Dinge zu horten und zweitens kann ich Souvenirs nicht gut mit meinem Rad transportieren.

DIE ERSTEN BESCHWERDEN

Fast eine Woche ruhe ich mich in Buchara aus, bis es so weit ist: Nacho, der Belgier, taucht tatsächlich hier auf! Er kommt gerade aus dem benachbarten Turkmenistan und sehnt sich nach ein, zwei Tagen Pause. Eigentlich möchte ich weiterfahren, da ich von der Stadt genug habe, aber ich verstehe Nacho nur zu gut. Nach Tagen in dieser Hitze braucht er Ruhe.

Wir kosten uns durch die verschiedenen Restaurants, finden eine italienische Eisdiele und leisten uns sogar einen neuen Haarschnitt. Letzterer war wirklich überfällig!

Während Nacho seine Kräfte wieder zurückerlangt, geht es mir immer miserabler. Ich muss etwas Schlechtes gegessen haben. Mein Magen dreht sich am Abend um und ich verbringe den Großteil der Nacht auf dem Klo. Ich habe Magenkrämpfe und Durchfall! Zum ersten Mal auf meiner Reise, und es fühlt sich überhaupt nicht gut an! Erst recht nicht, weil wir morgen eigentlich weiterfahren wollten! So komme ich aber keinen Meter weit. Ich brauche noch mindestens einen Tag Erholung.

Nacho versteht mein Leiden und wir bleiben einen weiteren Tag in Buchara. Mittlerweile bin ich fast zwei Wochen in dieser Stadt. Ich will weg von hier, kann aber nicht!

Ein Mitarbeiter im Hostel erkennt meine missliche Lage und bietet mir seine Hilfe an. Er bringt Salzkartoffeln und schwarzen Tee.

„Das Kalium in den Kartoffeln hilft gegen Durchfall und der schwarze Tee wird deinen Magen beruhigen“, sagt er mir.

Ich versuche, die Kartoffeln und den Tee runterzubekommen und verbringe den Rest des Tages mit Schlafen. Mich ärgert meine Situation sehr. Während der Zeit in Buchara ging es mir immer gut, und ausgerechnet am Tag vor der Abreise muss ich mir den Magen verderben. Ich will weiter und Nacho auch. Meine Freunde kommen mich schon in ein paar Tagen

Oben: In Buchara. Alt und Jung beim Volkssport Schachspiel.

Unten: Kalon-Platz mit Moschee, Minarett und Medrese im Abendlicht.

in Samarkand besuchen, meinem nächsten Ziel. Da will ich zu 100 Prozent fit sein und die Zeit mit ihnen genießen können.

DAS RADFAHREN MIT NACHO BEGINNT

Es nützt nichts, wir müssen los. Nacho und ich packen unsere Taschen auf die Räder und machen uns auf den Weg nach Samarkand, eine Stadt 300 Kilometer nordöstlich von hier. Diese wollen wir in drei Tagen erreichen, aber ich habe keine Ahnung, ob mein Magen das mitmachen wird.

Wir starten frühmorgens vor der großen Mittagshitze und haben sogar leichten Rückenwind. Unsere gewählte Route führt uns an einem See vorbei. Er sieht sehr verlockend aus, aber wir machen nicht halt. Es wäre ein kleiner Umweg für uns und in meinem Zustand bin ich mit Radfahren schon gut bedient. Im See herumzuspringen würde auf keinen Fall Spaß machen.

So fahren wir weiter und machen an einem Straßenrestaurant halt. Es gibt Suppe und Brot. Mehr schaffe ich nicht zu essen. Danach liege ich hier mitten in Usbekistan gleich neben diesem Restaurant, versuche zu schlafen und sehe doch dabei zu, wie Einheimische zum Restaurant kommen, um flaschenweise Wodka zu kaufen. Sie sind auf dem Weg zum erwähnten See und decken sich mit reichlich Alkohol ein. Was würde ich dafür geben, wieder fit zu sein und einen gemütlichen Tag am See verbringen zu können …

Nach Mittag dreht der Wind und wir haben ihn wieder gegen uns. Das hat mir gerade noch gefehlt. In Kombination mit einer schlechten Straße ist es für mich ein großer Kampf, Strecke zu machen. Es ist weit und breit nichts zu sehen. Nicht mal einen Busch oder Bäume gibt es hier. Bäume, hinter denen ich mich verstecken könnte, sobald sich mein Durchfall wieder meldet. Ich muss mein Geschäft also öffentlich und für alle sichtbar verrichten.

Irgendwie schaffen wir es doch, die 100 Kilometer voll zu machen und ich kippe todmüde in mein Zelt. Nacho ist ein so netter Mensch und ich habe ein schlechtes Gewissen, weil ich ihn mit meinem kaputten Magen aufhalte. Er kocht sogar für mich, sodass ich überhaupt nichts machen muss und mich auf das Ausruhen konzentrieren kann. Er meint, es stört ihn überhaupt nicht, dass ich nur langsam Rad fahren kann – „wir haben ja keinen Stress".

Vom Essen bringe ich nicht viel hinunter und gehe dann sofort schlafen. Das gelingt mir auch nicht und ich liege die ganze Nacht wach. Etliche „Notfälle" halten mich wach, wo ich auf schnellstem Weg mein Zelt verlassen muss und sich mein Verdauungssystem entleert.

Egal wo, einfach nur schlafen. Montezumas Rache macht mich fertig.

Geschlaucht von der schlaflosen Nacht verläuft der nächste Tag ähnlich schlecht. Wir bewegen unsere Räder durch die sandige Landschaft, rechts und links ist nicht viel zu sehen und die Straße wird immer schlechter. Ich komme mit der Hitze überhaupt nicht klar und in einem Dorf suchen wir nach einem Haus, in dessen Schatten wir uns ausruhen können. Der Hausherr besitzt ein Restaurant und bringt uns auch wieder Suppe, Brot und kalte Getränke. Ich habe noch immer keinen Hunger, weiß aber, ich muss etwas essen und noch mehr trinken.

Die Mittagspause fällt lang aus und ich schlafe fast drei Stunden am Stück. Ein neuer Rekord! Nach einem erneuten obligatorischen Gang zum Klo machen wir uns wieder auf den Weg und kommen an mehreren kleinen, sehr ärmlichen Dörfern vorbei. Die Häuser sind winzig und sehen arg mitgenommen aus. Nicht mal Fenster gibt es hier!

Mehrere Kinder fahren die Straße mit ihren Rädern auf und ab und leisten uns beim Einkaufen Gesellschaft. Das Geschäft ist ein Häuschen

Nacho ist da! Über zwei Monate werden wir zusammen verbringen und ein eingespieltes Team werden.

ohne Fenster und mit unscheinbarer Tür. Dahinter befindet sich eine kleine Theke, auf der Kekse und Brot ausgebreitet sind. Daneben steht eine Kühltruhe mit kalten Getränken. Ich habe überhaupt keine Kraft und Lust, mit den Leuten zu interagieren und verhalte mich heute nicht sehr kommunikativ. Nacho erledigt den Einkauf für mich.

An diesem zweiten Tag nach Buchara wird der Zustand meines Verdauungssystems noch schlechter und ich bekomme fast nichts hinunter. Nacho bekocht mich zwar, aber ich schaffe es nicht zu essen. Die Hitze und die Anstrengung auf dem Rad wird mir einfach zu viel. Schon wieder kann ich kaum schlafen und am dritten Tag werfe ich dann das Handtuch.

Wir wollen heute Samarkand erreichen, aber ich komme nicht weit. Innerhalb einer Stunde muss ich drei Mal aufs Klo. Mein Bauch schmerzt, ans stundenlange Treten ist überhaupt nicht zu denken. Ich muss für heute abbrechen und lasse Nacho wissen, dass ich per Anhalter nach Samarkand kommen werde. In meinem Zustand weiterzufahren macht keinen Sinn. Er gibt sich verständnisvoll, will aber die verbleibenden 70 Kilometer mit dem Fahrrad zurücklegen.

Am Straßenrand stehend winke ich dem erstbesten LKW-Fahrer zu, der auch tatsächlich anhält. Er fährt einen LKW russischer Marke. In der Fahrerkabine wackelt alles, überall ist Sand und es läuft usbekische Musik im Radio. Der Mann ist wenig gesprächig, was mir sehr recht ist, und wir fahren stumm bis 20 Kilometer vor Samarkand. Ich genieße es, mich ausruhen zu können und auch, dass ich nicht sprechen muss.

Die letzten Kilometer in die Stadt versuche ich wieder per Anhalter zurückzulegen. Bevor ich aber weiterfahre, muss ich was zu trinken kaufen. In einem Geschäft, in dem ich eine Wasserflasche kaufe, spricht mich ein Mann an. Er kann nur sehr schlecht Englisch, aber ich verstehe, dass er mich zum Mittagessen einladen will. Ein sehr freundliches Angebot, aber Essen ist zurzeit das Letzte, was mein Verdauungssystem gebrauchen kann.

Ich lehne dankend ab, doch der Mann lässt nicht locker. Auch nach mehrmaligem Danken will er mir nicht von der Seite weichen. So nehme ich doch an, sage ihm aber, dass ich nur einen Tee will.

„Natürlich!", lässt er mich wissen, „Nur einen Tee!"

Ich hätte es eigentlich besser wissen müssen, dass es nicht bei einem Tee bleibt. In seinem Haus tischt der Fremde ein ganzes Festmahl auf. Mir wird schon beim Anblick des Essens schlecht. Er schaut mich aber erwartungsvoll an und ich muss mich überwinden, überhaupt etwas zu mir zu nehmen. Schaschlik, Brot, Salat, irgendeine Art von Milch und noch vieles mehr. Ich schaffe es nur mit großer Mühe, von allem eine Kleinigkeit zu kosten, was meinen Gastgeber aber sichtlich freut. Mein Magen jedoch freut sich deutlich weniger über diese Mengen.

Nach einer Stunde aufgezwungenen Essens lässt er mich wieder gehen. Er war ein sehr netter Mann, aber die Situation war doch ziemlich unangenehm.

Für die verbleibenden 20 Kilometer bis Samarkand finde ich keinen LKW, der mich mitnehmen will. Ich stehe auf dem Seitenstreifen einer vierspurigen Schnellstraße und niemand will anhalten. An mir fahren unzählige Trucks vorbei, voll beladen mit Wassermelonen, aber keiner nimmt mich mit. In so einem hätte ich sicherlich noch Platz!

Gezwungenermaßen muss ich mich doch noch mal auf das Rad schwingen und den Weg selbst in Angriff nehmen. Ich komme fast nicht vom Fleck, mir fehlt einfach die Kraft. Zum Glück ist es erst kurz nach Mittag und ich kann mir viel Zeit lassen.

Die Straße ist ganz eben und es ist fast windstill. Je näher ich Samarkand komme, umso mehr Häuser sind zu sehen und ich bilde mir ein, am trüben Horizont schon die ersten Berge Tadschikistans erspähen zu können. Ich freue mich sehr auf dieses Land. Endlich raus aus der Hitze und hinein in die Berge!

Nach über zwei Stunden komme ich in Samarkand an. Mit Nacho habe ich mich in einem Hostel im Zentrum verabredet. Hier treffe ich auf mehrere andere Radfahrer: Engländer, Deutsche, Australier, Franzosen …

Der geschichtsträchtige, orientalisch-imposante Registan in Samarkand.

Ähnlich wie in Buchara gönne ich mir zuerst eine kalte Dusche und gehe auf direktem Weg ins Bett. Meine Schwester und meine beiden Kollegen kommen morgen früh an und ich will fit sein!

WIEDERSEHEN MIT MEINEN FREUNDEN

Heute ist es so weit! Ich bin sehr aufgeregt und mache mich schon früh auf den Weg zum von ihnen gemieteten Apartment. Nach anfänglichen Schwierigkeiten, das richtige Haus zu finden, sehe ich Julia, Simon und Florian endlich wieder, nach fast vier Monaten auf Reisen!

Die Zeit mit ihnen tut mir so gut und auch, endlich wieder in meinem Dialekt sprechen zu können. Das beruhigt mein Gemüt und ich lasse mich von meinen Freunden durch die Stadt führen. Sie haben sich gut auf ihren Urlaub vorbereitet und wissen bestens über das Land Bescheid. Ich nutze die Chance und lasse mich einfach treiben. Es ist sehr schön, mit ihnen herumzulaufen und mir keine Gedanken machen zu müssen, wo ich jetzt hinmuss. Mir geht es weniger darum, die Stadt Samarkand zu erkunden, als einfach die Zeit mit meinen Freunden zu genießen.

Die Zeit vergeht leider viel zu schnell und ich muss nach vier Tagen meine Liebsten aus der Heimat wieder verlassen. Mein Visum läuft aus und ich muss aus Usbekistan ausreisen. Der Abschied fällt mir nach den tollen Tagen schwer, aber ich werde sie hoffentlich in einem halben Jahr wiedersehen, zu Hause.

Der Grenzübergang nach Tadschikistan ist nur wenige Kilometer von Samarkand entfernt. Die Ausreise aus Usbekistan ist ähnlich einfach wie die Einreise in dieses Land. Es wird nichts kontrolliert, ständig gelächelt und schon bin ich mit einem Fuß, oder besser Rad, in Tadschikistan: „Tourist? No problem!", heißt es hier im Minutentakt.

Meine Freunde sind zu Besuch!

Grenzübergang nach Tadschikistan: Tourist? No problem!

Tadschikistan

Am ersten Tag in Tadschikistan bin ich allein unterwegs. Nacho ist vorausgefahren, während mich meine Freunde besuchten. Ich will ihn einholen, um zusammen mit ihm den Pamir-Highway zu bestreiten – eine 1500 Kilometer lange Fernstraße durch das Pamir-Gebirge im Osten Tadschikistans. Dort werden wir tagelang im Nirgendwo auf über 3000 Meter Höhe radeln. Schon in Georgien haben wir beschlossen, diese Straße gemeinsam zu meistern.

Am zweiten Tag in Land Nummer 13 treffe ich wieder andere Radreisende. Tadschikistan ist zwar ein bekanntes Ziel für Radfahrer, aber dass das so schnell geht, hätte ich wirklich nicht gedacht!

Ich suche mir einen versteckten Zeltplatz auf einer Anhöhe über der Straße und wie es der Zufall will, steht genau dort schon ein Zelt! Gleichgesinnte!

Es stellt sich heraus, dass es Deutsche sind, – auf dem Weg in die Mongolei. Wir tun uns zusammen und fahren gemeinsam nach Duschanbe.

Es geht gefühlt kerzengerade bergauf. Nach wochenlangem Fahren in der ebenen Steppe sind Berg- und Passstraßen sehr ungewohnt für mich.

Ich kämpfe mit dem Gewicht des Fahrrades, während ich aber zugleich die abrupte Änderung der Landschaft genieße. Wohin ich meinen Blick auch richte, ich sehe ausschließlich Berge, Berge, Berge! Ein Traum!

Ein Traum sind auch die Tadschiken. Die Kinder warten neben der Straße und holen sich ein „High five" von den vorbeifahrenden Radlern ab. Die Erwachsenen sind ebenfalls sehr herzlich und es passiert mir mehrmals, dass ich von ihnen aufgehalten werde, weil sie mir eine Flasche Wasser oder etwas zum Essen schenken wollen. Wenn das jetzt schon so gut beginnt, was kommt dann noch?!

Zusammen mit den beiden Deutschen fahre ich auf den ersten Pass, an dessen höchstem Punkt der berühmte Anzob-Tunnel liegt. Er trägt den Spitznamen „Tunnel des Todes", ist fünf Kilometer lang und hat bis vor wenigen Jahren nicht mal eine Beleuchtung besessen – von Belüftung ganz zu schweigen. Mittlerweile gibt es zwar eine spärliche Beleuchtung, aber durch den vielen Staub im Tunnel bringt sie fast nichts.

Jeder, den ich unterwegs getroffen habe, hat mir geraten, den Tunnel mit einem LKW zu passieren. So mache ich das auch und halte einen Baustellentruck an. Ich darf das Rad auf die Ladefläche legen und dann geht es los. Der Trip im LKW ist ein Erlebnis. Wir fahren fünf Kilometer lang quasi blind auf ein schwarzes Loch zu. Hin und wieder kommt ein anderer Truck entgegen, den wir vor lauter Staub erst wenige Meter vor uns sehen. Ich will mir nicht vorstellen, wie es wäre, hier mit dem Rad durchzufahren. Würde ich dabei nicht von einem LKW überrollt, dann hätte ich auf jeden Fall die Lungen bis oben hin voll Staub.

Was für ein Anblick! Als wir aus dem Tunnel rausfahren, fühle ich mich fast wie zu Hause. Vor mir ist alles grün, die Berge ragen in die Höhe und ihre Spitzen sind vom Schnee leicht angezuckert!

Nach dem Abladen meines Drahtesels halte ich einen kurzen Moment inne, bevor eine meiner längsten Abfahrten beginnt: Vor mir liegen 70 Kilometer, die fast nur bergab führen. Die Straße ist verhältnismäßig gut und ich rolle Duschanbe, der Hauptstadt Tadschikistans, entgegen.

Nacho wartet schon im „Green House Hostel" auf mich. Dies ist der Ort, an dem sich die meisten Radfahrer treffen, die den Pamir befahren wollen oder gerade von dort kommen. Wir geraten mit einem britischen Paar ins Gespräch, das von Osten kommt und die lange Fernstraße vor wenigen Tagen hinter sich brachte. Die beiden erzählen von zweistelligen Minusgraden, täglichen Schneestürmen und viel Wind. Nacho und ich sind zwar für Minusgrade gerüstet, aber wir haben im Hochsommer eigentlich auf besseres Wetter in den Bergen gehofft. Jetzt sind wir aber hier und müssen da nun durch, komme was wolle.

Nachdem ich meine Genehmigung, das Pamir-Gebirge befahren zu dürfen, eingeholt habe, geht es los: 1500 Kilometer totale Ungewissheit, was wohl auf uns zukommen wird. Es ist 17 Uhr, aber Nacho will heute noch los. „Ist das nicht ein bisschen spät?", fragt uns Karl, ein deutscher Radfahrer.

Karl ist mein persönlicher Held. Ich habe ihn bereits in Usbekistan getroffen und werde ihn in Tadschikistan und Kirgistan noch mehrmals wiedersehen. Er hat vor einem halben Jahr seinen siebzigsten (!!) Geburtstag gefeiert und ist mit dem Fahrrad von Deutschland nach Australien aufgebrochen. Der Kölner zeigt mir, dass man alles schaffen kann, solange man es nur will.

„Nur weil man 70 Jahre alt ist, heißt das noch lange nicht, dass man mit dem Leben schon abgeschlossen haben muss".

Diese Einstellung gefällt mir sehr. Auch die Tatsache, dass er immer ein Bier auf seinem Rad mitführt, finde ich genial!

Nacho und ich verlassen das Hostel nur wenige Stunden vor Sonnenuntergang und fahren die ersten 40 Kilometer gen Osten. Schon auf dieser kurzen Strecke werden wir mehrmals angehalten und mit Essen beschenkt. Heute gibt es Wurst und Brot. Wir freuen uns sehr und zelebrieren die Speisen am Abend in unserem Zelt bei einem epischen Sonnenuntergang.

Nacho und ich sind bisher nur drei Tage zusammen in Usbekistan Rad gefahren, aber bereits diese kurze Zeit hat uns zu guten Kollegen gemacht. Vielleicht war es die Tatsache, dass er sich sehr um mich kümmerte, als ich mit meinem Magen zu kämpfen hatte, die uns so zusammengeschweißt hat. Ich schätze seine Hilfsbereitschaft auf jeden Fall sehr. Und genau auf diese Hilfsbereitschaft werde ich schon morgen wieder zurückgreifen müssen.

ES GEHT WIEDER VON VORNE LOS

Die geschenkte Wurst muss wohl schlecht gewesen sein, denn mein Verdauungssystem streikt wieder! Warum nur?! Warum ich?! Ich will diese Tortur nicht schon wieder durchmachen!

Doch alles Lamentieren nützt nichts und ich fühle mich wie zurückversetzt nach Usbekistan. Im Stundentakt muss ich vom Rad steigen. Der einzige Unterschied zu Usbekistan ist, dass es hier Bäume gibt, hin-

Oben: Der Panj-Fluss trennt Tadschikistan von Afghanistan, das zwar sehr arm, landschaftlich aber großartig und wunderschön ist.

Unten: Ein herrliches Tal, dem wir mehrere Hundert Kilometer folgen. Anfangs nur ein schmaler Korridor zwischen den Felswänden, später weit und offen.

Oben: Fast täglich wird Nacho und mir Essen geschenkt. Und hier lädt uns ein tadschikischer Trucker zum Tee ein.

Unten: Schilder warnen uns vor Landminen.

ter denen ich mich verstecken kann, was die Gesamtsituation aber nicht sonderlich besser macht.

Es dauert vier lange Tage, bis ich den Durchfall wieder los bin. In dieser Zeit kommt mit mehrmals der Gedanke: Was machst du hier eigentlich?

Nach einer schlaflosen Nacht erreichen wir eine Stadt namens Kulob. Ich bin komplett ausgelaugt und lege mich auf eine Parkbank.

Sofort kommen junge Tadschiken zu uns und wollen wissen, was wir hier machen. In dieser Situation bin ich sehr dankbar, dass Nacho bei mir ist. Er reagiert genau richtig und zieht die gesamte Aufmerksamkeit auf sich, sodass ich in Ruhe weiterschlafen kann. Er geht mit den Jungs einkaufen, erzählt unsere Geschichte und schafft es tatsächlich, dass mich niemand beim Ausruhen stört.

Wir müssen weiter und einer der beschwerlichsten Tage seit Langem liegt vor mir. Wir müssen über einen Pass fahren – 20 Kilometer und 1500 Höhenmeter sind zu bewältigen. Das alles unter der grausamen Mittagssonne, mit Durchfall und nach zwei schlaflosen Nächten. Ich lasse Nacho wissen, dass ich mir nicht sicher bin, ob ich es überhaupt schaffe, heute noch über den Pass zu kommen. Mein Körper ist komplett leer!

Wenn Nacho etwas kann, dann ist es, mich zu motivieren. Er redet mir gut zu und versichert mir, dass ich das schaffen kann. Na gut, wenn er das glaubt …, denke ich mir, dann wird es wohl stimmen, und fahre ihm stumm nach. Ich komme aber nicht weit und muss das erste Mal anhalten. Die Steigung ist zu viel für mich. Ich habe gerade mal 200 Höhenmeter hinter mir und es fehlen noch mehr als 1000. Ich kann nicht mehr. Meine gesamte Motivation hat mich verlassen.

Und genau in diesem Moment kommt Nacho mit einer Aussage, für die ich ihn gerade erwürgen könnte:

„Ich fahre schon mal voraus und warte oben auf dich. Du schaffst das schon“, gibt er trocken von sich.

Er weiß genau, dass es mir schlecht geht und fährt einfach davon! Was soll das?! Noch bevor ich etwas sagen kann, ist er schon weg. Jetzt bin ich für den Rest des Tages auf mich allein gestellt. Ich MUSS es heute auf den Pass schaffen! Ich MUSS Nacho einholen!

Ich schwitze wie verrückt und nach weiteren 400 Höhenmetern geht mir das Wasser aus. Keine Chance, dass ich es schaffe, mehrere Stunden ohne Wasser auf den Pass hinaufzufahren. Was mache ich jetzt?! Mein Körper ist ohnehin schon am Ende, wie soll ich es denn auch noch ohne Wasser schaffen?

Genau in diesem Moment kommt ein Jeep mit deutschem Kennzeichen vorbei. Als ob die Insassen genau wissen würden, was ich brauche,

Zu Füßen der Berge wirken wir so winzig …

schenken sie mir ohne zu fragen zwei Liter Wasser. Sie wollen mich nicht weiter aufhalten und machen sich sofort wieder auf den Weg.

Habe ich das gerade nur geträumt? Fast auf die Sekunde genau, als mir das Wasser ausgeht, kommt ein Jeep mit Wasser vorbei. Ich kann mein Glück kaum fassen!

Vom glücklichen Vorfall beflügelt, mache ich mich auf den Weg zu Nacho. Die Straße verwandelt sich in eine Schotterpiste und ich muss mich konzentrieren, nicht vom Rad zu kippen.

Meine zwei Liter Wasser gehen mir beinahe wieder aus, aber nach gefühlten vier Stunden habe ich es tatsächlich geschafft. Ich treffe Nacho am Pass. Er wartet auf mich und freut sich, dass ich es geschafft habe. Obwohl ich jede Sekunde umkippen und ihn erwürgen könnte, bin ich sehr froh, dass Nacho mich „gezwungen" hat, heute noch die lange Passstraße zu bezwingen.

Erst jetzt drehe ich mich um und erlebe einen wohlverdienten Sonnenuntergang. Das Licht ist weich und erstrahlt in allen Farben von Gelb bis Violett. Es ist eine wunderbare Stimmung. Weit und breit ist niemand zu sehen und ich genieße die Stille über dem Tal. Aus dem schrecklich kräftezehrenden Tag ist ein wunderschöner geworden.

Die Nacht verläuft leider nicht so still wie der Sonnenuntergang. Nacho und ich fahren ein paar Meter weiter und finden einen Brunnen, an dem Soldaten Wasser auffüllen. Wir gesellen uns zu ihnen und fragen, wo man am besten schlafen kann. Sie geben uns zu verstehen, dass es überall möglich ist, zu zelten. Wir sollen uns einfach einen guten Platz suchen. Nichts leichter als das, denken wir uns.

Es ist schon dunkel und wir kommen in ein besiedeltes Gebiet. Hier ist es nicht so einfach, einen akzeptablen Zeltplatz zu finden. Fast jeder Quadratmeter ist umgepflügt. Es sind noch viele Traktoren unterwegs und wir wollen nicht dabei beobachtet werden, wie wir im Feld eines Bauern unser Zelt aufstellen. Wir finden einen kleinen Platz nahe einem Wald und beschließen, hier zu übernachten. Der Platz ist perfekt! Weicher Untergrund und sogar sichtgeschützt!

Wir kochen Reis und Linsen und hauen uns aufs Ohr. Ich schlafe nicht lange. Plötzlich reißt mich ein Esel mit seinem Geschrei aus dem Schlaf. Ich kann nicht sehen, wo das Tier ist, aber es muss sehr nah sein! Ein kurzer Blick aus dem Zelt bringt nichts. Das Gras ist zu hoch, um etwas erkennen zu können. Das war es für heute mit dem Schlaf. Schon wieder!

AFGHANISTAN GANZ NAH

Das Gute an Passstraßen ist, dass es irgendwann wieder ins Tal gehen muss. Heute ist das der Fall und wir rollen voll Schwung die Straße hinunter, die uns zum ersten Mal in Reichweite Afghanistans bringt. Die Straße führt am Panj-Fluss entlang, der Tadschikistan von Afghanistan trennt.

Es ist ein durchwachsenes Gefühl, dieses weltbekannte und so umstrittene Land zum ersten Mal mit eigenen Augen zu sehen. Die Natur sieht in Afghanistan, wie zu erwarten, ganz ähnlich aus wie auf tadschikischer Seite. Nur die Leute und Häuser sind sehr verarmt und heruntergekommen. Oft sind es nur Steinhütten, in denen die Afghanen hausen und die Straßen sind nicht befestigt. Wir kommen an mehreren Schildern vorbei, die uns vor Minenfeldern hier in Grenznähe warnen.

Der Straße, die entlang des Panj-Flusses verläuft, folgen wir nun fast 600 Kilometer. Fast täglich kommen wir an Militärtruppen und Aussichtspunkten vorbei, die die Grenze beobachten und schützen sollen. Hier ist es auch Pflicht, sich bei den Polizeistationen zu registrieren, wenn man durch das Land fahren will. So hat die Polizei immer den Überblick, wer sich wo befindet.

Zum Glück klingt alles viel dramatischer als es ist. Auf afghanischer Seite sind selten Menschen zu sehen. Die Straße dort ist oft in den Fels gehauen worden, ist sehr schmal und es sind nur vereinzelt Afghanen auf Motorrädern zu sehen. Der schönste Moment: Ein paar afghanische Kinder, die am Ufer spielen und uns zuwinken, sobald sie uns erspähen.

DER PAMIR-HIGHWAY

Nach fünf Tagen auf dem noch gut asphaltierten Pamir-Highway treffen Nacho und ich auf drei Bekannte! Ross, Paxton und Sam! Sie haben dasselbe Gästehaus wie Nacho und ich gewählt. Die Unterkunft ist sehr einfach und es gibt wie immer Plov.

Es tut gut, die drei Radfahrer wiederzusehen und Erfahrungen auszutauschen. Wir bleiben alle nur einen Tag, bevor es morgen wieder weitergeht.

Ab Qalai Chumb, dem Dorf, in dem ich mich zurzeit befinde, wird die Straße angeblich immer schlechter. Hatte ich bisher noch Asphalt unter meinen Reifen, sollen es ab nun nur noch Schotter und Steine sein.

Wie erwartet hört die gute Asphaltstraße sehr bald auf und wir fahren – immer am Panj-Fluss entlang – auf einer holprigen Schotterstraße. Der Pamir-Highway ist die einzige befahrbare Straßenverbindung zum weiter östlich liegenden gleichnamigen Gebirge und so müssen auch LKWs und

Transporter über die holprige Straße fahren. Die 40-Tonner hinterlassen riesige Staubwolken, sobald sie uns überholen. Obwohl ich von oben bis unten voll Staub bin, möchte ich nicht mit den Fahrern tauschen wollen, die ihre Trucks durch dieses schmale Tal manövrieren müssen.

Es ist anstrengend und schön zugleich, hier in Tadschikistan unterwegs zu sein. Ich fahre mit meinen Freunden durch das enge Tal, in dem ein reißender Fluss schäumt, und rechts und links von mir türmen sich hohe Berge auf. Ein fantastischer Anblick! Obwohl ich mich auf fast 2000 Meter Meereshöhe befinde, ist es sehr heiß hier. Der sandige Boden und die Felswände reflektieren die Energie der Sonne und ich komme täglich ins Schwitzen.

Die Landschaft verändert sich nur langsam, aber trotzdem genieße ich jede Sekunde, die ich auf dem Pamir-Highway unterwegs bin. Mal geht es bergauf, mal bergab. Mit dem schwer beladenen Rad auf der hügeligen und sandigen Straße zu fahren ist anstrengend, aber mir gefällt die Herausforderung sehr. Nur nicht das Gleichgewicht verlieren und im Fluss landen!

Wir kommen an einer Polizeistation vorbei. Eine Schranke versperrt uns den Weg und wir müssen unsere Reisepässe vorzeigen, um passieren zu dürfen. Die Beamten sind die vielen Radfahrer gewohnt und tragen unsere Daten mit einem Lächeln in ein dickes, handgeschriebenes Register ein.

„Woher seid ihr?", fragt einer, obwohl er es in unseren Reisepässen lesen könnte.

„Aus sehr unterschiedlichen Nationen! Amerika, England, Belgien und Italien!", antworten Ross und Paxton.

Mir kommt es so vor, als ob sich der Beamte überhaupt nicht dafür interessiert, aus welchem Land wir sind. Vielmehr wollte er sich ein paar Sekunden Zeit verschaffen, um eine Plastiktüte zu holen, die er den Amerikanern in die Hand drückt.

„Die sind für euch", fügt er hinzu. Wir haben soeben vom tadschikischen Militär eine Tüte voll Aprikosen geschenkt bekommen! Wie cool sind denn die Leute hier?!

Die Aprikosen verdrücken wir noch an Ort und Stelle und fahren später in Khorog ein, dem vorerst letzten, einigermaßen gut ausgestatteten Dorf am Pamir-Highway. Hier gibt es sogar ein paar Fast-Food-Restaurants, die ihre Namen von der bekannten Konkurrenz gestohlen haben. So heißt ein Pizza-Express zum Beispiel „Khorog Fried Chicken", ein anderer Food-Express „MAC Doland's". Wir amüsieren uns köstlich, essen Pizza und sehen uns wieder einmal auf dem lokalen Bazar um. Hier gibt es alles, was ich benötige. Ich kaufe Nüsse und Gemüse, Sam braucht eine neue Sonnenbrille.

Heute ist Freitag und wir machen einen Tag Rast im Dorf, denn jeden Samstag findet der sogenannte Grenzmarkt in Khorog statt, den wir alle unbedingt besuchen wollen.

Er wird auf einem von Mauern umgebenen Grundstück abgehalten, das von viel Militär gesichert wird. Jeden Samstag dürfen Afghanen von der anderen Seite des Flusses nach Tadschikistan kommen, um mit den Einheimischen hier Handel zu treiben. Damit nichts passiert und kein Afghane illegal in Tadschikistan bleibt, wird alles vom Militär überwacht. Trotz der Polizeipräsenz herrscht reges Treiben auf dem Markt.

Ich interessiere mich weniger für die angebotenen Waren, sondern mehr dafür, wie echte Afghanen aussehen und sich verhalten. Sie fallen durch ihren etwas anderen Kleidungsstil auf – über den knielangen Kitteln tragen die meisten eine Weste und einen Turban auf dem Kopf – und sie haben einen Bart. Alle wirken ruhig und sympathisch.

Mit einem der Afghanen tausche ich kurz ein paar Worte aus und wechsle Tadschikische Somoni in afghanisches Geld – Afghani. Der Mann reicht mir einen rötlich schimmernden Schein. Bis auf die Zahl 20 kann ich auf der Banknote überhaupt nichts lesen, die Schriftzeichen sind mir total fremd und ich verstehe überhaupt nichts. Im Gegenzug zeigt der Afghane auf einen tadschikischen Geldschein in meiner Hand, den er für den Tauschhandel haben möchte. Ohne zu überlegen gebe ich ihn dem Mann und wir sind beide glücklich. Wahrscheinlich hat er an dem Tausch verdient, aber die wenigen Cent, die die Geldscheine hier wert sind, gönne ich ihm sehr.

In Khorog trennen sich Ross' und Paxtons Wege von jenen, die Nacho, Sam und ich vor uns haben. Die Amerikaner fahren die M41 entlang, den Pamir-Highway, der nun ins Landesinnere abdreht. Der Belgier, der Engländer und ich wollen dem Panj-Fluss noch ein paar Tage lang in den Süden des Landes folgen und ins Wakhan-Tal fahren. Dieses Tal soll sehr verlassen, aber auch unglaublich schön sein. Das muss ich sehen!

IM WAKHAN-TAL

Die ersten zwei Tage in Richtung Wakhan-Tal sind angenehm, doch wir ahnen bereits, dass dieser Ausflug in den Süden des Landes sehr hart werden wird. Wir haben ab jetzt täglich mehr als 1000 Höhenmeter zu bewältigen, die Straße verschlechtert sich zusehends und die Polizeikontrollen werden immer mehr. Am dritten Tag nach Khorog fahren wir ein letztes Mal auf einer verhältnismäßig gut präparierten Straße. Von nun an gibt es wirklich nur noch Schotter, Sand und viele Anstiege.

Eine enorme landschaftliche Vielfalt: Von Mondlandschaft bis Gletscher ist alles geboten …

Im Dorf Langar stocken wir unsere Vorräte auf, bevor wir weiterfahren. In den kommenden vier Tagen soll es kaum Zivilisation geben, bis wir wieder auf den ursprünglichen Pamir-Highway treffen. Deshalb brauchen wir viel Essen und Trinkbares. Leider ist es nicht gerade leicht, in den kleinen Dörfern an Nahrungsmittel zu kommen.

In einem Gästehaus können wir ein paar Packungen Nudeln, Linsen und einen Nutella-Verschnitt kaufen. Brot gibt es jedoch keines und die Frau hinter der Theke kann uns keine Auskunft geben, wo wir es kaufen könnten. Schade.

Nacho und ich sehen uns im Dorf um und treffen auf einen älteren Mann, der uns zu sich nach Hause mitnimmt. Er verkauft uns drei Laibe Brot, bevor wir starten. Wir nehmen also an, dass hier jeder Haushalt selbst Brot backt und es dieses somit in keinem Kiosk zu kaufen gibt.

Aus Langar raus geht es sehr steil bergauf. Geschlaucht von den letzten Tagen komme ich nur sehr langsam voran und muss ein paarmal schieben. Im steilen Gelände mit meinem schweren Rad auf Schotter anzufahren ist ein Ding der Unmöglichkeit.

Um mich herum tummeln sich viele Kinder, die Nacho, Sam und mich aus dem Dorf hinausbegleiten. Sie sind sehr neugierig und reißen

Wir warten an der Polizeistation, bis unsere Daten aufgenommen sind.

an den Taschen meines Rades. Auch während des Fahrens schieben und drücken sie am Rad herum, was das ohnehin schon so mühsame Treten nicht leichter macht. Ich bin genervt.

Zum Glück lassen die Kleinen bald von mir ab und ich kann zu Nacho und Sam aufschließen.

Das Ende der Steigung ist erreicht, wir befinden uns auf einer hoch gelegenen Ebene, die uns einen unvergleichlichen Blick über das Wakhan-Tal beschert – im Hintergrund ragen die hohen Berge in den Himmel. Wir lassen es uns nicht nehmen, einen Moment innezuhalten, das Dasein mitten im Nichts zu genießen und ein paar Fotos zu knipsen.

Die Sonne geht bald unter und ein plötzlicher Wind frischt auf. Wir beschließen, den Tag für beendet zu erklären und suchen nach einem Zeltplatz. Wir finden einen halbwegs ebenen Platz, nicht weit von der Straße entfernt. Der Wind wird immer stärker und damit unsere Zelte nachts nicht davonfliegen, beschweren wir ihre Ecken mit großen Steinen.

„Seht mal, hier!", ruft Sam von Weitem, während er sich auf seine Suche nach großen, schweren Steinen macht. Er winkt uns zu sich und zeigt uns etwas Unerwartetes. Sam hält eine handgroße Patronenhülse in seiner Hand. Um ihn herum liegen weitere.

„Wo sind wir hier??", schauen wir uns fragend an.

„Hoffentlich sind hier keine Landminen vergraben!", meint einer von uns.

Keiner traut sich, eine Antwort zu geben, und wir gehen an unseren Fußtritten entlang wieder zurück zum Zelt. Unser Lager jetzt noch abzubrechen und einen anderen Zeltplatz zu suchen, macht keinen Sinn und wir beschließen, die Nacht hier zu verbringen. Obwohl mich Sams Fund leicht verunsichert hat, schlafe ich sofort ein.

Putzmunter und quicklebendig packen wir am nächsten Morgen sofort unsere Zelte zusammen, bereiten das Frühstück aus Haferflocken mit Zucker, Rosinen und heißem Wasser zu und machen uns aus dem Staub. Das nächste Mal sollten wir bei der Zeltplatzsuche vorsichtiger sein!

Jetzt wird die Straße wirklich unerträglich! Der Wind hat aus der Schotterstraße einen Waschbrettuntergrund gebildet. Mein Rad und ich werden durchgeschüttelt, während ich in Schrittgeschwindigkeit versuche, nicht vom Rad zu fallen. Soll ich weiter rechts fahren? Oder ist es weiter links etwas besser? Es ist ein ständiges Suchen nach einem befahrbaren Untergrund, das aber nie erfolgreich endet.

Mittlerweile befinden wir uns auf über 3000 Meter Höhe und ich spüre, wie das ohnehin mühselige Radfahren immer fordernder wird. Besonders jetzt, wo ich dank Schotter und Waschbrettpiste nur noch Schrittgeschwindigkeit fahren kann.

Es besteht keine Aussicht auf eine bessere Straße und wir schlängeln uns sehr langsam durch das Wakhan-Tal. Rechts von mir kann ich Tausende von Metern hohe, schneeweiße Berge sehen. Die müssen irgendwo in Afghanistan oder gar Pakistan stehen! Zu meiner Linken breitet sich eine Mondlandschaft aus, die etwas Hoffnungsloses hat und vor mir befindet

Der Grenzmarkt: Hier begegne ich zum ersten Mal Afghanen hautnah.

sich eine Waschbrettpiste. So viele Kilometer liegen noch vor uns, bis wir diese miserable Straße endlich überstanden haben …

Normalerweise machen Nacho, Sam und ich keine besonders langen Mittagspausen, aber heute ist eine fällig. Wir kommen am Ufer eines kleinen Bächleins vorbei und ruhen uns dort aus. Das Rad werfe ich hin, ich habe die Schnauze vom ständigen Schieben und Rutschen auf dem Schotter satt! Wann wird es endlich wieder besser?

„Nur noch zwei Tage, dann haben wir es geschafft", bauen wir uns gegenseitig auf. Zurzeit schaffen wir nur 60 Kilometer am Tag – weit weniger, als wir gewohnt sind zu fahren. Unser Plan ist es, morgen bis vor den Khargush-Pass zu fahren. Dieser ist 4344 Meter hoch und trennt die Straße im Wakhan-Tal vom Pamir-Highway.

DIE MUSIK KANN ES RICHTEN

Nacho, Sam und ich haben die Nacht in einem Feld, etwas abseits der Straße, verbracht, und müssen die letzten Kilometer bis zum Pass zurücklegen, doch unsere Motivation ist komplett am Ende. Schon beim Aufstehen stelle ich mir vor, wie ich mein Rad wieder durch den Sand werde schieben müssen.

Und es wird genauso, wie ich es mir gedacht habe. Umgeben von hohen, wunderschönen Bergen schiebe ich mein Rad durch den Sand. Ich konzentriere mich nur noch auf mich und vergesse nachzusehen, wo die anderen zwei bleiben. Auch sie scheinen sich in ihren Gedanken verloren zu haben und jeder versucht, so gut es geht die Waschbrettpiste entlang zu schieben oder zu fahren.

Auch heute ist wieder eine ausgiebige Mittagspause nötig. Wiederum bietet sich dafür ein kleines Bächlein an und wir legen uns auf die Grünfläche nahe am Wasser. In der Ferne kann ich ein Kamel entdecken. Woher es hier mitten im Nichts kommt, kann ich mir nicht erklären. Auch Nacho weiß keine plausible Antwort. Vielleicht will er aber auch nur in Ruhe gelassen werden und gibt mir deshalb keine brauchbare Antwort.

Ich spüre, wie wir alle vor lauter Anstrengung und von der nicht enden wollenden Schotterstraße immer gereizter werden. Irgendwie schaffen wir es aber doch, ruhig zu bleiben und uns nicht über den anderen aufzuregen. Niemand kann die Situation ändern und wir versuchen, das Beste daraus zu machen. Irgendwann wird alles wieder besser, sage ich mir ständig vor. Ein Spruch, der mir während der gesamten Zeit meiner Reise immer wieder durch den Kopf geht.

Am Nachmittag hole ich meine Kopfhörer heraus und widme mich meiner Musik. Das mache ich nicht oft. Nur ganz selten, wenn es langweilig und anstrengend wird. Genau das ist heute der Fall und es hilft tatsächlich. Kaum habe ich Musik im Ohr, sind all die negativen und mutlosen Gedanken verschwunden und ich trete fröhlich vor mich hin! Unerklärlicherweise fühlen sich meine Beine plötzlich sehr stark an und ich pflüge voll Energie durch den Sand. Nichts kann mich aufhalten! Nicht mal die Waschbrettpiste!

Mein Rad wird von oben bis unten durchgeschüttelt, ich muss den Lenker fest umklammern, aber ich höre nicht auf, in die Pedale zu treten. Das Radfahren macht auf einmal sehr viel Spaß und ich beginne zu grinsen. Das habe ich seit Tagen nicht mehr gemacht! Keine Ahnung, was da gerade passiert, aber ich genieße den Moment sehr. Danke, Musik!

BESUCH VON WÖLFEN?

Vor Freude habe ich vergessen, auf Nacho zu warten und komme an eine Polizeistation. Sam ist schon da, er war vorausgefahren. Als ich die kleine Hütte betrete, in der meine Daten aufgenommen werden, sehe ich Sam, wie er mit einem Beamten am Tisch sitzt und Reis isst. Ihm wurde kurzerhand ein Abendessen angeboten.

Ich warte, bis der Beamte fertig gegessen hat und sehe mich inzwischen in der Gegend um. Die Schranke, die den Weg für Autos versperrt, ist voll mit Aufklebern von Radreisenden. Einer fällt mir sofort auf, er ist von „Saddle Stories“, einem Salzburger Paar …

Wir beschließen, in der Nähe der Polizeistation zu übernachten und morgen den 4200 Meter hohen Pass in Angriff zu nehmen. Wir befinden uns gefühlte 700 Meter unterhalb und suchen uns eine Wiese, wo wir die Zelte aufstellen können. Den Platz teilen wir mit ein paar Kühen und Eseln, die an meinen roten Fahrradtaschen interessiert sind. Einer der Esel knabbert an einer herum, aber ich mache mir nichts daraus und verschwinde in meinem Schlafsack, sobald die Sonne untergegangen ist. Es wird in der Dunkelheit schnell kalt.

Was ist das denn jetzt?!

Der Aufruhr reißt mich aus dem Schlaf.

Ganz in der Nähe müssen Hunde sein! Sie bellen lautstark und scheinen irgendwas zu jagen. Es hört sich nach großer Aufregung an. Plötzlich höre ich, wie eines der Tiere nur wenige Zentimeter vor meinem Zelt steht. Ich höre den Atem. Vielleicht ist es ein Wolf? In Khorog wurde mir erzählt, dass im Pamir-Gebirge Wölfe gesehen wurden.

Ich traue mich nicht aus dem Zelt und hoffe, dass das Tier bald wieder verschwindet. Irgendwie schaffe ich es, sofort wieder einzuschlafen und erst bei Sonnenaufgang aufzuwachen.

Sofort krabble ich aus dem Zelt, um nach dem Rechten zu sehen. Unsere Räder sind noch da und die Zelte meiner beiden Freunde stehen auch noch. Alles gut!

Doch dann fällt mir was Merkwürdiges auf. Nicht weit von unseren Zelten entfernt liegt eine tote Kuh. Die lag gestern mit Sicherheit nicht hier! Haben die Hunde oder Wölfe sie etwa vergangene Nacht gerissen? Ich werde es nie erfahren, freue mich aber, dass uns nichts passiert ist.

Der Khargush-Pass. Wir machen uns auf den Weg und der Start fällt mir leicht. Die Straße ist nicht zu steil und die Temperaturanzeige meines Fahrradcomputers meldet 26 Grad. Fast nicht zu glauben, dass ich auf knapp 4000 Meter Höhe bin!

Die Temperatur bleibt aber nicht lange so behaglich. Eine Wolke schiebt sich vor die Sonne und es kühlt abrupt ab. Die Temperatur sinkt rapide und nur fünf Minuten später fallen ein paar Schneeflocken vom Himmel.

Ich hole meine Daunenjacke heraus und fahre weiter dem Pass entgegen. Das schnelle Abkühlen hat mich überrascht und ich fühle mich sofort wieder so kraftlos wie an den Vortagen. Ich will nur noch über diesen Pass kommen und endlich zur M41 auf seiner Rückseite!

Am Pass angelangt, gibt es eine große Ernüchterung. Wir alle haben uns eine rasante Fahrt ins Tal erwartet, die es aber nicht gibt. Es geht nur mit geringem Gefälle ins Tal hinab und auf uns wartet … eine Waschbrettpiste – schon wieder! Ich will nicht mehr!

Das hat nun auch meine letzte Motivation zerstört. Ich habe stark damit gerechnet, dass die ärgsten Mühen nach dem Pass überstanden sind. Jetzt müssen wir uns noch mehrere Stunden durch den Sand quälen, bevor wir auf den asphaltierten Pamir-Highway treffen.

Ich will nicht mehr. Nacho will nicht mehr. Sam will nicht mehr. Wir sprechen kaum miteinander und haben nur noch ein Ziel im Kopf. Die asphaltierte Straße.

Ich holpere mit meinem Drahtesel ins Tal und wundere mich, dass noch nichts kaputtgegangen ist. Die letzten Tage haben das Material stark beansprucht, aber alles hat bislang bestens standgehalten.

„Da ist sie!“, ruft Nacho, als er zum ersten Mal die M41 erspäht. Ich halte Ausschau und kann endlich die asphaltierte Straße sehen! Ein großer Stein fällt mir vom Herzen und wir machen uns jetzt so schnell es

Oben: Große Erleichterung nach dem langen Anstieg bei Langar.

Unten: Ich will nicht mehr. Und kein Ende in Sicht …

ROCKET
VELOPLUS

geht auf den Weg. Nach einer Woche im Sand haben wir es geschafft: Das Wakhan-Tal liegt hinter uns!

Nacho ist so erleichtert, dass er sich auf den Asphaltboden kniet und diesen küsst.

ENDLICH WIEDER ASPHALT UND ZIVILISATION

Jetzt kann uns nichts mehr aufhalten! Schlimmer als im Wakhan-Tal kann es nicht mehr werden! Der Wind weht zwar von Osten her in unsere Gesichter, aber wir nehmen es mit Humor. Was ist denn schon Gegenwind? Uns ist alles recht, nur kein zweites Wakhan-Tal.

Auf der Asphaltstraße kommen wir viel schneller weiter und Sam verabschiedet sich von uns. Er kann mit seinem leichten, windschnittigen Rad nun wieder in seinem gewohnten Tempo weiterfahren und verschwindet in der Ferne. Es war toll, mit Sam zu reisen. Von ihm habe ich viel gelernt, besonders sein Durchhaltevermögen, drei Jahre unterwegs zu sein, hat mich mächtig beeindruckt.

Nacho und ich kommen an den Dörfern Alichur und Murghab vorbei – beides recht armselige und heruntergekommene Orte. Es gibt nur Strom aus Autobatterien und kein fließendes Wasser. Das muss hier noch mit Muskelkraft aus Brunnen an die Oberfläche gepumpt werden.

Nacho und ich machen in Murghab einen Tag Rast. Wir müssen uns von den Strapazen im Wakhan-Tal erholen und unsere Vorräte auffüllen.

Das Gästehaus, in dem wir unterkommen, wird von einer jungen Familie geführt. Der Mann übernimmt die finanziellen Angelegenheiten, die Frau putzt. Die beiden haben eine kleine Tochter, die es auf Nacho abgesehen hat.

Sie schaut ihm begeistert dabei zu, wie er die Taschen von seinem Rad nimmt. Am Steuerrohr seines Rades ist ein Plüschlöwe befestigt, sein Glücksbringer. Der fällt der Kleinen natürlich sofort auf und am liebsten würde sie gleich damit spielen. Nacho zögert keine Sekunde, nimmt den Löwen und schenkt ihn dem kleinen tadschikischen Mädchen. Sie strahlt bis über beide Ohren – was für eine selbstlose, herzliche Geste von Nacho!

Hier im Ort gibt es sogar ein Hotel, wo man verhältnismäßig gut essen kann und sogar ein Bier bekommt. Nacho und ich machen uns sofort auf den Weg dort hin. Alles, was wir brauchen, ist gutes Essen und ein kühles Bier.

Wie es der Zufall will, treffen wir hier wieder auf Karl, den 70-jährigen Deutschen, den ich schon in Usbekistan und Dushanbe getroffen habe. Auch er gönnt sich einen Tag Erholung, bevor es zum höchsten Pass in Tadschikistan weitergeht: dem Ak-Baital-Pass mit 4655 Meter Höhe.

Der Markt in Murghab besteht aus mehreren Containern, die zu kleinen Geschäften umfunktioniert wurden. Hier bekommen wir alles, was wir brauchen: Nudeln, Linsen, Brot und Wasser. Sogar Yak-Eis gibt es, das zu probieren wir uns nicht nehmen lassen. Es schmeckt gut und wir genehmigen uns gleich ein zweites.

Mehr gibt es im abgeschiedenen Dorf Murghab nicht zu sehen und wir ruhen uns im Gästehaus aus.

Ich schlafe sehr schlecht. Auch Nacho bekommt kein Auge zu. Wir schieben die Schuld auf die dünne Luft hier, auf fast 4000 Meter Höhe.

ICH BEZWINGE DEN AK-BAITAL-PASS

Zum Frühstück schenken wir uns jeweils zwei Tassen Pulverkaffee ein und machen uns auf den Weg. Aus Murghab kommen wir schnell raus und haben 70 Kilometer stetige Steigung vor uns, gepaart mit dem obligatorischen Gegenwind. Karl geht es gemütlicher an und lässt uns vorausfahren. Er plant, den Pass erst morgen zu überschreiten und wünscht uns viel Glück für den heutigen Tag.

Das brauchen wir auf jeden Fall. Je näher wir dem Pass kommen, desto schlechter wird das Wetter. Der Wind wird immer stärker und die Wolken dunkler. Es beginnt sogar leicht zu tröpfeln.

„Sollen wir wirklich heute über den Pass fahren?“, beratschlagen wir. „Bei diesem Wetter ist das keine gute Idee. Da kann viel passieren …“

Ich bin enttäuscht, dass wir es heute nicht über den Pass schaffen. Es ist noch nicht spät und wir hätten genug Zeit. Das Wetter spielt aber nicht mit und wir sind gezwungen, unter einer Brücke Schutz vor dem Wetter zu suchen. Was machen wir jetzt? Bauen wir hier unsere Zelte auf?, geht es mir durch den Kopf. Aber ist das eine gute Idee? Wenn es heute Nacht regnet, dann haben wir hier unter der Brücke eine Menge Wasser …

Nacho und ich diskutieren, was jetzt wohl die beste Entscheidung wäre und wir beschließen, unter der Brücke zu zelten und morgen einen zweiten Anlauf zu starten.

Ich will zurück zur Straße gehen und mein Rad holen, das ich einfach am Straßenrand habe liegen lassen. Doch als ich unter der Brücke hervorkomme, sehe ich einen strahlend blauen Himmel über dem Pass.

„Nacho! Nacho! Wir müssen los! Sofort!“, schreie ich ihm zu.

Er springt auf und ich muss ihm nicht erst erklären, was mir durch den Kopf geht.

Der Ehrgeiz hat uns gepackt und wir wollen nun doch noch heute Abend den Ak-Baital-Pass bezwingen. Wir müssen die Chance nutzen, das Wetter ist plötzlich perfekt! Fast wolkenlos!

Geschafft! Der Ak-Baital-Pass mit 4655 Metern ist bezwungen!

Bis zum höchsten Punkt des Passes sind es nur noch sieben Kilometer, ein Klacks, denke ich mir. Leider habe ich vor lauter Begeisterung ausgeblendet, dass wir uns auf über 4000 Meter Höhe befinden und heute schon 70 Kilometer mit Gegenwind gefahren sind. Kaum beginnt es, etwas steiler zu werden, verlassen meine Beine die Kräfte. Ich muss Pause machen und durchatmen. Das wird heute noch eine große Herausforderung!

Mir fällt das Trinken schwer. Ich bin außer Puste und muss mein Atmen mit dem Trinken koordinieren. Nacho fährt voraus und ich versuche, zu ihm aufzuschließen. Ich komme aber einfach nicht näher ran und muss nach 200 Metern wieder Pause machen. Mir fehlt die Luft und meinen Beinen die Kraft.

So geht das etwa eine Stunde weiter. Ich schaffe es nicht, mehr als 200 Meter am Stück zu fahren. Es ist steil, kalt und die Straße rutschig. Normalerweise hilft in solchen Situationen nur Musik, aber mir ist es zu viel, die Kopfhörerkabel zu entwirren.

Nacho ist schon fast am Ziel. Ich reiße mich zusammen und denke: Wir haben den Weg bisher größtenteils zusammen geschafft, also schaffen wir auch den Ak-Baital zusammen! Ich gebe nicht auf! Ich trinke den letzten Schluck Wasser aus meiner Flasche und mache mich auf den Weg zu Nacho.

Auf dem letzten Stück ist die Straße weniger steil und ich komme schneller voran. Ich kann schon den Punkt erkennen, ab dem es wieder talwärts geht und sehe Nacho, wie er auf mich wartet. Komplett fertig komme ich tatsächlich am höchsten Punkt des Ak-Baital-Passes an. Geschafft!

„Yeees, Nacho!", rufe ich ihm zu und wir umarmen uns. Wir haben es geschafft, den höchsten Punkt des Pamir-Highways zu erreichen!

Pünktlich zum Sonnenuntergang stehen wir nun hier, bestaunen die Aussicht auf die über 6000 Meter hohen Berge um uns herum und uns beiden fällt ein Stein vom Herzen. Ein großer Teil der Strapazen liegt nun hinter uns.

Der Ak-Baital-Pass ist der höchste Punkt, den ich je mit meinem Fahrrad erreicht habe. Bis zum Ende der Reise in Nepal werde ich nie mehr so hoch kommen.

Jetzt brauche ich aber ein Bett. Es wird kalt und wir fahren den Pass hinunter, um nicht am ausgesetztesten Punkt zelten zu müssen. In den vergangenen Wochen haben wir uns gut akklimatisiert, möchten es aber nicht riskieren, auf über 4500 Meter Höhe zu schlafen. Am Fuße des Passes wollen wir zelten.

Gleich neben dem Straßenschild, das den Pass ankündigt, verläuft ein kleines Bächlein, an dem wir unsere Zelte aufstellen. Morgen haben wir fließend Wasser für den Tee und das Frühstücks-Porridge! Perfekt!

LETZTE TAGE IN TADSCHIKISTAN

Der Wecker klingelt – sechs Uhr. Ich will nicht raus in die Kälte. Meine Beine sind nach der gestrigen Leistung noch deutlich zu spüren und ich fühle mich im ersten Moment ganz und gar nicht danach, weiterzufahren.

Ich will mich umdrehen und noch ein paar Minuten schlafen, doch erst jetzt fällt mir wieder ein, wo wir eigentlich sind: Hinter uns liegt der Ak-Baital-Pass! Es ist uns tatsächlich gelungen, den höchsten Punkt des Pamir-Highways zu überwinden – ab jetzt muss es doch nur noch bergab gehen! Das denke ich zumindest …

Schon ist die Müdigkeit verflogen und ich krieche voll Elan aus dem Zelt. Die ersten Sonnenstrahlen leuchten mir ins Gesicht, ich sehe das Schild, im Hintergrund eine prächtige Bergkette, den wolkenlosen Himmel – strahlend blau. Ein herrlicher Tag!

Nacho schläft noch und ich will schon mal Wasser für Tee und Porridge kochen. Anscheinend waren wir gestern Abend nicht mehr ganz klar im Kopf und haben vergessen, dass wir immer noch auf über 4000 Metern sind. Denn das kleine Bächlein neben unserem Zelt ist zugefroren. Mist! Unsere Wasservorräte von gestern sind auch aufgebraucht!

Mir bleibt also nichts anderes übrig, als darauf zu warten, dass die Sonne das Bächlein wieder auftaut, um an Wasser zu kommen. In der Zwischenzeit packe ich Schlafsack und Zelt ein und erledige mein morgendliches Geschäft.

Ich bin bereit für das Frühstück, das Bächlein aber noch nicht. Nacho ist mittlerweile auch wach und ich schildere ihm unsere Situation. Auch er hat einen Riesenhunger und wir wollen endlich etwas Warmes zu uns nehmen. Während ich schon mal Haferflocken, Zucker, Honig und Nüsse auf zwei Portionen aufteile, geht er dem zugefrorenen Bach nach und kann weiter oben Wasser finden. Er kommt mit zwei Flaschen Wasser zurück. Perfekt!

Nach dem Frühstück bin ich schnell startklar. Ein paar Erinnerungsfotos mit dem Ak-Baital-Schild und einen kurzen Wortwechsel mit einem vorbeifahrenden russischen Motorradfahrer später, sitze ich im Sattel und fahre voraus in Richtung Karakul.

Die morgendliche Motivation ist recht schnell wieder verflogen: Der Gegenwind hat eingesetzt und die Straße ist wieder eine Mischung aus Schotter und Waschbrett. Nicht mal bergab geht es. So weit das Auge reicht, bleibt es erst mal so. Einfach beschissen. Ich fahre drei, vielleicht vier Kilometer und halte das erste Mal, um auf Nacho zu warten.

Das ständige Suchen nach einer halbwegs befahrbaren Spur hängt mir dermaßen zum Hals heraus! Endlich hat Nacho aufgeschlossen und ich kann meinen Frust an ihm auslassen.

„Da liegt eine Brille neben dir auf dem Boden“, ist das Einzige, was er auf mein Jammern antwortet.

„Wo denn?“

Er steigt vom Rad und hebt eine Sonnenbrille vom Boden auf. Sie ist total verbogen, der rechte Bügel ist mit einem Draht und jeder Menge Klebeband geflickt worden.

„Das ist die Sonnenbrille von Ross!“, rufen wir zugleich.

Er muss sie auf dieser holprigen Straße verloren haben, hoffentlich geht es ihm gut. Wir können ihm nicht mal schreiben, da wir seit zwei Tagen kein Netz haben. Wie viel Glück muss man eigentlich haben, um mitten im Nichts genau diese Sonnenbrille zu finden? Ich kann es mir nicht erklären, freue mich aber sehr darüber.

Nacho packt die Sonnenbrille in seine Lenkertasche und wir machen uns auf den Weg. Dieser erfreuliche Stopp hat mich wieder ein wenig aufgemuntert und die nächsten Stunden läuft es gut. Die Straße hat sich sogar in eine schlecht asphaltierte verwandelt, der Gegenwind bleibt aber.

Wir kommen am Karakul-See vorbei. Ein wunderschöner See, umgeben von schneebedeckten Bergen und einem gleichnamigen Dorf. Ich bleibe mehrmals stehen, um die Landschaft zu bestaunen. Ein überwältigender Anblick, den ich so mit der Kamera gar nicht einfangen kann.

Ähnlich wie in Alichur ist auch in Karakul nicht viel los. Niemand ist zu sehen und wir füllen unsere Flaschen an einer Pumpstation auf. Uns muss jemand gehört haben, denn schon kommen die ersten Kinder angerannt, gefolgt von zwei Erwachsenen. Wir fragen sie nach einem „Magazin“ und werden zu einem „Guesthouse“ geschickt.

Der Besitzer bittet uns herein und zeigt uns sein „Geschäft“. Dieses besteht aus einer kleinen Vitrine, in der zwei Flaschen Fanta, ein paar Packungen Kekse und vielleicht zehn Snickers liegen. Das ist alles. Wir kaufen den Laden fast leer, lassen aber noch ein paar Sachen für nachfolgende Reisende da.

Wir müssen schnell weiter. Der Gegenwind hat uns viel Zeit gekostet und es ist keine Besserung in Sicht. Schließlich wollen wir morgen über die Grenze nach Kirgistan. Noch schnell die Fanta austrinken und auf geht’s in

Oben: Der Karakul-See auf 4000 Metern. Surreal.

Unten: An diesen Weiten kann ich mich gar nicht sattsehen.

Richtung Norden. Alle fünf Kilometer wechseln wir uns mit dem Windschattenfahren ab. Über 12 km/h kommen wir dabei aber nicht hinaus.

Ich fühle mich plötzlich sehr kraftlos und kann nicht mehr mit Nacho mithalten, geschweige denn Windschatten für ihn machen. Ich brauche eine Pause. Er will aber weiterfahren und bietet an, mir so lange es geht Windschatten zu spenden. Ich weiß, wenn Nacho motiviert ist, lässt er sich nicht aufhalten, und so muss ich zustimmen.

Der Versuch, keine allzu große Lücke zwischen meinem Rad und dem von Nacho entstehen zu lassen, scheitert jedoch schon nach wenigen Minuten kläglich. Ich kann nicht mehr. Ich muss anhalten. Nacho bekommt von all dem nichts mit und kämpft sich allein durch den Gegenwind in Richtung Norden.

In der Zwischenzeit setze ich mich in den Straßengraben und versuche, so viel wie möglich zu trinken. Meine App sagt mir, dass nach zehn Kilometern zwei 15-prozentige Steigungen anstehen. Wie soll ich das um Himmels willen schaffen, wenn ich schon jetzt im Flachen schlappmache? Wir wollen heute noch etwa 30 Kilometer machen, dabei bin ich jetzt schon am Limit.

Das wird heute nichts mehr, denke ich mir. Ich muss Nacho sagen, dass der heutige Tag für mich gelaufen ist. Jetzt sehe ich, dass auch er eine Pause macht. Diese Gelegenheit nütze ich, um wieder zu ihm aufzuschließen und ihm meine schlechten Nachrichten zu überbringen. Er will aber noch nicht aufgeben und spornt mich an, die Steigung zumindest zu probieren.

„Wenn es nicht klappt, dann zelten wir am Straßenrand", meint er.

Vor großen Steigungen haben wir das Ritual eingeführt, ein Snickers zu verdrücken. Auch jetzt machen wir das so.

Dann hole ich meine Kopfhörer aus der Tasche und schalte wieder die einzige Musik ein, die mich in solchen Situationen anheizen kann. So blöd es auch klingt: Die einzige Musik, die mich dann pusht, sind Ballermann-Hits … ☺ Zu Hause würde mir nie und nimmer einfallen, so was in meiner Freizeit oder beim Sport zu hören. Nach monatelangem Experimentieren bin ich aber bei solchen Songs hängen geblieben. Nur Ballermann-Hits funktionieren, wenn es echt hart und aussichtslos wird. Ich wünschte, es wäre eine andere Musik, aber ich kann es nicht ändern.

Die Lautstärke voll aufgedreht, fühle ich mich plötzlich extrem energiegeladen! Ich trete der Strecke gelassen entgegen, der Gegenwind macht mir

Oben: Ein wunderschöner Anblick mit weniger schönem Ausgang. Nacho geht es nicht gut – das war's für heute.

Unten: Nacho kommt keinen Meter mehr weiter. Wir müssen unsere Zelte am Straßenrand aufbauen.

Auf dem Markt in Murghab werden die Waren in Containern feilgeboten.

nichts mehr aus und auch die Steigung meistere ich problemlos. Ich kann sogar in den zweiten Gang schalten und mich Meter für Meter nach oben kämpfen. Es läuft extrem gut, auch wenn die Sonne mittlerweile schon untergegangen ist und die Temperaturen rasch fallen. Ich komme gut über den ersten Teil der Steigung und halte kurz an einem weniger steilen Abschnitt.

Der Wind weht, ich friere. Vor lauter Schwung habe ich total versäumt, nach Nacho zu sehen. Er ist nicht hinter mir. Normalerweise ist er der Stärkere bei langen Steigungen, doch wo ist er jetzt? Ich warte fünf Minuten, zehn Minuten, aber er taucht einfach nicht auf. Etwas ist faul! So weit kann er nicht zurückgefallen sein!

Als ich umkehren will, um nach ihm zu sehen, kommt er endlich über den Horizont herauf. Sofort radle ich ihm entgegen, aber schon von Weitem erkenne ich, dass er am Ende ist. Nacho ist eindeutig anzusehen, dass es ihm nicht gut geht. So blass habe ich ihn noch nie erlebt. An ein Weiterfahren ist überhaupt nicht zu denken und wir beschließen, die Zelte am Straßenrand aufzustellen. Mein Reisepartner hat überhaupt keine Kraft mehr, sodass er beim Absteigen fast umkippt. Das passiert ihm sonst nie.

Der Abend wird heute ein kurzer. Ich koche uns was zum Essen, während er sein Zelt aufstellt. Die Nudeln sind schnell gegessen und dann verschwindet Nacho schon im Zelt. Hoffentlich erholt er sich bis morgen.

An diesen Tag werde ich mich wohl immer erinnern können. Denn er hat mir wieder gezeigt, wie schnell sich die Verfassung, in der sich jemand befindet, ändern kann. Und auch, welche Macht Musik eigentlich hat. War anfangs ich es noch, der fast vom Rad gekippt ist, musste nur eine Stunde später Nacho das Handtuch werfen und mir ging es plötzlich blendend.

Und außerdem bewundere ich Nacho für sein Durchhaltevermögen und seine Stärke. Er hat mir lange Zeit Windschatten gespendet, während es mir schlecht ging, und kämpfte sich dann noch über den langen Anstieg nach oben.

Er erzählt mir, dass er sich schon nach dem Snickers nicht gut gefühlt hat – er war komplett leer. Dieses Voranfahren, und dann noch in seinem Zustand ein 50 Kilogramm schweres Rad über einen solchen Anstieg auf 4000 Meter hinaufzutreten, kann ich nur bewundern.

Die Nacht war windig, aber nicht kalt. Nur ein einziges Auto ist an unseren Zelten vorbeigefahren.

Nacho fühlt sich heute zum Glück wieder besser und wir können der kirgisischen Grenze entgegenfahren. Für das Frühstück brauchen wir alle Vorräte auf, im Wissen, dass kurz nach der Grenze ein Dorf auf uns wartet.

Es geht gut voran und das letzte Stück der gestern nicht mehr geschafften Steigung ist für uns beide kein Problem mehr.

Voller Vorfreude radeln wir dem Kyzyl-Art-Pass entgegen. Dort oben ist der Grenzübergang. Die Straße wird schlechter und wir pedalieren wieder mal auf einer Waschbrettstraße. Soll ich ganz links fahren? Oder besser rechts? Beide Optionen sind nicht prickelnd und so fahre ich in Schlangenlinien weiter, bis eine Planierraupe meine ganze Aufmerksamkeit auf sich zieht. Das ist die Rettung!

Genüsslich mache ich eine Pause, bestaune noch mal das weite Nichts, in dem ich mich befinde, und lasse die Raupe passieren. Der Fahrer ruft aus dem Führerhaus und verlangt nach Zigaretten und Alkohol. Leider muss ich ihn enttäuschen. Ich habe nichts dabei.

Auf dem frisch präparierten Weg fahren wir der Grenze entgegen. Es geht ein letztes Mal auf 4300 Meter hinauf, wo ein paar alte Container stehen. In einem davon sitzt ein Grenzbeamter und verlangt die Reisepässe.

Ein deutscher Rucksack-Tourist meint, er warte schon seit Stunden auf seine Weiterreise, aber sie lassen ihn nicht durch. Das Englisch des Beamten reicht offenbar nicht aus, um den Grund dafür zu erläutern.

Die Verunsicherung, die sich nun in uns breitmacht, währt aber nicht lange. „Der Beamte wartet sicher nur auf weitere Reisende, damit es sich rentiert, mit der Arbeit zu beginnen“, spötteln wir so unter uns.

Wir flanieren inzwischen im Grenzbereich herum und betrachten die verschiedenen Sticker, mit denen sich Reisende auf dem Grenz-Container verewigt haben. Schon wieder entdecke ich die „Saddle Stories“ …

Es dauert eine gefühlte Ewigkeit mit den Pässen, doch plötzlich geht es ganz schnell und wir werden alle zusammen in den Container gerufen. Der Beamte hat handschriftlich unsere Daten in ein großes Register eingetragen und drückt uns den Stapel Reisepässe in die Hand. Verteilen müssen wir sie selbst. Die Dokumente passen, das Visum ist noch nicht abgelaufen und das GBAO-Permit (Sondergenehmigung für die autonome Pamir-Region Gorno-Badachschan) scheint ihm auch zu gefallen. Wir waren also ganz legal in Tadschikistan unterwegs. Das hätte ich ihm auch sagen können, ohne fast eine Stunde warten zu müssen.

Wir sind alle froh, endlich weiter zu dürfen. Der Deutsche strahlt über beide Ohren und wir verabschieden uns.

Ich schaue noch mal schnell in den Reisepass, finde den Ausreisestempel und auch noch das GBAO-Permit. Yes, er hat es nicht behalten! Diesen kleinen Zettel will ich unbedingt als Andenken aufbewahren. Es ist das erste und wahrscheinlich letzte Dokument, auf dem meine Daten in kyrillischer Schrift zu sehen sind.

Auf der anderen Seite des Passes rauschen wir durchs Niemandsland ins Tal, um am nächsten Grenzposten den Einreisestempel für Kirgistan zu erhalten. Wir wurden von mehreren Reisenden darauf hingewiesen, dass kirgisische Beamte gern mal eine „Rad-Steuer“ verlangen, die es natürlich nicht gibt. Nacho geht voraus, gewappnet für eine Diskussion wegen dieser Steuer. Es wird aber nichts verlangt. Super!

Danach bin ich dran und reiche dem jungen Beamten meinen Pass. Er sieht ihn kurz an und beginnt sofort zu singen: „Lasciatemi cantare! Lasciatemi cantare!“ Die anderen Grenzbeamten machen mit. Sie singen nur diesen einen Satz in Dauerschleife, aber trotzdem feiern und lachen wir alle gemeinsam.

Es ist einfach herrlich, mit einem italienischen Reisepass in Zentralasien zu reisen. Italiener sind hier wirklich gern gesehen! Und schon ist der Stempel im Pass und wir werden durchgewunken. Zollkontrolle gibt es keine.

Nur wenige Meter nach der Grenzstation sagt Nacho im Tonfall eines Kleinkindes zu mir:

„Immer ihr Italiener! Ich will auch mal so eine Begrüßung an der Grenze haben!“

Ohne seinen Neid komplett verbergen zu können, streckt er mir dann doch seine Faust entgegen. Land Nummer 14!

Plötzlich ist alles grün! Kirgistan gefällt mir schon jetzt.

Kirgistan

Der Schotter liegt hinter uns und die Straße wird immer besser, je näher wir Sary-Tash kommen. Nacho und ich fühlen uns klasse – wir haben den kalten, windigen und kargen Pamir hinter uns und jetzt wird das Radfahren wieder einfacher.

Auf dem Weg zum ersten Dorf begegnen wir zwei Franzosen, die in Kirgistan mit dem Fahrrad gestartet sind, um über den Pamir-Highway nach Dushanbe zu fahren. Sie sind froh, Nacho und mich zu treffen, da wir ihnen viele nützliche Tipps geben können. Das Gespräch dauert allerdings nicht lange, denn wir selbst möchten nur noch in Sary-Tash ankommen und entspannen und die Franzosen heute über die Grenze. Das bedeutet noch viele Höhenmeter für sie.

Als wir uns verabschiedet haben, freue ich mich über den regen Austausch, bin aber gleichzeitig heilfroh, das beschwerliche Tadschikistan hinter mir zu haben.

Während ich in Gedanken versunken vor mich hintrete, bietet sich mir unvermittelt eine der schönsten Aussichten, die ich jemals hatte. Vor mir liegt eine nicht enden wollende Ebene. Plötzlich ist alles wie verwandelt. Ich kann keinen Sand, keine braunen oder grauen Hügel, keine Schotterstraße sehen. Nichts von all dem. Es ist alles grün! Wunderschöne Wiesen, so weit das Auge reicht! Auf diesen Wiesen steht eine Menge Jurten, Pferde galoppieren in der Ferne, Kinder laufen auf uns zu und im Hintergrund sehe ich eine mächtige Bergkette. Ein herrlicher Moment, den ich nicht vergessen werde.

„Schau mal zurück!", ruft Nacho und bestaunt den Anblick schneebedeckter Berge. Wir wissen nicht mehr, in welche Richtung wir zuerst schauen sollen und fühlen uns fast ein wenig überfordert. So eine extreme Vielfalt an Eindrücken hatten wir schon lange nicht mehr und machen über eine halbe Stunde Pause, um diesen Moment auskosten zu können. Ein kleines Mädchen, das um Schokolade bettelt, leistet uns in dieser Zeit Gesellschaft.

Mir wird erneut bewusst, warum ich die Welt mit dem Fahrrad bereisen will. Die Eindrücke, die ich auf diese Weise sammeln kann, sind viel intensiver als mit jedem anderen Fortbewegungsmittel. Ich bin langsam genug, um all diese Eindrücke gezielt aufnehmen zu können; aber immer noch schnell genug, um nicht auf andere Fortbewegungsmittel angewiesen zu sein. Gleichzeitig befindet sich keine Glasscheibe zwischen mir und meinem Umfeld. Ich sitze in keinem Blechkasten, der mich von A nach B bringt. In direktem Kontakt mit der Umwelt, dem Wetter, den Menschen, den um Schokolade bettelnden Kindern, den Hunden, kann ich die Welt erleben, so wie sie ist. Ich komme an Orte, zu denen ein Bus oder Jeep vielleicht gar nicht hinfahren oder einfach nur daran vorbeibrausen würde.

Nach drei Wochen in Tadschikistan, drei Wochen Gegenwind, drei Wochen Mondlandschaft, drei Wochen fast ohne frisches Grün, freue ich mich extrem an genau solch einem Moment wie jetzt. Dass ich all das erleben kann, habe ich nur mir, meinen Beinen und meinem Kopf zu verdanken. Und genau das macht mich so glücklich.

Auf dem Weg nach Sary-Tash kommen wir an einer enormen Ansammlung von Militärfahrzeugen vorbei. Rechts und links der Straße ist alles voll mit Panzern, Jeeps und Trucks. Die Anzahl der Soldaten könnte ich nur schätzen, es sind auf jeden Fall sehr viele. Wir werden hier noch einmal kurz gestoppt, zur Kontrolle unserer Reisepässe.

Später stellt sich heraus, dass Kirgistan zusammen mit Tadschikistan, Kasachstan, Russland und China eine militärische Übung durchführte. Wir hatten extremes Glück, denn der Grenzübergang soll nach unserer Passage ein paar Tage geschlossen worden sein. Ob das tatsächlich stimmt, weiß ich allerdings nicht genau.

ZURÜCK IN DER ZIVILISATION

Endlich in Sary-Tash! Wir haben uns schon seit Tagen auf dieses Dorf gefreut. Unsere Räder stellen wir bei einem „Guest House“ ab, handeln einen akzeptablen Preis aus und gehen erst mal Geld wechseln. Dank einem Tipp wissen wir, dass die Tankstelle unsere letzten Tadschikischen Som in Kirgisische wechseln wird. Der Kurs ist nicht der beste, aber das ist uns in diesem Moment egal. Hauptsache, ein paar Scheine für das Mittagessen.

Im Restaurant am Dorfeingang lassen wir uns eine Suppe, Manti (gefüllte Teigtaschen) und eine Art Lasagne empfehlen. Wir freuen uns wie kleine Kinder über das Essen. Kein Reis, keine Linsen, keine giftgrünen Nudeln, kein trockenes Brot, keine Ramella (Nutella-Verschnitt), keine trockenen Kekse mehr.

In der Suppe schwimmen Kartoffeln, Karotten, kleine Knödel und sogar ganz normale, zarte Fleischstücke. Der Wahnsinn! In den vergangenen drei Wochen war das Fleisch meist getrocknet, bestand aus mehr Sehnen als Fleisch und war fast nicht kaubar. Die Manti und die „Lasagne“ werden auch noch verdrückt, aber jetzt können wir uns fast nicht mehr bewegen. Es war viel zu viel.

Zurück im „Guest House“, unterhalten wir uns köstlich mit dem Großvater der Familie, obwohl er kein Englisch kann und wir kein Kirgisisch oder Russisch. Mit seiner Gestikulation kann er uns aber trotzdem verständlich machen, dass Bier uns nur dick, aber nicht stark macht – während er sich selbst immer wieder seinen dicken Bauch streicht. Wir müssen fermentierte Pferdemilch trinken und bekommen noch mehr zu essen.

Ich werde definitiv kein Fan der fermentierten Milch werden. So was Grässliches habe ich schon lange nicht mehr getrunken. Auch habe ich Sorge, dass mein eh schon angeschlagener Magen diese Milch nicht vertragen wird. Sie bleibt aber im Magen und der Großvater ist stolz auf mich. So herzliche Leute.

Bevor wir schlafen gehen, bereitet uns die Hausherrin noch eine warme Dusche vor. Fließend Wasser gibt es nicht, also stellt sie zwei Kübel warmes Wasser in einen Raum mit einem Abfluss in der Mitte. Das letzte Mal Duschen ist schon wieder vier Tage her.

Ich weiß nicht genau, woran es lag, aber mein Kübel ist auf jeden Fall eiskalt. Entweder hat Nacho vor mir so lange gebraucht, dass mein Kübel in der Zwischenzeit eiskalt wurde, oder er hat mir einen Streich gespielt. Ich weiß es nicht.

DAS RADFAHREN WIRD IMMER LEICHTER

Nach dem Frühstück packen wir unsere Sachen, verabschieden uns von der Familie und fahren weiter. Am Dorfausgang befindet sich ein winziger

Endlich warmes Essen – und es ist kein Plov.

Laden, der von einem kleinen, etwa zwölfjährigen Jungen geführt wird. Neben dem Laden sind in einem Käfig Hunde eingesperrt. Und neben diesem gibt es so etwas wie eine Tankstelle. Leute verkaufen hier Benzin in normalen PET-Flaschen.

Es ist neun Uhr morgens, als wir das kleine Geschäft betreten und einkaufen wollen. Der Anblick, der sich uns bietet, ist alles andere als schön. Der kleine Bub, der allein den Laden schmeißen muss, sieht überhaupt nicht gut aus. Er ist ungewaschen, seine Hände sind voller Warzen und er kann sich kaum auf den Beinen halten. Er muss sich am Tresen abstützen. Der Grund dafür werden wahrscheinlich die noch vom gestrigen Abend stammenden Schnapsgläser sein. Schrecklich.

Wir kaufen ein paar Laibe Brot, Wasser, Kekse und Schokolade und machen uns aus dem Staub.

Nach Sary-Tash wartet schon der nächste Pass auf uns – der Taldyk-Pass. Es geht uns beiden aber bestens und der 15 Kilometer lange Anstieg ist schnell bewältigt. Am höchsten Punkt machen wir eine kurze Pause, bewundern noch mal den Ausblick auf die wunderschöne Landschaft hinter uns und gönnen uns ein paar Kekse.

Wie aus dem Nichts taucht ein kleines Mädchen auf und schenkt Nacho und mir eine Blume. Eine herzliche Geste, die uns viel Freude schenkt. Die

Kleine ist sehr schüchtern und sagt kein Wort – sie lächelt nur ein wenig. Auch auf unsere Fragen will sie keine richtigen Antworten geben. Sie steht einfach nur verlegen neben uns und freut sich mit uns über die Blume. Die Kekse, die wir ihr anbieten, nimmt sie aber doch gern an. Sie verdrückt diese schnell und verlässt uns wieder. Das Mädchen geht in Richtung Straßenrand und übt dort das Balancieren auf den Betonschutzwänden. Sie scheint recht verträumt zu sein und wir schauen ihr noch eine Weile zu.

Während wir den Moment genießen, stoßen zwei Radfahrer dazu. Ein Australier und ein Kanadier. Sie kommen von der anderen Seite des Passes und übermitteln uns sehr gute Nachrichten: Auf uns wartet jetzt eine 80 Kilometer lange Abfahrt. Yes!! Unsere Pause wird immer länger und wir kommen erst kurz vor Mittag weg.

Die zwei Radfahrer haben nicht zu viel versprochen. Wir sausen über eine nicht enden wollende Anzahl von Kehren ins Tal. Neben der Straße tauchen die ersten Jurten und Container auf. Die Leute winken uns zu, sie rufen ein paar Sätze, die ich aber nicht verstehe.

Ich genieße die Abfahrt sehr – endlich ist es nicht mehr so anstrengend wie in den vergangenen drei Wochen. Ich muss das Fahrrad einfach nur rollen lassen. Immer wenn ich Nacho überhole, kann ich auch ihm die Erleichterung ansehen. Er freut sich auch, was mich sehr glücklich stimmt. Als ob das noch nicht gut genug wäre, beginnt plötzlich ein starker Rückenwind zu wehen. Ich kann unser Glück gar nicht fassen!

Ein kurzer Blick in den Rückspiegel verrät, woher der starke Wind stammt. Hinter uns hat sich ein Gewitter aufgebaut, das immer näher kommt. Die Wolken sind finster und es donnert schon. Normalerweise hätten wir uns einen Unterstand gesucht, aber unsere Stimmung ist so positiv, dass uns all das nicht aus der Ruhe bringt.

Ich mache ein paar Fotos von der Landschaft, Nacho schaut sich in Flussnähe um und wir trödeln herum, auch wenn uns ein Gewitter im Nacken sitzt.

Nach nicht ganz drei Stunden müssen wir wieder selbst treten. Die lange Abfahrt ist zu Ende und es geht einige Kilometer eben dahin. Doch auch hier wird es nicht langweilig: Während ich beim Treten in die Gegend schaue, fällt mir ein geparktes Fahrrad hinter den Leitplanken auf. Ich kann nur Lenker und Sattel sehen, die über die Leitplanken hinausragen. Nacho, der vor mir fährt, hat das Rad wohl übersehen und macht keine Anstalten stehenzubleiben. Ich klingle ein paarmal und gebe ihm zu verstehen, dass ich anhalten werde.

Als ich bei den Leitplanken auf der anderen Straßenseite ankomme, kann ich das Rad sehen. Es ist ein Tandem! Am Fluss sehe ich ein Paar, das mir zuwinkt. Ich soll zu ihnen kommen. Die zwei Unbekannten sind aus Brasilien und machen gerade eine Pause. Sie sind in Richtung Süden unterwegs und müssen die 80 Kilometer nach oben treten, die ich gerade in wenigen Stunden nach unten gesaust bin.

Die neuen Freunde bieten mir frisches Brot an, das sie vor ein paar Minuten im Dorf gekauft haben. Es ist noch ganz heiß, und zusammen mit Olivenöl und Salz schmeckt es einfach köstlich. Nacho kommt auch dazu und wir teilen unsere Kekse mit ihnen.

Ich finde Begegnungen mit Radfahrern immer spannend. Wir kennen uns überhaupt nicht und werden uns, wenn überhaupt, erst in ein paar Monaten oder Jahren in einem anderen Land wiedersehen. Trotzdem begrüßen und unterhalten wir uns so, als ob wir uns schon seit Jahren kennen. Wir teilen unser Essen und unsere Erlebnisse, wie mit besten Freunden. Es gibt kein Misstrauen, keine schiefen Blicke und jeder wird so genommen, wie er ist. Die Stimmung ist einfach total locker und unkompliziert.

Diese Art von Zusammenhalt und Freundschaft fasziniert mich immer wieder. Zu Hause hatte ich oft den Eindruck, dass die Leute ziemlich verschlossen sind gegenüber neuen und unbekannten Dingen oder Menschen. Sie wollen damit nichts zu tun haben und konzentrieren sich nur auf ihre eigenen Angelegenheiten; und man selbst ist natürlich immer der Beste.

Die Radfahrer aber, die ich unterwegs treffe, verhalten sich überhaupt nicht so. Ich habe das in einer Unterhaltung mal ungefähr so beschrieben: Während die Leute zu Hause recht engstirnig sind, wollen Reisende jedem eine Chance geben und die bestmögliche Zeit mit ihm verbringen. Neue, unbekannte Situationen und Dinge werden nicht automatisch beargwöhnt oder als schlecht gewertet, sondern als Chance zur Erweiterung des Horizontes genutzt.

Nach dieser tollen Begegnung müssen Nacho und ich Gas geben, wenn wir morgen Osh – die älteste Stadt Kirgistans – erreichen wollen. Bis dort hin sind es noch etwas mehr als 100 Kilometer. Wir beschließen, dass wir den letzten Berg vor der Stadt heute noch angehen wollen, um morgen gegen Mittag bei Burger und Bier in der Stadt sitzen zu können.

Kurz bevor uns das drohende Gewitter mit voller Wucht trifft, dreht es wie durch ein Wunder in eine andere Richtung ab und zieht ans uns vorbei.

Es geht noch mal 40 Kilometer weiter und 1000 Höhenmeter aufwärts. Auch das schaffen wir und ich merke, wie sehr das Radfahren mittlerweile zur reinen Kopfsache geworden ist. Die körperliche Anstrengung ist immer noch da, aber das Weiterkommen bestimmt fast nur noch mein Kopf.

Das Radeln hinauf auf den Pass ist fast schon ein Genuss. Ich höre wieder Musik und schaue mich währenddessen in der atemberaubenden Umgebung um. Die Straße schlängelt sich den Berg hinauf, am Straßenrand bereiten die Kirgisen in ihren Jurten das Abendessen vor, Pferde grasen gelassen oder schauen mir neugierig nach. Auch die LKWs, die mich überholen, halten einen großzügigen Abstand und es kommt viel Anerkennung von den Fahrern. Ein wunderschöner Abend zum Radfahren!

Oben angelangt, bietet sich wieder ein unglaublicher Ausblick. Nacho und ich stehen vor einer riesigen Ansammlung von Jurten, die über das ganze Tal verstreut sind. Kühe und Pferde grasen auf den Wiesen. Ich sehe Kinder beim Spielen, die Erwachsenen arbeiten in ihren Gärten. Die Sonne geht langsam unter und dieses tiefstehende Licht lässt die weißen Jurten in einer besonders schönen Farbe aufleuchten. Eine beeindruckende Stimmung.

Wir suchen uns einen ebenen Platz nahe einem Bächlein und stellen dort unsere Zelte auf.

Heute ist ein besonderer Tag. Es könnte der letzte sein, an dem ich zusammen mit Nacho zelte. Ich werde noch ein paar Wochen in Kirgistan verbringen, während Nacho bald nach China und Pakistan weiterreist.

Aus diesem Grund hole ich die Wegwerfkamera aus der Fahrradtasche, die mir meine Schwester geschenkt hat. Diese Kamera wird nun selbst zu einer Reisenden und soll tolle Freundschaften festhalten.

Ich mache ein Foto von Nacho und mir und schenke ihm die Kamera. Nun hat er die Aufgabe, mit einem anderen zum Freund gewordenen Reisenden ein Foto zu machen und die Kamera weiterzugeben. Sobald der Film voll ist und hoffentlich viele neue Freundschaften fotografisch festgehalten hat, kommt die Kamera im besten Fall bei mir zu Hause per Post an (meine Adresse befindet sich auf der Kamera) und ich kann die entwickelten Fotos den verschiedenen Reisenden zuschicken.

LUXUS IN OSH

Am nächsten Tag kommen wir nach nur zwei Stunden Fahrt in Osh an. Es ist sehr heiß. Nach den zwei Wochen auf über 3500 Meter Höhe in Tadschikistan kommt es mir ein bisschen wie in Usbekistan vor. Jede Bewegung ist anstrengend und der Schweiß rinnt in Bächen.

Wir checken im „TES-Guesthouse“ ein, da wir im Internet „Klimaanlage“ gelesen haben. Das war die beste Entscheidung seit Langem! Für einen Platz im Mehrbettzimmer muss ich umgerechnet nur sieben Dollar bezahlen, inklusive einem reichhaltigen Frühstücksbuffet – einem Buffet!

So einen Komfort habe ich während der bisherigen Reise noch nie gehabt. Es gibt verschiedene Sorten Brot, Joghurt, Milch, Kaffee, Obst und noch viel mehr … Der absolute Wahnsinn!

Diesen Luxus melde ich sofort im WhatsApp-Chat, den Nacho für alle Radreisenden im Pamir eingerichtet hat, und so kommen in den folgenden Tagen immer mehr Radfahrer zu uns ins TES. Wir sind bald schon über 15 Radler, die zusammen in diesem Guesthouse feiern, die ihre Erfahrungen der letzten Wochen im Pamir austauschen und ihre Fahrräder warten. Mittlerweile sind wir wie eine Familie zusammengewachsen.

Viele der Radfahrer haben sich das erste Mal in Dushanbe im „Green House Hostel“ kennengelernt und sich dann immer wieder auf dem Pamir-Highway getroffen und gegenseitig weitergeholfen.

Es ist eine wunderschöne Stimmung und die Erleichterung nach den dreiwöchigen Strapazen ist spürbar.

Die folgenden Tage verbringen wir nur mit Schlafen, Essen, Trinken und Feiern. Ein paar Ausflüge in das Stadtzentrum und den Bazar gibt es natürlich auch. Priorität hat jetzt, das verlorene Gewicht wieder aufzubauen und Kraft für die weiteren Länder zu tanken. Dank der vielen Fast-Food-Restaurants und dem unverschämt günstigen Bier ist dies ein Leichtes.

Es ist ein ständiges Kommen und Gehen von Leuten. Im TES treffe ich sogar die „Saddle Stories“, ein Salzburger Paar, das auch mit dem Fahrrad die Welt bereist. Ich habe während des gesamten Pamir-Highways immer wieder ihre Sticker entdeckt.

Von ihnen habe ich viele Informationen erhalten, während ich zu Hause meine Radreise geplant habe. Dass ich sie jetzt, mitten in Kirgistan, persönlich treffe, grenzt schon fast an ein Wunder! Ich bin mir sicher, das muss so sein, an Zufälle glaube ich nicht.

NACHO MUSS FORT

Jetzt kommt der Moment, in dem ich mich von Nacho verabschieden muss: Er will weiter nach China und Pakistan. Es ist kein leichter Abschied. Mit ihm habe ich den gesamten vergangenen Monat verbracht. Wir haben zusammen sehr viele tolle und weniger tolle Momente erlebt. Er hat mit mir den Ak-Baital-Pass mit 4655 Meter Höhe bezwungen; wir haben tagelang mit Gegenwind gekämpft und uns die gute Laune aber trotzdem nicht verderben lassen. Als ich mich tagelang mit Durchfall Richtung Osten gequält habe, hat er mich immer wieder motiviert und unterstützt. Das gemeinsame Feiern mit ihm und meinen Freunden in Usbekistan wird mir immer in Erinnerung bleiben.

Es ist einfach eine wunderbare Freundschaft entstanden. Am meisten freut mich, dass das Gesamtpaket so gut funktioniert hat. Wir haben schon seit April davon gesprochen, miteinander den Pamir-Highway zu machen, ohne nur einen Meter gemeinsam Rad gefahren zu sein. Lediglich ein Bier haben wir damals in Georgien getrunken. Beim Zusammentreffen in Usbekistan hat das Tempo beim Radfahren von Anfang an zusammengepasst, die Tageskilometer, die Art und Anzahl der Pausen. Auch die Vorstellung, wie viel Geld wir für Essen und Übernachtungen ausgeben wollen, hat immer übereingestimmt.

Ich bin der Meinung, ich habe einen Glückstreffer gelandet. Ich werde ihn sehr vermissen.

Nach ein paar Tagen im Guesthouse muss ich mich von den verbliebenen Reisenden verabschieden. Ich fliege von Osh nach Bishkek, die Hauptstadt Kirgistans, um meinen Bruder und dessen Freundin zu treffen. Wir haben uns dort verabredet, um einige Tage gemeinsam mit Wandern zu verbringen.

WANDERN IM NORDEN VON KIRGISTAN

Der Flug nach Bishkek ist angenehm und kurz, nicht mal eine ganze Stunde. Ich freue mich sehr, Simon und Tanja nach vier Monaten wiederzusehen. Sie wirken gesund und dynamisch.

Es ist immer wieder etwas Besonderes, Freunde von zu Hause zu treffen. Allein schon das Reden im „Teldra“ Dialekt bereitet mir viel Freude.

Wir machen einen Rundgang in Bishkek und essen und trinken wie die Kaiser. So empfinde ich es zumindest; für Simon und Tanja fühlt es sich wie ein ganz normaler Restaurantbesuch an.

In den nächsten Tagen wandern wir an einen kleinen See, südlich vom Issyk-Kul (größter See Kirgistans). Bei den dort lebenden Kirgisen dürfen wir die Nacht in einer Jurte verbringen. Es ist berührend zu sehen, wie einfach die Leute hier leben und trotzdem immer ein Lächeln im Gesicht haben. Auch meinen zwei Freunden scheinen das einfache Leben und die kirgisische Natur sehr zu gefallen. Das freut mich wirklich!

Am Abend gibt es Plov und zum Frühstück eine Art Bulgur. Die Gerichte sind ganz einfach, schmecken uns aber gut und geben Kraft.

Am Tag darauf geht es zum Son Kul, einem See weiter im Westen. Auf dem Weg dort hin können wir uns bei einer Familie im Tal waschen und bekommen ein reichhaltiges Mittagessen.

Der Son Kul ist ein wunderschöner Anblick. Über die gesamte Nordseite des Sees sind unglaublich viele Jurten verstreut. In der Ferne laufen

Der schönste Sonnenuntergang seit Langem, den ich mit Freunden teilen kann!

Pferde in großen Herden frei herum. Im Hintergrund ist eine imposante Bergkette, hinter der die Sonne langsam untergeht.

Dieser Sonnenuntergang wird einer der spektakulärsten sein, die ich je gesehen habe. Das Licht wird plötzlich goldgelb, die Sonne spiegelt sich im See und es sind nur noch die Silhouetten der in der Ferne galoppierenden Pferde zu sehen.

Mein Bruder und Tanja machen einen Spaziergang, ich genieße diesen Abend sehr.

Der nächste Tag wird spannend. Simon, Tanja und ich dürfen reiten. Die Familie, bei der wir unterkommen, bringt drei ihrer Pferde zur Jurte und lässt uns aufsitzen. Wir sind alle noch nie geritten und haben keine Ahnung, was man da machen muss.

Wir sitzen also auf den Pferden und unser Führer reitet mit seinem Pferd voraus. Irgendwie schaffen wir es, dass die Pferde ihm folgen. Gut. Das

Oben: Zauberhafte Stimmung: Die Jurten leuchten in der untergehenden Sonne.

Unten: Mein Bruder, seine Freundin und ich unternehmen einen Wanderausflug und schlafen in Jurten bei Einheimischen.

funktioniert schon mal. Irgendwann hat mein Pferd aber die Schnauze voll und dreht ganz gemütlich nach links ab. Anfangs schaffe ich es sogar, es wieder zurück zu den anderen zu lotsen. Das hält aber nicht lange an und so stehe ich mitten in der Pampa und bringe mein Pferd nicht mehr zum Laufen. Mit dem Fahrrad funktioniert das eindeutig besser.

Unser Begleiter erkennt meine Situation, reitet schnell zu mir und treibt das Pferd wieder in Richtung der anderen. In der Zwischenzeit verabschiedet sich aber Tanja mit ihrem Pferd. So geht dieses Chaos etwa eine halbe Stunde lang weiter, bis wir die Pferde dann doch irgendwie, zumindest ein kleines bisschen, unter Kontrolle haben.

Wir reiten gemütlich am Ufer des Son Kul entlang und genießen die Aussicht. Das war auf jeden Fall eine interessante Erfahrung, aber ich denke, ich werde meine Reise doch lieber mit dem Fahrrad fortsetzen. Das Pferd hat mich noch nicht zu 100 Prozent überzeugt.

Leider geht der Tag langsam zu Ende und ich muss mich wieder auf den Weg nach Bishkek machen. Mein Flug zurück nach Osh geht morgen früh. Wir fahren mit dem Auto noch zusammen zum Issyk-Kul See, wo sich unsere Wege trennen. Tanja und Simon werden von hier aus Richtung Osten weiterreisen, während ich nach Bishkek zurückfahre.

Es war ein kurzes Wiedersehen, aber ein sehr schönes. Ich habe mich sehr über den Besuch gefreut und glaube, den beiden hat es in Kirgistan auch gut gefallen. Der Abschied fällt wie immer schwer. Das nächste Treffen wird in ungefähr einem halben Jahr zu Hause sein. Eine lange Zeit.

DIE NACHT IM TAXI

Ich bin zurück im „TES-Guesthouse“ in Osh und packe meine Sachen, die ich hiergelassen habe. Das Rad steht noch am gleichen Fleck. Das ist schon mal gut.

Hier treffe ich Dominic und Mattias, die beiden Schweizer, wieder. Ich hätte nicht gedacht, sie in Osh noch mal zu sehen. Sie hatten den gleichen Gedanken und haben mir ein kleines Herz mit der kirgisischen Flagge an mein Rad gehängt. Eine schöne Geste und ein noch schöneres Andenken an die beiden. Mit ihnen habe ich eine hervorragende Zeit verbracht.

Von Osh muss ich wieder zurück nach Sary-Tash, um von dort in den Osten zur chinesischen Grenze zu kommen. Mit fehlt aber die Zeit, um diese 300 Kilometer mit dem Fahrrad zurückzulegen. Vor allem der stetige Anstieg bis kurz vor Sary-Tash, den ich vor einer Woche heruntergefahren bin, würde mich extrem viel Zeit kosten. Mir bleiben aber nur noch zwei Tage, um in China einzureisen, darum will ich mit dem Taxi zur Grenze fahren.

Über China habe ich ziemlich viel Schlechtes gehört und will dort nicht erst auf den letzten Drücker aufkreuzen, wenn die Einreise eh schon nicht einfach sein soll.

Das Taxi kommt zur Einfahrt des TES. Der Fahrer und ich laden das Rad auf und um acht Uhr abends machen wir uns auf den Weg zur Grenze. Die Fahrt dauert fast vier Stunden, wovon ich den Großteil verschlafe.

Als ich wieder aufwache, ist es nach Mitternacht und ich befinde mich direkt an der chinesischen Grenze. Sie ist über Nacht geschlossen und öffnet erst wieder um halb neun Uhr morgens. Ich will aussteigen, den Fahrer bezahlen und mein Zelt inmitten der LKWs aufstellen, die ebenfalls auf das Öffnen des Grenzüberganges warten.

Doch jetzt passiert etwas Unerwartetes.

Der Taxifahrer gibt mir zu verstehen, es sei hier angeblich viel zu gefährlich, zu zelten. Er faselt immer wieder etwas von „Palatka" (Russisch für Zelt) und macht ein Kreuz mit seinen Armen. Ich sehe diese Gefahr aber nicht und will ihn beruhigen, doch er lässt mich hier einfach nicht zelten. Auch nach einer minutenlangen Unterhaltung per Google-Übersetzer will er einfach nicht nach Hause fahren und mich im Zelt schlafen lassen.

Er holt das Fahrrad aus dem Auto und fordert mich auf, es am Metallpfeiler einer Hütte anzuschließen. Danach klappt er die Sitze des Taxis um, heizt es auf und holt eine Decke.

Ich verstehe sofort, dass er mich hier nicht allein lassen will und so schlafen wir beide auf den umgeklappten Rücksitzen.

Hier fühle ich mich sicher. Dennoch schlafe ich unruhig, obwohl ich es mittlerweile gewohnt sein sollte, auf jedem Untergrund zu schlafen. Es wird empfindlich kalt, da die Grenze auf über 3000 Meter Höhe liegt. Auch mein Taxifahrer wacht immer wieder auf. Er startet den Motor und heizt das ausgekühlte Auto wieder auf. So geht das die ganze Nacht hindurch, bis es endlich hell wird.

Durch die Scheiben kann ich schon zwei Grenzbeamte hinter dem Schlagbaum sehen. Es ist aber zu früh und ich muss noch eine halbe Stunde warten. Mein Taxifahrer will aber auch jetzt nicht nach Hause fahren, sondern wartet mit mir bis zur Öffnung der Grenze. So ein herzlicher und fürsorglicher Mensch!

Ich will ihm, neben dem ausständigen Geld für die Taxifahrt, meine restlichen Kirgisischen Som schenken. Ich brauche sie nicht mehr und will ihm unbedingt etwas für die Übernachtung im Auto geben. Er lehnt aber ständig ab. Ich versuche noch mehrere Minuten lang irgendwelche Gründe zu finden, ihm mein restliches Geld zu schenken, aber ich schaffe

Der Taxifahrer will mich nicht allein lassen.
Ich „muss" in seinem Auto schlafen.

es einfach nicht. Er will das Geld nicht. Alles, was ich ihm geben kann, sind ein paar Kekse zum Frühstück. Er freut sich darüber und lässt mich dann um halb neun Uhr die Grenze passieren.

Ich bin überwältigt, wie selbstlos und hilfsbereit die Leute hier sind. Obwohl sie fast nichts besitzen, geben sie so viel und wollen fast nie Geld dafür. Die Menschen hier wissen genau, dass es mich als europäischen Tourist nicht in den Ruin stürzen wird, wenn ich zehn Euro für etwas bezahlen muss. Ich wollte dem Taxifahrer meine letzten Kirgisischen Som (umgerechnet weniger als zehn Euro) schenken, aber er nahm sie einfach nicht an.

Mir gefällt es sehr, wie viel Wert auf das Zwischenmenschliche gelegt wird und dass nicht immer das Geld im Vordergrund steht. Nicht nur hier in Kirgistan, diese Erfahrung konnte ich in den anderen Ländern Zentralasiens ebenfalls machen.

China

China. Auf dieses Land habe ich mich nie wirklich gefreut. Die Region Xinjiang, durch die ich radeln werde, soll extrem kontrolliert werden und voller Polizisten sein.

Um Punkt halb neun Uhr passiere ich die Grenze, um von Kirgistan nach China zu kommen. Die Ausreise ist einfach. Die kirgisischen Beamten drücken den Ausreisestempel in meinen Reisepass und wünschen mir viel Glück. Kontrolliert wird wieder nichts. Das müssen sie auch nicht, da noch genug Kontrollen folgen werden …

Ein letzter Blick zurück nach Kirgistan und dann fahre ich dem chinesischen Grenzposten entgegen. Es beginnt schon mal sehr einladend. Die Straße ist rechts und links mit meterhohem Stacheldrahtzaun gesichert und chinesische Flaggen wehen im Wind. Ich fahre an den vielen LKWs vorbei, die in einer Schlange stehen und komme zu einem kleinen Container, wo die ersten Chinesen auf mich warten.

Sie sind hektisch und haben keine Geduld. Ich will meinen Reisepass aus der Lenkertasche holen und schon signalisiert mir der chinesische Grenzbeamte, „ob das nicht etwas schneller geht?"

Mein Pass wird an einen jungen Beamten weitergereicht, der ihn kurz durchblättert, um nach dem chinesischen Visum zu suchen. Er findet es, es ist noch gültig: Ich darf einreisen. Der junge Grenzbeamte gibt mir den Reisepass wieder zurück und keine Sekunde später beginnt der ältere, wahrscheinlich der Chef hier, zu schreien.

Ich verstehe kein Wort, bekomme aber mit, was er sagen will: „Sofort weiter hier. Du darfst hier nicht bleiben. Verschwinde!"

Nichts lieber als das, und ich radle weiter zum nächsten Grenzgebäude. Es ist riesig. Ich weiß nicht, wo ich hin soll und wo der richtige Eingang ist. Die vielen Türen und Kameras verwirren mich. Ein kirgisischer LKW-Fahrer sieht mich und schickt mich zur richtigen Tür.

DIE LÄNGSTE EINREISE MEINES LEBENS

Das Rad mitsamt den Taschen lasse ich draußen stehen und gehe nur mit der Lenkertasche ins Haus hinein. Ein gut aufgelegter Beamter begrüßt mich und nimmt mir als Erstes den Reisepass, das Handy und die Kamera ab. „Hinsetzen", heißt es.

Nach ein paar Minuten wendet er sich wieder an mich. Er kommt auf mich zu, mit meiner Kamera in der Hand, und setzt sich auf den Stuhl

Oben: Eine schlaflose Nacht. Ich bekomme unerwünschten Besuch.

Unten: Hier wird alles und jeder kontrolliert.

neben mir. Ich sehe, wie er eine kleine Kamera einschaltet, die an seiner Brust fixiert ist, und beginnt mich zu befragen:

„Woher kommst du? Was willst du in China machen? Wie lange wirst du in China bleiben? Wann reist du wieder aus?"

Alles recht einfache Fragen, doch dann wird es skurril. Ich muss durch die gesamten Bilder scrollen, die sich auf meiner Kamera befinden. Zum Glück wusste ich schon vorher, dass mich diese Prozedur erwarten wird und habe in Kirgistan die Fotos gesichert. Auf der Kamera habe ich nur noch eine Handvoll Fotos, um nicht alle Aufnahmen der vergangenen sechs Monate rechtfertigen zu müssen.

Der Beamte ist geduldig, aufgeschlossen und ihm gefallen meine Bilder. Auf einem sieht er meinen Bruder, wie er am Son Kul in Kirgistan steht.

„Wer ist das?"

„Mein Bruder."

„Warum ist er nicht hier?"

Ich weiß nicht, ob er die Frage ernst meint und ignoriere sie einfach.

So geht das ein paar Minuten lang weiter und mein chinesischer Leibwächter ist zufrieden. Das Einzige, das ihn etwas stutzig macht, ist, dass ich keinen Rucksack dabeihabe. Ich erkläre ihm, dass ich mit einem Fahrrad unterwegs bin und all meine Taschen vor dem Haus stehen. Jetzt erst versteht er, dass ich kein normaler Rucksacktourist bin. Er springt auf, jetzt wird es hektisch.

Er holt zwei Kollegen dazu. Eine Frau und einen Mann. Die Frau fordert mich auf, mein Rad mitsamt dem ganzen Gepäck reinzuholen und die Taschen auf das Fließband des Röntgenscanners zu legen.

Alles wird ganz penibel auf dem Bildschirm des Scanners betrachtet. Es dauert locker eine Viertelstunde, bis alle sechs Taschen durch sind. Das Fahrrad schiebe ich einfach am Scanner vorbei und niemand sagt etwas. Es wird auch nicht genauer inspiziert, was mich sehr beruhigt. Ich habe nämlich mein Messer im Sattelrohr versteckt, denn ich weiß vom Verbot, Messer nach China zu bringen. Ich habe mein Taschenmesser dabei, das mein Vater mir vor gefühlt 15 Jahren geschenkt und meinen Namen eingraviert hat. Das will ich den Chinesen nicht überlassen müssen.

Eine weitere Vorbereitung auf diesen Grenzübergang war die nun leere Benzinflasche meines Campingkochers. Ein Radfahrer hat mich vor einer vollen Benzinflasche an der chinesischen Grenze gewarnt. Als er die Grenze passierte, war seine Benzinflasche nicht leer, sondern mit Wasser gefüllt. Er dachte sich, wenn er schon nicht Benzin einführen darf, nimmt er zumindest etwas Wasser zum Trinken mit. Hier in diesem Gebäude wurde er dann gezwungen, aus der Benzinflasche zu trinken, um zu beweisen, dass es sich nur um Wasser handelt.

Ich will nicht wissen, was passiert wäre, hätte er Benzin in der Flasche gehabt …

Die Taschen sind durch den Scanner, aber der Beamtin scheint irgendetwas nicht zu passen. Sie zeigt auf drei meiner sechs Taschen, die andere Beamte auf einen Tisch stellen und komplett ausleeren. Ich muss alle Gegenstände erklären, die jetzt verstreut auf dem Tisch liegen.

„Das ist eine Gabel, das ist ein Becher, mein Teller, die Gewürze zum Kochen, ein kleines Handtuch, meine Regenhose …"

Ich werde natürlich wieder gefilmt, während ich den beiden Herren meine Campingausrüstung erläutere. Lächerlicher geht es eigentlich nicht, aber ich lasse die Prozedur über mich ergehen.

In einer der drei Taschen scheint sich eine kleine Spinne versteckt zu haben, die jetzt aus der Tasche krabbelt. Einer der beiden Beamten fackelt nicht lange und haut mit der flachen Hand auf den Tisch.

Ich darf meine Siebensachen wieder in die Taschen räumen und soll auf einer Bank warten. Es vergeht eine halbe Stunde. In der Zwischenzeit erhält ein Plakat meine ganze Aufmerksamkeit. Es ist speziell für Radreisende gestaltet worden. Darauf steht ungefähr Folgendes:

1. Lieber Radfahrer, wir freuen uns sehr, dass du nach China kommst!
2. Wir wollen, dass du dich bei uns in China wohlfühlst und unser schönes Land sehen kannst!
3. Wir sind stets um deine Sicherheit bemüht.
4. Leider haben wir den nächsten Grenzposten, wo du deinen Reisepass wieder erhältst, 150 Kilometer ins Landesinnere verlegen müssen.
5. Diese 150 Kilometer darfst du leider nicht eigenständig befahren. Wir organisieren daher ein Taxi für dich.

Die restlichen zehn Punkte weiß ich nicht mehr, aber sie sind in ähnlich scheinheiligem Ton geschrieben, wie die ersten fünf. Was für ein Stuss …

Es geschieht tatsächlich so, wie auf dem Plakat beschrieben. Mir wird ein Taxi zugewiesen, das ich mit weiteren Leuten teilen muss. Mein Rad und die Taschen haben auch noch irgendwie Platz. Für das Taxi muss ich umgerechnet 25 Dollar bezahlen und schon geht es los. Die Fahrt bis zum nächsten Grenzposten dauert zwei Stunden.

Es ist wohl nur ein großer Zufall, dass ich auf diesen 150 Kilometern mehrere Dörfer sehe, in denen Uiguren wohnen – ein turkstämmiges Volk, das in der Provinz Xinjiang unter chinesischer Herrschaft leben muss und nicht wirklich viel mit den Han-Chinesen gemeinsam hat. China versucht, die Uiguren in Konzentrationslagern umzuerziehen und dem Rest Chinas gleich zu machen. Die Dörfer sind mit Zäunen und Schranken abgesichert. Überall Kameras. Militär und Polizei bewachen die Häuser. Ich sehe keinen Bewohner lachen.

Dass man solche Zustände nicht genauer in Augenschein nehmen kann, während man gezwungenermaßen im Taxi daran vorbeigefahren wird, ist sicher auch nur Zufall …

Ich komme kurz nach 13 Uhr vor dem zweiten Grenzposten an. Ein weiterer riesiger Komplex. Das große Tor vor der Einfahrt ist aber geschlossen. Mittagspause.

Ich muss mit den anderen im Auto zwei Stunden lang in der prallen Sonne warten, bevor das Tor endlich geöffnet wird. Zum Glück habe ich genug Wasser bei mir. Herumspazieren ist nicht erlaubt, ich muss in der Nähe des Wagens bleiben und werde immer wieder zurückgepfiffen, wenn ich mich zu weit davon entferne.

Um 15 Uhr wird das Tor endlich geöffnet und ich darf eintreten.

Wollen die mich verarschen? Im Inneren des Gebäudes gibt es einen Wartebereich mit Wasserspender, Klimaanlage, gepolsterten Sitzen – und ich muss zwei Stunden lang vor der Tür in der prallen Sonne warten? So ein Witz …

Ich muss Formulare ausfüllen und dann beginnt der ganze Spaß wieder von vorne. Ich werde befragt, die Taschen werden gescannt und durchsucht. Jetzt kommt noch dazu, dass ich meine Fingerabdrücke abgeben muss und die Augen werden gescannt. Ich halte diese Kontrollen nicht mehr aus, kann aber nichts dagegen tun. So etwas Sinnloses. Warum werden meine Taschen schon wieder gescannt, wenn ich während der letzten zwei Stunden nur in einem Taxi gesessen habe und mit niemandem Kontakt haben konnte?

Ganze sieben Stunden nach der Ausreise aus Kirgistan habe ich es endlich geschafft und stehe mit gültigem Visum auf chinesischem Boden. Ich hoffe, das Schlimmste hinter mir zu haben, aber es wird nicht wirklich besser.

DIE TORTUR GEHT WEITER

Von hier aus führen zwei Straßen nach Osten in Richtung Kashgar: die Autobahn und eine Landstraße. Ich habe gehört, dass auf der Autobahn nach wenigen Kilometern eine weitere Kontrollstation kommt, wo erneut alles gefilzt und gescannt wird. Das will ich mir natürlich ersparen und nehme die Landstraße. Ich komme aber nicht weit.

Nach wenigen Hundert Metern kommt die Polizei angesaust und zwei Beamte stürmen aus dem Auto. Die Männer können kein Englisch, wollen mir aber weismachen, dass ich hier nicht weiterfahren darf. Ich muss umkehren und auf die Autobahn. Ich versuche zu diskutieren, aber in China ist das völlig sinnlos. Die beiden lassen sich nichts sagen und verstehen mich auch nicht. Es nützt nichts, ich muss umdrehen.

Der Grund wird wahrscheinlich sein, dass ich auf der Landstraße durch ein Dorf gekommen wäre. Auf der Autobahn umfahre ich es natürlich.

Ich befinde mich also doch auf der Autobahn und mache mich schon auf die Nervenprobe an der nächsten Kontrollstation gefasst. Nach nur zwei Kilometern sehe ich aber eine Ausfahrt, über die ich wieder auf die Landstraße kommen würde. Diese Chance lasse ich mir natürlich nicht entgehen. Ich will die Kontrolle auf der Autobahn um jeden Preis vermeiden.

Meine zwei Festplatten zum Sichern aller Fotos meiner Reise wurden bei den letzten zwei Scans nicht erkannt und ich will nicht, dass diese doch noch gefunden werden. Müsste ich alle Fotos und Dokumente auf den Festplatten erklären, würde das mehrere Tage dauern …

Ich fahre also von der Autobahn ab und komme wie vermutet tatsächlich in ein Dorf. Es sieht sehr gepflegt und modern aus. Das Einzige, das fehlt, sind die Leute. Kaum jemand ist auf der Straße zu sehen, es ist wie ausgestorben. Ich versuche, so schnell wie möglich das Dorf zu durchfahren, um nicht schon wieder von der Polizei entdeckt und zurückgeschickt zu werden. Das ist allerdings fast unmöglich.

An jeder (!) Kreuzung sind mehrere Kameras aufgestellt, die jede Bewegung erfassen. Die Polizeipräsenz ist groß, aber irgendwie schaffe ich es, mich unerkannt bis ans Ende des Dorfes zu schleichen. Ich freue mich über diesen Erfolg und will gelassen die 100 verbleibenden Kilometer nach Kashgar zurücklegen.

Die Freude währt allerdings nicht lange, denn schon nach wenigen Minuten gerate ich in eine Straßenkontrolle. Jeder Einheimische, der an dieser Kontrolle vorbei will, muss halten, seinen Ausweis zeigen und das Auto öffnen. Die Polizisten kontrollieren jedes Auto überaus gründlich.

Als die Beamten mich sehen, sind sie ebenso überrascht wie überfordert. Ich werde sofort angehalten und mit Fragen bombardiert. Die gesamte

Oben: Obwohl die Landschaft sehr schön ist, macht das Radfahren in China keinen Spaß.

Unten: Keine Mautstation. Der Komplex dient ausschließlich der Personenkontrolle und Überwachung.

前方200米公安检查站
请减速慢行

Kommunikation läuft über eine chinesische Übersetzungs-App. Die Leute hier können absolut kein Englisch.

„Wie kommst du hierher?"

„Ich komme vom Irkeshtam-Grenzübergang in Kirgistan", erkläre ich einem Beamten.

„Das kann nicht sein!", lese ich auf der App, die sein Chinesisch übersetzt.

Ich weiß nicht, was antworten und zeige ihm die Stempel in meinem Reisepass. Er will es mir immer noch nicht glauben und geht telefonieren. Zehn Minuten vergehen, 20 Minuten vergehen, doch er taucht nicht mehr auf. In der Zwischenzeit kommt eine Handvoll weiterer Polizisten dazu und sie fotografieren mich erst mal komplett von oben bis unten.

Einem Beamten scheine ich in dieser Situation dann doch leidzutun und er lädt mich ein, unter seinem Sonnenschirm im Schatten zu warten. Er bringt mir sogar Wasser und eine Flasche Cola. Dieser Polizist ist sehr freundlich und an meinem Abenteuer interessiert. Er fragt mich viel über meine Reise und entschuldigt sich dabei immer wieder, dass ich so streng kontrolliert werde. Ich kann ihm ansehen, dass er ein Uigure ist und zu dieser Arbeit gezwungen wird.

Nach 45 Minuten und seinem Telefonat kommt der Beamte wieder zurück und lässt mich gehen.

Ich kann nicht glauben, wie kompliziert dieses System hier ist. Niemand darf selbst denken und entscheiden, sondern muss immer erst einen Vorgesetzten anrufen und fragen.

Auf den folgenden 60 Kilometern muss ich die Prozedur dieser sinnlosen Kontrollen noch fünf oder sechs Mal über mich ergehen lassen. Ich verliere eigentlich nicht so schnell die Nerven, aber bei dermaßen sinnfreien Fragestunden und Durchsuchungen muss ich mich mächtig zurückhalten. Wenn ich mich jetzt aufrege, dauert die Kontrolle noch länger und ich komme erst recht nicht vor Sonnenuntergang in Kashgar an.

Bei der siebten Kontrolle wird es mir dann aber doch zu viel. Die Beamten bestimmen, dass ich die letzten 40 Kilometer bis Kashgar mit dem Bus oder einem Taxi zurücklegen muss. Es wird schon langsam dunkel und Zelten ist hier in Xinjiang verboten. Deshalb müssen die Beamten dafür sorgen, dass ich diese Nacht in Kashgar verbringe und mich dort in einer Unterkunft registriere.

Mir wird es zu bunt und ich lasse meine Wut an einem Beamten aus. Ich gebe ihm zu verstehen, dass ich zum Radfahren hergekommen bin und nicht, um mich alle fünf Kilometer kontrollieren zu lassen. Die Idee mit dem Bus oder Taxi können sie sich sonst wo hinschmieren. Ich spiele da nicht mit!

Diese Sätze in Englisch versteht der Beamte plötzlich ausgezeichnet und lenkt ganz unerwartet ein. Wir einigen uns, dass ich mich von einem Polizeiwagen bis nach Kashgar begleiten lasse. So radle ich also die 40 Kilometer bis nach Kashgar mit Polizeieskorte. Ich mit gemütlichen 20 km/h voraus, zehn Meter hinter mir das Polizeiauto. Wir halten den kompletten Verkehr auf, aber das ist mir egal.

Ich komme an mehreren Dörfern vorbei und bemerke, wie der Polizist hinter mir aufs Gas treten will – ich soll also schneller fahren, um mit möglichst keinem Einwohner auch nur ansatzweise in Kontakt zu kommen.

Ob das stimmt, versuche ich genauer herauszufinden und halte am Straßenrand. Tue so, als ob ich ein paar Kekse essen und etwas trinken will. Das passt dem Polizisten hinter mir überhaupt nicht. Es springt aus dem Auto und hält mir wieder sein Smartphone mit einem übersetzten Text hin:

„Sofort weiterfahren! Du darfst nicht anhalten!"

Ich habe aber die Schnauze voll und lasse mir beim Wegräumen der Kekse extra viel Zeit.

Die ständigen Kontrollen haben mich so viel Zeit gekostet, dass ich erst um Mitternacht am Stadtrand von Kashgar ankomme, natürlich wartet eine weitere Kontrolle auf mich. Der Polizist hinter mir sieht, dass ich auf die große „Mautstation" zufahre und macht kehrt.

In dieser Maut- oder Kontrollstation muss ich wieder alles erklären und rechtfertigen, aber die Beamten sind diesmal einsichtig und stellen mir nur wenige Fragen.

Im Hintergrund sehe ich, wie mehrere Polizisten Livebilder von Kreuzungen und Straßen auf riesigen Bildschirmwänden überwachen. Es ist genau wie in Science-Fiction-Filmen. Steigt jemand aus dem Auto aus, zoomt die Kamera sofort an die Person heran und macht Fotos. Furchteinflößend.

Wo bin ich hier gelandet?

In Kashgar komme ich in einem Hostel unter, bezahle für zwei Nächte und lege mich direkt schlafen. Die Dusche muss bis morgen warten.

ICH WILL WEG!

In Kashgar halte ich mich nur einen Tag auf. Ich wasche meine Klamotten, suche mir was zum Essen und stocke meine Vorräte auf. Die Stadt ist eigentlich recht sehenswert, aber ich will so schnell wie möglich raus aus China!

So mache ich mich auf den Weg und gerate nach wenigen Kilometern schon wieder in eine Kontrolle, wo meine Daten das hundertste Mal überprüft werden. Jetzt nehme ich alles viel gelassener, denn ich weiß, rumstressen bringt hier einfach nichts. Kooperieren und ruhig bleiben. Der

Polizist kann sogar Englisch und wir unterhalten uns gut, während fünf Polizisten meinen Reisepass zum x-ten Mal drehen und wenden.

Als ich diesen Checkpoint verlasse, bemerke ich zunächst nichts Ungewöhnliches. Sobald ich mich aber außer Sichtweite des Gebäudes befinde, fällt mir in meinem Rückspiegel ein kleines rotes Auto auf. Es fährt auffallend langsam auf dem Standstreifen, wo ich ebenfalls unterwegs bin. Werde ich verfolgt? Ober bilde ich mir das nur ein?

Ich fahre in meinem Tempo weiter und das Auto bleibt mir auf den Fersen – immer in einem großzügigen Abstand, damit es nicht so auffällt. Ich komme mir fast vor wie in einer schlechten TV-Serie und will herausfinden, ob dieses Auto mich wirklich verfolgt.

An einem kleinen Kiosk mache ich kurz halt, um mir eine Cola zu kaufen. Siehe da, das Auto fährt in Schrittgeschwindigkeit an mir vorüber. Darin sitzen zwei Polizisten in Uniform. Sie fahren allerdings nur etwa 100 Meter weiter, machen kehrt und bleiben im Schatten stehen. Sie haben mich und den Kioskverkäufer fest im Blick. Ich will dem Mann im Kiosk keine Probleme bereiten und schwinge mich schnell wieder auf mein Rad. Wie im Film nehmen die Polizisten die Verfolgung tatsächlich wieder auf.

Ich fühle mich mittlerweile in China echt nicht mehr wohl, werde ständig überwacht und will nur noch weiter nach Pakistan. Das ist alles, was mir durch den Kopf geht.

Nach fast 60 Kilometern kommt endlich die nächste Kontrolle und meine Verfolger lassen von mir ab. Ich will nur noch fort von hier und versuche, so viele Kilometer wie möglich an diesem Tag zu machen. Ein sich anbahnender Sandsturm, die ersten Regentropfen und das ständige Bergauffahren können mich nicht aufhalten und so trete ich voll motiviert, aber genervt, in Richtung Pakistan.

Die Landschaft um mich herum ist allerdings ein Traum! Ich steuere mein Rad mittlerweile wieder auf über 2000 Meter zu und vor mir türmen sich mächtige vergletscherte Berge. Die Straße ist sehr gut, weswegen es mir leichtfällt, die Natur zu bestaunen und nicht auf die Straße zu achten. Ich komme an türkisblauen Seen, an weiten Graslandschaften und engen Schluchten vorbei. Die Natur hier ist prachtvoll und vielfältig. Das baut mich wieder etwas auf und so werde ich letztlich nach drei Tagen in Tashkurgan eintreffen – dem letzten Dorf vor der pakistanischen Grenze.

Oben: Wie im Krimi! Das rote Auto verfolgt mich schon seit Stunden.

Unten: Damit die Polizei mich nicht beim Zelten erwischt, verstecke ich mich unter einer Brücke.

Während dieser drei Tage muss ich mir versteckte Plätze zum Übernachten suchen. Hier ist Zelten nicht erlaubt. Meinen Informationen zufolge würde ich von der Polizei zu ihrer Station oder einem Hotel gebracht, falls ich beim Zelten erwischt würde. Aus diesem Grund verberge ich mich gut. Sobald kein Auto zu sehen ist, fahre ich kurzerhand von der Straße ab und verstecke mich unter einer Brücke. Dort zu zelten ist nicht so schlecht. Ein kleiner Spaziergang ist mir zu riskant und so verbringe ich die letzten Stunden des Tages unter der Brücke.

Die zweite Nacht ist weniger gemütlich. Ich fahre bis in die Dunkelheit, da ich kein passendes Versteck finden kann. Erst am Ende einer Baustelle und schon nach 20 Uhr entschließe ich mich, die Nacht in einem Betonrohr unterhalb der Straße zu verbringen.

Ich bin von dem harten Tag und der Kälte geschwächt und breite meine Sachen aus. Mein Rad passt knapp in das Rohr rein. Ich muss gebückt meine Matte und den Schlafsack ausrollen und mir was zum Essen zubereiten, was ein Tier in der Umgebung mitbekommen haben muss. Als ich mich schlafen lege, schauen mich plötzlich zwei leuchtende Augen an. Ich schrecke auf und weiß im ersten Moment nicht, was tun. Meine ruckartige Bewegung hat das Tier aber erschreckt und es verschwindet so schnell, wie es erschienen ist. Das war ein Schock, damit habe ich nicht gerechnet!

Dass ich diese Nacht gut schlafen werde, kann ich mir abschminken. Ich versuche zwar, einzuschlafen, höre aber das Tier in der Ferne herumstreifen. War es ein Hund? Ein Wolf? Für einen Bären war es jedenfalls zu klein. Das beruhigt mich.

Nach etwa einer halben Stunde höre ich immer lauter werdende Schritte im Schotter und das Tier kommt tatsächlich noch mal vorbei! Es starrt mit seinen leuchtenden Augen in das Betonrohr. Ich weiß nicht, was ich tun soll und schreie das Tier an. Es funktioniert! Der unerwünschte Gast sucht das Weite und den Rest der Nacht ist keine Bewegung mehr zu hören. Irgendwie schaffe ich es, mich zu beruhigen und schlafe endlich ein.

AUCH DAS AUSREISEN IST MÜHSAM

Als ich am nächsten Tag nach Tashkurgan fahre, sehe ich unweit von meinem Unterschlupf einen Hund herumstreunen. Wahrscheinlich wird er es gewesen sein, der mich vergangene Nacht besucht hat.

In Tashkurgan checke ich in einem Hostel ein und werde sofort von neugierigen Pakistanern, die ebenfalls von China nach Pakistan reisen wollen, mit Fragen gelöchert.

Das ist das erste Mal, dass ich mit Pakistanern zu tun habe, sehr sympathische Leute. Noch bevor ich nach meinem Namen gefragt werde, schenkt mir einer ein Fläschchen Parfum. Ob das ein Wink mit dem Zaunpfahl ist?

Ich muss warten, bis ein Bus am Wochenende nach Pakistan fährt. Denn von hier aus darf ich nicht mehr eigenständig mit dem Fahrrad zur Grenze fahren. Die verbleibenden 200 Kilometer müssen im Bus zurückgelegt werden.

Im Hostel gibt es keinen Augenblick Ruhe. Die Pakistaner sind ständig am Lachen, Chinesen schauen mitten in der Nacht Filme bei maximaler Lautstärke und an Schlaf ist nicht zu denken. Das muss ich zwei Nächte lang aushalten.

Als ich mein Busticket in der Hand halte, glaube ich, es schon fast geschafft zu haben. Ich habe dabei aber die chinesische Bürokratie nicht berücksichtigt.

An dem Gebäude, wo der Bus für den Grenzübertritt wartet, wird alles für die Ausreise vorbereitet. Meine Taschen werden gescannt, ich werde durchsucht und muss mein pakistanisches Visum vorzeigen. Da ich mit dem frisch eingeführten E-Visum unterwegs bin, kann ich dem Beamten nur die entsprechende E-Mail zeigen und habe noch keinen pakistanischen Sticker oder Stempel im Reisepass. Auf chinesischer Seite weiß man nicht, wie mit diesem Visum umzugehen ist und mir bleibt die Ausreise verwehrt.

Mist! Ich will und muss nach Pakistan! Ich will raus aus China!

Ich habe mich so auf die Ausreise aus diesem Land gefreut, doch auch die ist in China ein Kraftakt. Ich sammle mich wieder und versuche, mit einem Beamten zu reden, werde aber nur sehr streng auf meinen Sitzplatz im Wartebereich verwiesen.

So vergehen etwas mehr als zwei Stunden mit unzähligen Versuchen des Verhandelns und ein paar Telefonaten mit der pakistanischen Einwanderungsbehörde auf der anderen Seite der Grenze, doch nichts will funktionieren.

Plötzlich geht es dann doch weiter. Eine chinesische Beamtin holt mich aus dem Wartebereich, verlangt meinen Reisepass und drückt tatsächlich den Ausreisestempel hinein! Yes, geschafft!!

Die Pakistaner haben der Beamtin telefonisch bestätigt, dass mein E-Visum gültig ist. Ich darf nach Pakistan!

Die Busfahrt bis zum höchstgelegenen Grenzübergang der Welt ist angenehm und die Leute schauen erwartungsvoll aus den Fenstern. Ich bin der einzige Tourist im Bus. Alle Übrigen sind Pakistaner. Kurz vor dem offiziellen Grenzübergang werden die Reisepässe noch mal kontrolliert und dann bin ich da. Pakistan!!

Pakistan

Mein 16. Land auf dieser Reise! Ich kann es kaum glauben! Zusammen mit meinen pakistanischen Mitreisenden fahre ich durch das weltbekannte Tor, das die Grenze markiert. Ein großer Betonblock. Er steht mitten im Nichts auf dem Khunjerab-Pass, auf 4693 Meter Höhe. Der Bus hat das Tor noch nicht mal vollständig passiert, und schon springen die Pakistaner auf: „Endlich in Freiheit! Welcome to Pakistan!“

War es auf chinesischer Seite noch verboten, eine Pause zu machen, stürmen die Pakistaner sofort aus dem Bus. Wir atmen tief die frische Luft ein, machen ein paar Fotos vom Grenzübergang und fahren dann ins Tal, wo ich meinen Einreisestempel für Pakistan erhalte. Es wird überhaupt nichts kontrolliert, alle sind guter Dinge und lachen.

Obwohl Pakistan für mich ein ganz neues Land ist, das in der Welt keinen besonders guten Ruf genießt, wo Kleidungsstil und Aussehen der Menschen komplett anders sind, fühle ich mich hier richtig wohl. Viel besser als in China! Noch während ich in der Warteschlange auf meinen Einreisestempel gewartet habe, hat mich ein Pakistaner zum Abendessen eingeladen.

Ich bin etwas überfordert. In den vergangenen Tagen hat mit mir fast niemand reden wollen. Alles war sehr unpersönlich und streng überwacht – und hier werde ich nun plötzlich wieder mit so viel Gastfreundlichkeit überschüttet. Der Wahnsinn!

IM OSTEN VIEL NEUES

Ich befinde mich in Sost. Der Einheimische bringt mich in ein winziges Lokal, das versteckt in einer kleinen Seitengasse liegt. Es soll eine Art pakistanische Pizza geben. Diese Pizza heißt „Chap Shoro“ und ist ein typisches Gericht in Gilgit-Baltistan, der nördlichsten Provinz Pakistans. Dazu gibt es einen salzigen Tee mit Milch. Ebenfalls etwas, das nur die nördliche Bevölkerung trinkt. Beides schmeckt erstaunlich gut! Ich freue mich jetzt schon, mehr von Pakistan zu sehen!

Nachdem ich nicht für meine Mahlzeit bezahlen durfte, werde ich in ein Hotel gebracht. Hier treffe ich „Golden Gilgiti“, einen jungen Pakistaner, mit dem ich das Zimmer teilen darf.

Er erzählt mir von der pakistanischen Kultur, den vielen Problemen im Land und dem leider viel zu schlechten Ruf Pakistans. In der Sommersaison verdient er sein Geld mit dem Export von Zigaretten nach China und dem Import von chinesischer Kleidung. Er nimmt also mehrmals pro

Nur wenige Meter hinter dem Grenzübergang stürmen wir aus dem Bus. Endlich in Freiheit!

Woche die fünfstündige Fahrt nach und von China auf sich, mitsamt den strengen Einreise- und Ausreisekontrollen.

Nach dem Frühstück will ich mich auf den Weg nach Passu machen, da passiert mir ein Missgeschick, das ich nicht so schnell vergessen werde. Während ich aus dem Dorf radle, starren mich alle Pakistaner merkwürdig an. Ich denke mir nicht viel dabei, vielleicht haben sie noch nicht so oft einen Fahrradreisenden in ihrem Dorf gesehen.

Außerhalb des Dorfes kommen mir plötzlich viele LKWs und Motorräder auf meiner Fahrspur entgegen. Zuerst verstehe ich nicht, was los ist, aber dann kann ich nur über mich selbst lachen. In Pakistan herrscht Linksverkehr! Ich war die letzten zehn Minuten ein Geisterfahrer, doch niemand wollte mich darauf aufmerksam machen.

Auf dem Weg nach Passu wird mir klar, warum der Karakorum-Highway so bekannt ist. Der Highway soll die höchste befestigte Straße der Welt sein. Und ist in einem erstaunlich guten Zustand. Links und rechts davon ragen wunderschöne, steile Berge in die Höhe und die Vegetation im Tal macht das Ganze zu einem herrlichen Anblick. Ich genieße die Fahrt sehr.

Die Kinder, die ich unterwegs treffe, tragen eine Schuluniform und sind ständig am Lachen. Einer der Jungs läuft mit mir sogar eine Weile mit, bis er nicht mehr kann. Mir kommt es so vor, als ob sich die Pakistaner hier wirklich freuen, fremde Gesichter zu sehen. Ich kann all die schlechten Nachrichten in den Medien bisher überhaupt nicht nachvollziehen.

In Passu darf ich mein Zelt nah an einem Restaurant aufstellen. Die Bedingung ist, dass ich dort esse. Nichts lieber als das! Das Essen schmeckt mir in diesem Land sehr gut, es ist günstig und endlich mal was anderes als in Zentralasien.

Hier treffe ich auf Constantino, einen deutschen Radreisenden, der von Süden kommend bis zur chinesischen Grenze fahren will. Auch er möchte einen Tag rasten, und so machen wir uns auf den Weg zu den Husseini- und Passu-Brücken – zwei alten Hängebrücken. Sie sollen zwei der gefährlichsten Hängebrücken überhaupt sein, aber ich bin mir da nicht so sicher. Viele Pakistaner, die mir generell eher vorsichtig und ängstlich vorkommen, haben uns vor diesen Brücken gewarnt. Wir dürfen sie auf keinen Fall überqueren, das sei viel zu riskant.

Constantino und ich wollen uns die Brücken aber nicht entgehen lassen und trauen uns über beide drüber. Die Passu-Brücke ist in einem weit schlechteren Zustand als die Husseini. Sie ist wirklich beeindruckend. Während ich langsam, Schritt für Schritt, die Brücke überquere, sehe ich, wie sie vor mir unter Constantinos Gewicht verwindet.

Die gespannten Drahtseile, in die einfach ein paar Holzlatten gespreizt sind, wackeln stark. Es ist nicht ganz leicht, unter diesen Umständen ein paar Fotos zu schießen, ohne das Gleichgewicht zu verlieren. Ich will nicht im Hunza-Fluss landen. Die Brücke ist etwas zu breit, um mich an beiden Seiten festhalten zu können. So verlagert sich das Gewicht auf eine Seite und die Brücke kippt etwas weg. Unter mir schäumt der Fluss. Überraschenderweise fürchte ich mich nicht vor der Brücke und dem Fluss unter mir. Ich bin konzentriert und kann die Situation voll genießen. Es ist ein befreiendes Gefühl, ich mag es, wenn Dinge anspruchsvoll sind und Konzentration fordern.

Die zweite Brücke zurück zur Straße ist in einem deutlich besseren Zustand und im Vergleich fast schon langweilig. Ich überquere sie zügig und befinde mich wieder auf der richtigen Flussseite – nur ein paar Kilometer weiter südlich. Zu meinem Zelt und dem Restaurant zurückzulaufen würde mehr als eine Stunde dauern und ich habe keine Lust mehr, zu gehen.

So strecke ich, zusammen mit Constantino, den Daumen raus und beginne zu „stoppen". Pakistan überrascht mich immer mehr: Das erste (!!) Auto, das sich nähert, nimmt uns mit! Es ist der totale Wahnsinn, wie zuvorkommend die Leute hier sind!

DER ATEMBERAUBENDE NORDEN PAKISTANS

Am nächsten Tag muss ich mich schon wieder von Constantino verabschieden. Er fährt Richtung Norden, ich gen Süden. Auf dem Weg nach Karimabad komme ich am Attabad-See vorbei – ein sehr beeindruckender Anblick. Das Wasser ist türkisfarben, am Ufer liegen bunt bemalte Holzboote und mitten im See kann ich Strommasten und sogar ein Haus auf Stelzen sehen. Irgendwas stimmt hier nicht.

Dass hier was nicht stimmt, hat mit einem Erdrutsch im Jahr 2010 zu tun. Damals hat ein riesiger Felssturz den Hunza-Fluss aufgestaut. So entstand ein kilometerlanger See, der mehrere Dörfer und einen Teil des Karakorum-Highways unter sich begrub. Die aus dem Wasser ragenden Strommasten zeugen noch von der Zeit vor dem Attabad-See. Ich halte einen Moment inne, mache Fotos und wende mich dem Tunnel zu, der mittlerweile gebaut wurde, um am See vorbeizukommen. Die Tunnel hier sind neu und sehr gut gebaut. Das einzige Fehlende ist das Licht. So fahre ich fünf Kilometer durch einen stockdunklen Tunnel. Zum Glück habe ich ein Fahrradlicht. Im Tunnel ist es nicht kalt, aber der Lärm der LKWs ist ohrenbetäubend. Ein höchst unerfreuliches Fahren.

Zum Glück ist alles schnell vorbei und ich erreiche schon gegen Mittag Karimabad. Hier werde ich wieder einen Tag pausieren, um zum Rakaposhi Base Camp zu wandern. In Pakistan nehme ich mir besonders viel Zeit, die Natur zu erkunden und zu entdecken.

Ich komme im „Hunza Inn" unter, stelle allerdings mein Zelt im Innenhof auf. Mit dem Hausherrn vereinbare ich zuvor, dass ich bei ihm im Innenhof zelte, aber die Toiletten und Duschen benutzen darf. Ich brauche kein Bett, am besten schlafe ich in meinem Zelt. Ich habe mich in den vergangenen Monaten so sehr an Luftmatratze und Schlafsack gewöhnt, dass ich sie einem normalen Bett vorziehe. Das Schlafen im Zelt hat auch den Vorteil, dass ich ein paar Euros spare.

Im „Hunza Inn" treffe ich zwei Backpacker, mit denen ich am nächsten Tag zum Rakaposhi Base Camp wandere. Der Weg ist abwechslungsreich und schön. Zu Beginn ist es noch steinig und karg, doch das ändert sich schnell. Es wird grün und wir kommen an ein paar steingemauerten Häusern vorbei, wo Pakistaner Pferde halten.

Das Base Camp an sich ist recht unspektakulär. Doch die Leute, die dort auf uns warten, sind ein Genuss. Es sind zwei Pakistaner, die uns einen Tee kochen. Man könnte sagen, es ist Zucker mit etwas Tee. Die Leute hier scheinen vom Zucker nicht genug zu bekommen. Meinen Wanderkollegen scheint der Tee zu süß zu sein. Mich stört es allerdings

Mit diesen bunten Booten wurde nach dem Felssturz der Verkehr des Highways über den See umgeleitet.

überhaupt nicht. Das Radreisen hat mich ein klein wenig zuckersüchtig gemacht, weshalb mir der Tee bestens schmeckt.

Vom Base Camp aus habe ich einen hervorragenden Blick auf den 7788 Meter hohen Rakaposhi und die Berge daneben. Hier am Fuße des Berges liegt ein gewaltiger Gletscher. Ich nehme mir viel Zeit, diesen zu beobachten und das Panorama auf mich wirken zu lassen.

Der Abstieg geht recht flott. Die zwei Holländerinnen, die bei dem Ausflug dabei sind, wollen nicht in die Dunkelheit geraten und wir laufen fast schon ins Tal hinunter. Da fällt mir wieder auf, wie gelassen einen das Langzeitreisen macht. Seitdem ich mein Zuhause verlassen habe, bin ich immer entspannter geworden und auch die drohende Dunkelheit macht mir in diesem Moment nichts aus.

Am nächsten Tag geht es weiter. Ich komme erst gegen Mittag los und beginne den Tag auch noch mit einem Platten. Den will ich nicht sofort flicken, sondern erst mal aus dem Dorf rauskommen. So entscheide ich mich, den restlichen Tag mit dem Platten zu fahren, den ich alle zehn Kilometer aufpumpe. Es ist nicht optimal, so zu fahren, aber trotzdem schaffe ich 100 Kilometer.

Ich zelte nahe der Straße in einem kleinen Waldstück. Ich will mich vorerst ein wenig verstecken, da ich nicht weiß, ob Camper in Pakistan willkommen sind. Die Nacht verläuft überraschend ruhig und ich werde von den ersten Sonnenstrahlen geweckt.

Am Morgen flicke ich meinen Platten und mache mich auf den Weg.

Heute ist es extrem heiß! Ich fühle mich schon nach wenigen Stunden ausgelaugt und schwitze viel. Mir kommt es vor, als ob ich gegen einen Föhn fahre. So heiß war es schon lange nicht mehr!

Obwohl es sonst hier in Pakistan an fast jeder Ecke ein Geschäft gibt, kommt ausgerechnet jetzt keines mehr. Mir geht das Wasser aus und ich weiß nicht, wie ich die nächsten 50 Kilometer schaffen soll. Heute muss ich unbedingt bis zur Raikot-Brücke kommen. Ich habe mich dort mit Nacho verabredet, um gemeinsam zum Nanga Parbat Base Camp zu wandern.

Ich bin am Ende, fühle mich ganz schwach und bin dehydriert. Zum Glück kommt nach einer Stunde der erste Polizeiposten. Ein älterer Mann mit mächtigem Bart sitzt in einem Plastikstuhl am Straßenrand, über ein großes Buch gebeugt. Er winkt mich zu sich und ich muss ihm Reisepass und Visum zeigen. Er trägt meine Daten in das Buch ein. Während der Beamte schreibt, schaue ich ihm über die Schulter und versuche, Nachos Eintrag zu entdecken. Ich kann aber nichts finden. Er muss noch irgendwo hinter mir sein …

Der Mann mit dem großen Buch hat sich sehr vorteilhaft postiert und zwar genau vor einem kleinen Laden, den ein circa 15 Jahre alter Junge betreibt. Dieser bringt dem Offizier ständig kalte Getränke und Chips. Ich vermute, dass der Junge am Ende des Tages für diese Dinge nicht bezahlt wird.

Ich kaufe zwei Liter eiskaltes Wasser aus dem Kühlschrank und setze mich neben dem Offizier in den Schatten. Er hat nichts dagegen und bietet mir sogar ein paar seiner Chips an. Genau so was habe ich jetzt gebraucht! Ich ruhe mich eine halbe Stunde aus und kann mich mit dem Wasser ein wenig abkühlen. Trotzdem komme ich nicht mehr so richtig in Schwung.

Kurz nach dem Checkpoint erreiche ich ein Dorf, wo mich ein Gastwirt zum Tee einlädt. Das lasse ich mir nicht zweimal sagen und setze mich gern zu ihm auf die Terrasse. Die Aussicht ist wunderbar und einzigartig. Vor mir habe ich den Nanga Parbat, einen mächtigen Berg.

Mein neu gewonnener Freund erzählt mir von dem Berg und seinem Spitznamen „Killer Mountain". Den Erzählungen einheimischer älterer Menschen höre ich immer besonders gern zu. Sie haben meist etwas Beruhigendes und zugleich extrem Spannendes an sich. Am Ende des Gespräches lädt mich der Mann noch ein, in seinem Hotel zu übernachten. Ich lehne aber

Psychedelisch verzierte Trucks vor einem atemberaubenden Hintergrund.

dankend ab, da ich heute Abend unbedingt zur Raikot-Brücke muss. Es sind nur noch 20 Kilometer, aber ich will Nacho keinesfalls verpassen.

Ich mache mich auf den Weg und die Temperaturen sind noch immer nicht gesunken. Es ist schon nach vier Uhr nachmittags, aber ich schwitze immer noch erbärmlich … Die Felsen in dieser schmalen Schlucht heizen sich tagsüber so extrem auf, dass sie am Abend immer noch eine ungeheure Hitze abgeben. An der Raikot-Brücke angekommen, fahre ich gleich zum Hotel, das Nacho und ich uns schon vor einigen Wochen ausgesucht haben.

Ich frage den Besitzer, ob ich hier auch zelten darf. Ich bin gern bereit, dafür zu bezahlen.

„Normalerweise verlange ich 500 Rupien für eine Nacht mit dem Zelt, aber heute ist es gratis. Morgen ist der Tag der Unabhängigkeit, und das müssen wir feiern! Deshalb darfst du heute umsonst übernachten“, erklärt mir der Hotelbesitzer.

Mittlerweile weiß ich nicht mehr, was ich noch sagen soll. Die Pakistaner sind so gutmütig und selbstlos. Das Leben zu genießen, ist ihre höchste Priorität. Eine wundervolle Einstellung!

Ich setze mich in den Garten und genieße die Natur um mich herum. Im Schatten kühlt mein Körper endlich ab und ich schwitze nicht mehr. Nachdem ich meinen Milchtee genossen habe, stelle ich mich unter die Dusche.

Es kommt allerdings kein Wasser, also muss ich mich mit dem Wasser aus dem Wasserhahn des Waschbeckens begnügen. Das ist aber sehr sandig und es fühlt sich so an, als ob ich meinen Körper schmirgle und nicht wasche. Auch meine Haare werden noch sandiger als zuvor. Ich freue mich über das kühle Nass, das mich sehr entspannt. Dass es hier im Norden kein Warmwasser gibt, stört mich überhaupt nicht. Auch den nicht vorhandenen Strom vermisse ich kein bisschen.

NACHO IST WIEDER DA – FAIRY MEADOWS

Es ist fast sieben Uhr abends, als Nacho auftaucht. Endlich! Ich war schon in Sorge, dass ihm etwas zugestoßen sein könnte. Ich freue mich sehr, ihn nach über drei Wochen wiederzusehen. Ihm scheint es genauso zu gehen und wir bestellen das Abendessen. Dal Mash und Roti – ein Linsengericht und Brot. Wir verdrücken das Essen, als ob es kein Morgen mehr geben würde. Das Essen hier finde ich extrem lecker! Ich kann nicht genug davon bekommen.

Am nächsten Abend treffen Nacho und ich zwei Touristen aus dem Oman, mit denen wir uns einen Jeep teilen. Damit fahren wir eine Stunde lang über die gefährlichste Straße, auf der ich jemals unterwegs war. Der Jeep ist klapprig und die Schotterstraße gerade mal breit genug für das Auto. Links der Straße geht es mehrere Hundert Meter kerzengerade in den Abgrund, rechts davon ist Fels. Wir schaukeln uns den Berg hoch und ich denke mir immer wieder, dass der Fahrer des Jeeps ja auch nicht sterben will, dass es schon gut gehen wird.

Als der Höllenritt endlich vorbei ist, müssen sich alle wieder bei der Polizei registrieren lassen. Danach geht es über einen angenehm ebenen Wanderweg zu den Fairy Meadows.

Ich fühle mich fast wie zu Hause. Um mich herum ist Wald, alles ist grün und es riecht gut. Leider wird das Wetter mit der Zeit immer schlechter und wir erreichen unser Ziel bei Regen: Eine idyllische Hochebene mit der sogenannten Märchenwiese. Hierher kommen viele einheimische Touristen, um das Wochenende zu verbringen. Da heute der Tag der pakistanischen Unabhängigkeit ist, sind besonders viele hier.

Nacho und ich wollen die Nacht an dieser Märchenwiese verbringen und morgen zum Base Camp wandern. Wir kommen nicht mal dazu, eine Unterkunft zu suchen, denn schon werden wir von drei älteren Pakistanern zum Abendessen eingeladen. Es gibt wieder Dal Mash, diesmal mit Reis. Während einer der drei das Essen zubereitet, geben uns die anderen etwas zu trinken und Nüsse. Wir verbringen einen unterhaltsamen Abend mit den Männern und kommen erst nach Mitternacht ins Bett.

Über Nacht hat sich das Wetter gebessert und wir starten in den Tag mit Sonnenschein. Das herrliche Wetter lässt uns die Nordseite des Nanga Parbat schon von den Fairy Meadows aus sehen. Was für ein wundervoller Tag!

Auf dem Weg zum Base Camp erleben wir einige sehr schöne Dinge, aber auch etwas Enttäuschendes. Etwa zwei Stunden Fußmarsch nach dem Start kommen wir zu einer Ansammlung kleiner Hütten. Wir schlendern zwischen den Häuschen durch und werden sofort von den Bewohnern angesprochen.

Als ich einem von ihnen sage, dass ich Italiener bin, strahlen seine Augen wie die eines Kindes. Er beginnt sofort von Reinhold Messner zu erzählen. Wie er damals fast einen ganzen Monat zusammen mit Messner im Base Camp verbracht hat. Der Pakistaner berichtet mir ausführlich von seinen Expeditionen mit all den berühmten Bergsteigern. Es gefällt mir sehr, wie diese Leute erzählen können und merke, wie gern er von den Expeditionen schwärmt. Gleichzeitig betont er aber auch, dass es ein gefährliches Unterfangen ist und er auch schon oft genug bei der Bergung von Toten helfen musste.

An einer Abzweigung werden Nacho und ich leider in die falsche Richtung gewiesen und kommen an einen sprudelnden Bach. Es hat mal eine

Holzbrücke gegeben, aber der gestrige Regen hat den Bach so anschwellen lassen, dass die Brücke fortgerissen wurde.

Mehr als eine halbe Stunde suchen wir vergeblich nach einer Möglichkeit, den Bach zu überqueren, aber wir kommen einfach nicht drüber. Wir müssen umdrehen. Schade! So nahe am Base Camp des Nanga Parbat!

Es nützt aber leider nichts und wir müssen zurück. Mit den Touristen aus Oman haben wir uns um vier Uhr am Jeep verabredet, der uns wieder ins Tal bringt.

Als wir dort ankommen, sind unsere Mitfahrer aber nirgends zu sehen. Ein Polizist beruhigt uns:

„Sie sind 15 Minuten hinter euch."

Die Polizei hier scheint immer sehr genau zu wissen, wo sich die Touristen gerade aufhalten. Das hat mich verwundert. Mir ist nicht aufgefallen, dass ich von der Polizei beobachtet oder überwacht werde. Ich weiß nicht, woher sie dieses Wissen nimmt.

Es stimmt aber, die Omaner treffen nach exakt 15 Minuten am Jeep ein, und wir fahren auf der lebensgefährlichen Schotterstraße wieder ins Tal.

KOMPLIZIERTES PAKISTAN

Am nächsten Tag radeln Nacho und ich dem Babusar Top – einem Pass nahe Chilas – entgegen, dann wollen wir mit einem Taxi rauffahren. Uns fehlt die Zeit, die 3000 Höhenmeter selbst zurückzulegen, da wir vor dem Ablauf des pakistanischen Visums noch das indische Visum in Islamabad beantragen müssen. Und das braucht auch seine Zeit.

Am Fuße des Passes lassen wir uns in einer Polizeistation registrieren und suchen nach einem Jeep, der uns auf den Pass bringt. Der Transport soll 5000 Pakistanische Rupien kosten, etwa 30 Euro. Das ist viel zu viel!, denke ich mir, und schaue Nacho an. Ich sehe sofort, dass er den gleichen Gedanken hat und wir wollen schon mit dem Verhandeln beginnen. Wir kommen aber nicht dazu, da sich in diesem Moment ein zweiter Pakistaner einmischt.

Er bietet uns an, uns mitsamt den Rädern umsonst auf den Pass zu bringen. Der Wahnsinn! So ein Angebot können wir nicht ablehnen und befestigen die Räder auf dem Dach seines Toyota Land Cruisers. Im Jeep ist nicht viel Platz und so zwängen Nacho und ich uns zusammen auf den Beifahrersitz. Der Junge, der mit dem Pakistaner mitfährt, hat im Auto nicht mehr Platz und fährt die 40 folgenden Kilometer auf der hinteren Stoßstange stehend mit.

Unterwegs zu den Fairy Meadows. Die Jeepfahrt hat es in sich.

Während der Fahrt stellt sich heraus, dass der Mann Kamran heißt und eigentlich in England wohnt. Er ist aber Pakistaner und kommt mehrere Male im Jahr zurück in seine Heimat.

Die Fahrt dauert lange, da sich an dem letzten steilen Anstieg ein Stau bildet. Hier kommt Kamrans innerer Pakistaner zum Vorschein und er nutzt die Größe seines Autos aus. Mit seinem Jeep ist er um einiges „stärker" als die üblichen kleinen PKWs und drängelt sich im Stau nach vorne. Auch die Gegenverkehrsspur wird genutzt und er heizt an allen Autos vorbei. Kommt jemand entgegen, so muss meist dieser ausweichen. Kamran ist in seinem großen Land Cruiser wie ein Panzer. Mir gefällt der Fahrstil.

Oben angelangt, holen wir die Räder vom Auto und trinken einen wärmenden Tee. Wir befinden uns auf über 4000 Metern und machen uns bereit für die lange Abfahrt. Doch bevor wir weiterfahren und uns bei Kamran bedanken können, bietet er mir noch an, in seinem Haus in Islamabad zu wohnen. Er weiß von meinem Vorhaben, das indische Visum dort zu beantragen. Während dieser Zeit will er mich beherbergen.

Die pakistanische Herzlichkeit ist schier endlos. Eine Familie hält mich während der Fahrt ins Tal auf, um mir eine Handvoll getrocknete Datteln zu schenken.

Am Abend werden Nacho und ich dann noch von ein paar jungen Männern zum Essen eingeladen. Wir haben unser Zelt nahe einem See aufgestellt, wo auch andere pakistanische Touristen ihr Wochenende verbringen. Die Jungs bereiten Reis und Dal Mash für uns zu. Wir dürfen bei ihnen im Zelt sitzen und teilen unsere Geschichten der vergangenen Monate mit ihnen.

Erst nach Mitternacht lege ich mich ins Zelt und will mich für morgen ausruhen. Daraus wird aber nichts. Um ein Uhr werde ich unsanft aus dem Schlaf gerissen, weil jemand an meinem Zelt rüttelt.

„Alle sofort raus aus den Zelten!“, heißt es.

Ich höre die neu gewonnenen pakistanischen Freunde mit jemandem diskutieren und drehe mich noch mal um. Ich bin zu müde, um jetzt schon wieder aufzustehen. Leider lässt die unbekannte Person nicht nach und reißt wie wild an meinem Zelt. Es bleibt mir tatsächlich nichts anderes übrig, als mitten in der Nacht mein warmes Zelt zu verlassen. So eine Unverschämtheit!

Als ich komplett verschlafen vor dem Zelt stehe, realisiere ich, mit wem ich es zu tun habe: Es ist die Polizei. Mir wird erklärt, dass es hier viel zu gefährlich sei zu zelten. Jeder muss sofort seine Sachen packen und sich zusammen mit der Polizei an einen sichereren Ort begeben. Nacho und ich sehen aber keine Gefahr und diskutieren mit den Polizisten, um doch hierbleiben zu dürfen. Ich will mein Zelt jetzt einfach nicht abbauen. Die Polizisten lassen aber nicht mit sich reden und wir müssen unser Lager gezwungenermaßen abbrechen …

Sobald Nacho und ich unsere Sachen beisammenhaben, werden unsere Räder auf einen Pick-up geladen. Nur ich habe noch in der Fahrerkabine Platz, Nacho muss auf der Ladefläche sitzen. Wir fahren mit den schwer bewaffneten Polizisten etwa zehn Kilometer durch die Nacht zur nächsten Polizeistation. Dort soll es offenbar sicher genug sein und wir sollen die Zelte hier neben der Station aufbauen.

Es kommt ein Offizier dazu, der aber schickt uns zu einem nahe gelegenen Restaurant. Es wäre besser für uns, dort zu zelten. Es ist ein ständiges Hin und Her und niemand weiß, wohin mit uns. Unsere pakistanischen Freunde vom Zeltplatz wurden mittlerweile verjagt – auf sie wird nicht so gut aufgepasst wie auf uns.

Ich verliere langsam die Geduld. Es ist mittlerweile schon drei Uhr morgens und ich will nur noch schlafen. Das bekommen auch die Polizisten zu spüren und lassen Nacho und mich endlich allein. Schließlich müssen wir unsere Zelte hinter dem Restaurant mitten im Sand aufstellen. Es regnet, und als ich wieder aufwache, steht das Zelt mitten im Matsch. Super! Vielen Dank, liebe Polizei!

ES WERDEN IMMER MEHR ...

Das nasse, vom Matsch komplett verdreckte Zelt kann ich so nicht einpacken und lasse es vom Morgenwind trocknen. Das dauert seine Zeit, und je länger ich dem Zelt beim Trocknen zusehe, umso mehr Pakistaner werden auf mich aufmerksam. Ich werde von den einen zu einem Tee eingeladen, die anderen bringen mir frische Paratha (ungesäuertes Fladenbrot). Ich bin sehr geschlaucht von der letzten Nacht und nehme diese Geschenke dankend an.

Es ist zehn Uhr. Wir müssen los, um unseren Zeitplan einhalten zu können. Als wir jedoch den Sandplatz des Restaurants verlassen wollen, fängt uns eine Gruppe Pakistaner ab, die auch hier in der Nähe gezeltet haben muss. Sie haben Frühstück zubereitet und wir werden quasi gezwungen, mit ihnen zu essen. Wir werden in ihr Zelt eingeladen und ein weiteres Mal verköstigt. Ich bin eigentlich schon pappsatt, aber was macht man nicht alles für diese Herzlichkeit!

Einer von ihnen schenkt Nacho und mir sogar ein T-Shirt. Er arbeitet in Lahore in einer Textilfabrik und möchte sich bei uns mit den Shirts bedanken, weil wir Pakistan bereisen und entdecken wollen. Die Leute hier wissen sehr gut über den schlechten Ruf Pakistans Bescheid. Das wollen sie mit allen Mitteln ändern und der Welt zeigen, dass Pakistan ein sicheres und schönes Land zum Reisen ist. Aus diesem Grund werden Nacho und ich gebeten, ein Statement abzugeben und vor laufender Kamera unsere Erfahrungen in Pakistan zu teilen.

Wir kommen erst nach elf Uhr weiter – vollgefressen und immer noch müde vom gestrigen Tag. Ich hoffe, dass es ein guter Tag wird, aber das ist ganz und gar nicht der Fall. Heute bekomme ich die Armut und zugleich die Neugier der Pakistaner richtig zu spüren. Eine Stunde nach dem Start komme ich an einer Siedlung vorbei, die nur aus Zelten und Laken besteht.

Teilweise wohnen die Menschen hier am Straßenrand und man kann in ihr „Wohnzimmer“ sehen. Ein kleiner Junge scheint noch zu schlafen. Er liegt auf einem Holzgestell, ohne Matratze und Decke. Er und das Rundherum sind total verdreckt und das einzige Dach über dem Kopf ist ein Laken. Wände gibt es nicht. Keinen halben Meter neben diesem Lager rasen die Autos vorbei.

Erschreckend zu sehen, unter welchen Umständen die Menschen hier leben müssen.

Je weiter ich dem Süden entgegenfahre, umso mehr Autos und Motorräder sind unterwegs. Das Radeln auf der kurvenreichen Straße ist mitten im dichten Verkehr sehr nervig. Mit unseren schwer beladenen Fahrrädern ziehen Nacho und ich die ganze Aufmerksamkeit auf uns und jeder will mit uns reden. Die Pakistaner versuchen meist, dies direkt während der Fahrt zu tun, was aber problematisch ist.

Um sich gut mit uns verständigen zu können, fahren sie ganz dicht an uns ran und drängen uns dabei sogar mehrmals in den Straßengraben. Das ist keine böse Absicht, aber ich fühle mich jetzt auf der Straße überhaupt nicht mehr wohl! Es ist nervenaufreibend und auch gefährlich, so bedrängt und genötigt zu werden. Und es wird noch schlimmer!

Nacho und ich legen eine kurze Pause ein, um Kekse zu essen und etwas zu trinken. Wir sitzen auf Steinen neben der Straße, fernab von einem Dorf oder einer Stadt. Plötzlich kommt eine Gruppe Pakistaner auf Motorrädern und hält bei uns an. Sie scheinen sehr interessiert zu sein, ich schenke ihnen aber keine Aufmerksamkeit. Ich habe genug von den vielen Konversationen.

Die Fremden kommen immer näher, sagen aber kein Wort. Sie stellen sich einfach neben mich und Nacho und machen ein Selfie nach dem anderen. Ich lasse dieses Geknipse über mich ergehen und hoffe, dass sie schnell wieder verschwinden. Doch daraus wird nichts. Einer aus der Gruppe drückt mir eine pakistanische Flagge in die Hand und ich soll sie in die Kamera halten. Eigentlich habe ich überhaupt keine Lust, spiele aber mit. Wieder folgen zahlreiche Fotos. Sobald das Shooting vorüber ist, verschwinden die Pakistaner wieder, ohne ein Wort gesagt zu haben.

Die Straße wird schlechter und ist oft von den gestrigen Regenfällen überschwemmt. Leider sind die vom Wasser überfluteten Straßenabschnitte in einem besonders miserablen Zustand und manchmal muss ich mitten in diesem Bach vom Rad steigen, um nicht zu stürzen. Alles nass! So ein Mist!

Ich merke, wie meine Laune langsam kippt und versuche mir einzureden, dass ich grundlos schlecht gelaunt bin. Aber auch Nacho ist anzu-

Oben: Nacho vor dem gewaltigen Nanga Parbat.

Unten: Genialer Naturkühlschrank … Ich will ein Snickers!

Coca-Cola
FANTA
Sprite

Oben: Die Jungs laden mich auf ein Mittagessen ein.
Unten: Straßenküche in Pakistan.

merken, dass er mit den aufdringlichen Pakistanern und den schlechten Straßen kämpft. Er sagt nicht viel und tritt einfach vor sich hin.

Unsere Laune bessert sich erst, als wir an einem Straßenkiosk vorbeikommen. Einem der besonderen Art. Wir sind immer noch so hoch oben, dass neben der Straße Schnee liegt. In diesen Schnee haben die Verkäufer kleine Ablagen gemeißelt, wo Cola- und Fanta-Flaschen gekühlt werden. Ich entdecke sogar ein paar Snickers und muss sofort eines haben: Schon seit Wochen hatte ich keines mehr! Der Zucker und die Schokolade bauen Nacho und mich wieder auf, doch den Tag können sie trotzdem nicht mehr retten. Wir wollen heute nicht zelten. Ich fühle mich nicht imstande, heute noch einen geeigneten Zeltplatz zu suchen und mir selbst etwas zu kochen. Deshalb checken Nacho und ich in einem Hotel ein.

Das Zimmer ist noch schmutzig vom vorherigen Gast und erst auf mehrmalige Nachfrage erhalten wir mehr oder weniger saubere Bettwäsche. Nach einer Dusche und dem Abendessen falle ich todmüde ins Bett.

Die nächsten Tage werden besser. Die Straße bleibt zwar in einem desolaten Zustand, aber der Verkehr lässt nach. Die Leute sind immer noch aufdringlich, aber nicht mehr so extrem wie die Tage zuvor.

Ein kleines Highlight für mich ist, dass ich die Familie wieder treffe, die mir die getrockneten Datteln am Babusar Top geschenkt hat. Ich freue mich sehr, sie wiederzusehen. Natürlich haben sie auch wieder Datteln dabei. Die Selfies mit diesen Leuten genieße ich ausnahmsweise und verabschiede mich dankend von ihnen. Ich kenne diese Familie gar nicht näher, aber trotzdem schenkt sie mir dauernd was zum Essen. Warum macht man das?

Diese Frage bleibt mir für den Rest des Tages im Kopf, da ich auch beim Mittagessen wieder von der pakistanischen Freundlichkeit überrascht werde. Nacho und ich machen an einem Restaurant halt, wo wir einen herrlichen Ausblick über das Tal haben. Die Bäume sind saftiggrün, das Wetter passt perfekt und wir sehen auf der Karte, dass die nächsten Kilometer ein leichtes Gefälle haben. Einfach rundum perfekt! Wir bestellen unser Essen und lassen uns dann richtig viel Zeit.

Der Sohn einer Familie am Tisch neben uns kommt immer wieder herüber und schaut uns neugierig, aber auch ein wenig schüchtern, beim Essen zu. Mich stört der kleine Junge überhaupt nicht – im Gegenteil. Ich freue mich über die Gesellschaft.

Bevor Nacho und ich das Restaurant wieder verlassen, wechseln wir ein paar Worte mit dem Vater des Jungen. Der ist so begeistert von unseren Reisen, dass er es sich nicht nehmen lässt, unser Mittagessen zu bezahlen! Er kauft uns sogar noch zwei Wasserflaschen zum Mitnehmen. Ich kann meine Freude kaum in Worte fassen.

Ich fühle mich hier in Pakistan rundum wohl. Mir wird jeden Tag bestätigt, dass der schlechte Ruf Pakistans in den Medien total an den Haaren herbeigezogen ist. Ich bin erst seit zwei Wochen in diesem Land, aber es ist jetzt schon mein Favorit dieser Reise!

ISLAMABAD – WAS FÜR EINE GROSSE ÜBERRASCHUNG

Wir sind mittlerweile nur noch 200 Kilometer von Islamabad, der Hauptstadt Pakistans, entfernt. Die Temperaturen sind wieder auf über 30 Grad gestiegen und kurz nach der Regenzeit ist es jetzt sehr schwül. Das Radfahren wird dadurch mühsam und die ungewohnt große Aufmerksamkeit seitens der Pakistaner macht mir weiterhin zu schaffen. Ich spüre, wie ich von Tag zu Tag matter werde.

Leider geht es Nacho inzwischen noch schlechter. Neben den ohnehin schon großen Anstrengungen muss er jetzt auch noch mit Durchfall kämpfen. Das hat noch gefehlt! Er ist so schwach, dass wir nur noch 40 Kilometer pro Tag schaffen. So kann das nicht weitergehen. Ein Gästehaus muss her, er muss sich ausruhen. Ich kann sehen, wie er leidet. Er schläft den ganzen Tag, doch am nächsten Morgen geht es ihm nicht besser.

Es sind nur noch 120 Kilometer bis Islamabad und wir wissen, dass wir dort zehn Tage Pause machen werden. Die Aussicht auf eine lange Erholungszeit beflügelt Nacho und mich so dermaßen, dass wir es tatsächlich an einem Tag, trotz Nachos Darmproblemen, bis nach Islamabad schaffen.

Ich bewundere Nacho sehr, dass er das zustande gebracht hat. Eine enorme Leistung in diesem Zustand, bei Temperaturen jenseits der 30 Grad und staubigen Straßen!

Wir fahren in Islamabad ein und ich kann meinen Augen kaum trauen. Habe ich eine halbe Stunde vorher noch zusammenfallende Hütten am Straßenrand gesehen, so gibt es jetzt nur noch saubere, mehrspurige Straßen, Ansammlungen von Villen und teure Autos. Islamabad ist das totale Gegenteil dessen, was ich bisher in Pakistan erlebt habe.

Nacho und ich lassen es uns nicht nehmen, Fast Food zu Abend zu essen. Es gibt in dieser reichen Stadt wieder Subway, Burger King und KFC! Ein Traum, wenn man monatelang nur Reis und Linsen gegessen hat! Die Preise sind fast wie in Europa. Auf den ersten Blick erschreckt Nacho und mich das sehr, da wir uns mittlerweile an eine andere Preisklasse gewöhnt haben.

Oben: Eine bunte, kuriose Siedlung bei Naran.

Unten: Herrlich grüne Aussichten!

Hier trennen sich unsere Wege nun für ein paar Tage. Ich darf bei Kamran unterkommen, der uns mit dem Auto zum Babusar Top gebracht hatte, während Nacho ein paar Tage bei einer Bekannten wohnt.

Kamran wohnt mitten im Reichenviertel. Jedes Grundstück ist von einem hohen Zaun umgeben und hat eigene Wachleute. Als ich bei Kamrans Haus ankomme, ist die Wache über meine Ankunft bereits informiert und lässt mich ein. Hinter dem Tor erwartet mich ein Anblick, mit dem ich nicht gerechnet habe.

Kamran lebt in einer Villa, davor ist ein kleiner Golfrasen und ich erkenne seinen Geländewagen wieder. Hinter der Villa gibt es eine kleine Wohnung für die Familie, die sich um Kamrans Haushalt kümmert.

Ich werde sofort in ein freies Zimmer begleitet, wo ich die nächsten zehn Tage bleiben darf. Ich sehe einen Ventilator an der Decke und sogar eine Klimaanlage! Der absolute Traum! Endlich wieder ein Raum, in dem es nachts nicht 30 Grad haben wird!

Ich freue mich sehr über diese noble Unterkunft und Kamrans Großzügigkeit und packe erst mal meine Sachen aus. Ich muss dringend meine Kleidung waschen. Fast alle Shirts sind dreckig und verschwitzt. Ich komme aber nicht dazu, denn Kamrans Haushälterin reißt mir die Wäsche fast schon aus den Händen:

„Ich wasche deine Sachen. Du darfst das nicht selbst machen. Du musst dich ausruhen."

Ich bin überwältigt von dieser Aussage und versuche abzuwehren, indem ich bekräftige, dass ich meine Sachen selbst waschen werde. Sie lässt sich aber nicht davon abbringen und besteht darauf, dass sie die Wäsche übernehmen will.

Ich sehe Kamran erst am nächsten Tag. Er scheint sehr beschäftigt zu sein und hat die ersten Tage nur wenig Zeit, etwas zu unternehmen. Ich bin ehrlich gesagt sogar recht froh darüber, so kann ich mich zunächst ganz auf das Ausruhen konzentrieren.

Hier in Islamabad ist alles ganz modern und ähnelt dem europäischen Stil. Im Café, wo ich mit Nacho verabredet bin, läuft amerikanischer Pop, es gibt WLAN und eine Klimaanlage. Auch das Essen und die Getränke passen überhaupt nicht zu dem, was ich in den vergangenen zwei Wochen gegessen und getrunken habe. Es gibt frisch zubereiteten Eistee und Sachertorte.

Oben: Nacho ist erledigt. Er muss sich im Schatten ausruhen.

Unten: Schah-Faisal-Moschee in Islamabad.
Die größte Moschee des südasiatischen Raumes.

talkshawk

Nacho und ich bereiten alle Dokumente für das indische Visum vor, das wir hier in Islamabad beantragen müssen. Hoffentlich bekommen wir es! Die Krise rund um Kashmir kommt sehr ungelegen und die Grenze zu Indien soll sogar geschlossen sein, wie uns viele Pakistaner erzählen. Sie haben uns generell davon abgeraten, das indische Visum in Pakistan zu beantragen. Die zwei Länder sind nicht gerade gut aufeinander zu sprechen und das Visum-Verfahren wird dadurch nicht einfacher.

Die folgenden Tage verbringe ich vorwiegend mit Schlafen. Ich habe ein extremes Tief und kann nichts mit mir anfangen. Der „Stress" und die übermäßige Anspannung lassen nach und mein Körper holt sich den dringend notwendigen Schlaf. Tagtäglich schlafe ich mehr als zehn Stunden und bin immer noch müde.

Ich schaffe es lediglich, den Antrag fürs indische Visum einzureichen und an den Abenden mit Kamran ein Restaurant nach dem anderen auszuprobieren. Er nimmt mich mit ins teuerste der Stadt, das am Rand von Islamabad auf einem Hügel liegt. Ich habe einen wunderschönen Ausblick über die beleuchtete Stadt. Wie immer darf ich kein Geld ausgeben. Ich sei Gast und als Gast darf man nicht bezahlen, sagt er zu mir. Wahnsinn, diese Leute hier!

Was ich auch als wahnsinnig empfinde, ist der unglaublich schmale Grat zwischen Arm und Reich. Eines Abends mache ich mit Kamran einen Ausflug nach Rawalpindi – die Zwillingsstadt, die direkt an Islamabad angrenzt. Es sind nur fünf Autominuten, doch der Lebensstandard wechselt sofort von weiß auf schwarz.

Überall liegt Dreck, überall sind Bettler, der Verkehr ist ein totales Chaos und es gibt überhaupt keine Ordnung. Das Leben hier ist überhaupt nicht mit jenem in Islamabad vergleichbar. Während dieses Ausfluges nach Rawalpindi hat Kamran eine Pistole dabei. Er beruhigt mich, dass sie nur seiner eigenen Sicherheit dient.

Er sagt mir wortwörtlich, dass er zu viel Geld auf dem Bankkonto habe und in Pakistan die falschen Leute leider sehr genau wüssten, wer die reichen Personen sind. Er wurde deshalb schon zwei Mal entführt.

Es vergeht eine Woche, bis Nacho und ich glücklicherweise das indische Visum in der Hand halten. Yes!! Ich bin immer noch extrem müde, aber mental bereit für Indien!

Bei Nacho sieht es leider noch nicht so gut aus. Er hat immer noch mit Durchfall zu kämpfen und weiß nicht mehr, was er machen soll. Die unterschiedlichsten Tabletten und Diäten wollen nicht anschlagen. Wir beschließen, noch zwei Tage zu warten, bevor wir dann aber endgültig weitermüssen. Mein pakistanisches Visum läuft aus und es trennen uns noch über 300 Kilometer von der indischen Grenze.

ACTION AUF DER GT-ROAD

Es geht auf die Grand Trunk Road (GT-Road), die Islamabad mit Lahore verbindet. Diese Straße hat es in sich! Schon wenige Kilometer nach Islamabad wird die sechsspurige Straße immer staubiger und chaotischer. Ein geordnetes Fahren auf den jeweiligen Fahrspuren gibt es sowieso nicht, mir kommen Motorräder und LKWs auf meiner Spur entgegen und ich muss zwischen von Eseln gezogenen Karren Slalom fahren. Es ist nervenaufreibend, auf dieser Straße zu fahren, weil ich stets voll konzentriert sein muss, um nicht mit entgegenkommenden Fahrzeugen zu kollidieren. Das ständige Hupen von allen Seiten macht es nicht gerade besser.

Dennoch ist es auf der GT-Road auch irgendwie unterhaltsam und spannend. Hin und wieder kommt ein Motorradfahrer und fährt gemütlich neben mir her. Die Fragen sind meist immer dieselben, trotzdem sind mir die kurzen Konversationen willkommen.

„Wo kommst du her? Was machst du hier?"

Sobald ich erkläre, dass ich seit über fünf Monaten auf dem Rad sitze und von Italien hierher geradelt bin, bleibt vielen erst mal die Spucke weg. Danach freuen sie sich extrem über die Tatsache, dass ich ausgerechnet Pakistan als eines meiner Reiseziele gewählt habe. Das erfüllt sie mit Stolz, was ihnen deutlich anzusehen ist. Einige sind so begeistert, dass sie Nacho und mir ein großes Geschenk machen:

Sie verabschieden sich kurz und rasen in die Ferne. Ich denke mir, die werde ich nie mehr wiedersehen, aber nach einigen Minuten kommt mir dann ein Motorrad auf meiner Spur entgegen. Ich will den Fahrer schon verfluchen, weil er nicht fähig ist, die richtige Spur zu benutzen. Solche Leute verstehe ich einfach nicht.

Da bemerke ich aber: Es ist derselbe, mit dem ich kurz zuvor gesprochen habe. Er hält dann Nacho und mich auf und schenkt uns zum Beispiel zwei Flaschen „Mountain Dew". Eiskaltes Mountain Dew! Ein Traum!

Nacho und ich sehen uns an und wissen nie so recht, wie wir auf diese und ähnliche Geschenke reagieren sollen. In dem Fall war es gerade wieder so heiß und schwül, dass uns das eisgekühlte kleine – aber doch sehr großzügige – Geschenk gerade recht kam!

Solche Situationen bleiben keine Ausnahmen. Während Nacho und ich durch ein Dorf radeln, reicht uns ein motorradfahrender Pakistaner bei voller Fahrt eine Plastiktüte. Darin sind zwei eiskalte Cola-Dosen.

„Für dich und deinen Bruder!", ruft er Nacho zu und fährt mit einem Winken davon.

Ich denke mir, es kann nicht noch besser werden, aber da täusche ich mich gewaltig. Kurz vor Mittag halten Nacho und ich an einer Tankstelle, um dort Wasser und ein paar Snacks zu kaufen. Es dauert nicht lange, bis wir im Geschäft von einem Pakistaner angesprochen werden. Er spricht erstaunlich gutes Englisch und erzählt, dass er in London wohnt und hier seine Familie besucht. Er lässt es sich nicht nehmen, für unsere Wasserflaschen zu bezahlen und fordert uns sogar auf, noch ein paar Snickers dazuzulegen. Er meint, wir würden sie noch brauchen. Wie recht er doch hat …

Nach der gesponserten Shoppingtour lädt uns der Mann sogar noch zum Mittagessen ein. Wir wollen nicht schon wieder eingeladen werden und auf Kosten anderer essen, aber er lässt uns partout nicht weiterfahren. Ich weiß nicht mehr, was ich noch sagen könnte und so willige ich ein. Nacho macht es mir nach. Er weiß eigentlich genau, dass er wegen seines immer noch anhaltenden Durchfalls nicht zu viel essen sollte, aber er will nicht unhöflich auf die grenzenlose Freundlichkeit der Pakistaner reagieren.

Wir werden mit Reis, Dal Mash, Lassi und Melonenstücken als Nachspeise verköstigt. Mir schmeckt das Essen hervorragend – es ist scharf. Auch das Lassi ist köstlich. Ich weiß allerdings nicht, wie gut dieses scharfe und milchhaltige Essen für Nachos Magen sein wird.

Nach dem Essen danken wir unserem neu gewonnenen Freund ganz herzlich und müssen das Angebot ablehnen, bei ihm zu übernachten. Es ist erst Mittag und wir wollen spätestens übermorgen in Lahore ankommen.

Der Nachmittag verläuft durchwachsen und wir suchen uns mit Google-Maps ein Hotel, in dem wir die Nacht verbringen wollen. Wir werden unterwegs noch mehrmals aufgehalten, unter anderem von einem starken Regenschauer, und kommen so erst nach Einbruch der Dunkelheit in dem Dorf an, wo das Hotel sein soll.

Wir werden von einem Lehrer begleitet, der uns auf der Straße aufgegabelt und uns beiden eine Cola spendiert hat. Er begleitet uns zum Hotel und versucht, für uns ein Zimmer zu organisieren. Netter Typ!

Ich warte vor dem Hotel und passe auf die Räder auf. Es dauert verdächtig lange, bis Nacho und der Lehrer wiederkommen. An Nachos Gesicht kann ich schon von Weitem ablesen, dass die beiden nicht erfolgreich waren.

„Scheiß Militär! Die haben das gesamte Hotel gebucht und lassen uns nicht mal im Eingangsbereich schlafen."

Der Hotelbesitzer war auch nicht sonderlich freundlich. Zum Glück steht nicht weit entfernt noch ein Hotel, wo wir erneut unser Glück versuchen. Aber auch hier will uns niemand aufnehmen – ich verstehe nicht, warum. Bisher hat in Pakistan alles so wunderbar geklappt und plötzlich will uns in diesem Dorf niemand mehr weiterhelfen.

Der Lehrer weiß auch nicht mehr weiter. Er würde uns gern zu sich nach Hause einladen, aber in seiner Mietwohnung des pakistanischen Militärs darf er keine Fremden aufnehmen.

Als Nacho, der Lehrer und ich total entmutigt vor dem Hotel stehen, kommt eine fünfköpfige Gruppe zielstrebig auf uns zu. Der eine ist muskulöser als der andere und sie stellen sich einen halben Meter vor uns mitten auf die Straße. Ich verstehe überhaupt nicht, was gerade passiert. Die Pakistaner diskutieren mehrere Minuten mit dem Lehrer und plötzlich heißt es, wir sollen mit ihnen mitgehen.

Mir kommt die Situation verdächtig vor und auch Nacho gefällt das Auftreten der Unbekannten nicht. Wir haben keine Ahnung, was passieren wird und lehnen vorsichtshalber freundlich ab.

Der stärkste der fünf Männer tritt einen Schritt näher und fordert uns fast schon arrogant auf, doch endlich mitzukommen. Mein Kopf sagt mir, ich soll noch mal ablehnen, doch mein erschöpfter Körper will mir das Gegenteil sagen. Ich schaue Nacho an und er mich. Ich weiß, dass er genau dasselbe denkt wie ich und ich nicke dem unbekannten Pakistaner zu. Uns bleibt keine andere Wahl, als mit den Unbekannten mitzugehen. Wir brauchen ein Dach über dem Kopf und endlich ein paar Stunden Schlaf.

Ich bin mir nicht sicher, ob das eine gute Entscheidung war, aber ich vertraue voll und ganz auf das Gute in den Menschen. Was sich bestätigt. Es stellt sich heraus, dass die fünf Männer am Dorfrand ein Computergeschäft besitzen und uns dort die Nacht verbringen lassen. Nacho und ich dürfen uns duschen. Warmes Wasser! So was gab es seit Wochen nicht mehr!

In der Zwischenzeit bereiten die Pakistaner ein kleines Matratzenlager und ein mächtiges Abendmahl für uns vor. Als Vorspeise gibt es Pizza von Pizza Hut und danach viel zu viel Reis mit mir noch unbekannten Fleischspeisen. Ich lasse es mir nicht zweimal sagen, mehr von dem köstlichen Essen zu nehmen. Mein Magen ist komplett leer und ich brauche viel Kraft für morgen. Während wir uns gut mit den pakistanischen Gastgebern unterhalten, bemerke ich, wie Nacho mit dem Essen kämpft. Sein Magen ist mit der riesigen Menge überfordert und er ist hundemüde.

Die Pakistaner sind aber so interessiert an unserer Reise, dass sie die Zeit total vergessen. Es ist bereits nach Mitternacht. Ich versuche, das Gespräch abzuwürgen, um endlich schlafen gehen zu können. Die versteckte Botschaft kommt irgendwann an und Nacho kann sich endlich ausruhen.

Ich habe sehr gut geschlafen und wache mit den ersten Sonnenstrahlen auf. Nacho hingegen stellt sich noch schlafend und ist überhaupt nicht bereit, in den Tag zu starten. Er dreht sich von links nach rechts und versteckt sich unter seiner Decke. Hoffentlich kommt er irgendwann wieder zu Kräften. Er tut mir so leid. Wir müssen aber weiter, es nützt einfach nichts …

Ich rüttle ihn wach und sage ihm, wir sollten heute im besten Fall über 150 Kilometer schaffen. Wir müssen los. Leider habe ich dabei die pakistanische Gastfreundlichkeit nicht berücksichtigt und nicht bedacht, dass wir noch das Frühstück mit den neu gewonnenen Freunden zelebrieren „müssen". Der Start verzögert sich und wir kommen erst nach zehn Uhr weg.

Der heutige Tag verläuft genauso abenteuerlich wie der gestrige. Nacho und ich sind wegen der kurzen Nacht nicht ganz auf der Höhe und so fallen unsere Wortwechsel knapp aus. Wir beide sind mit unseren eigenen Gedanken beschäftigt und reden kaum miteinander.

Ich fahre ein paar Meter hinter ihm und beginne, zwischen den Straßenmarkierungen Slalom zu fahren. Das ist keine gute Idee. Wie aus dem Nichts jagt ein Polizeiwagen an mir vorbei und man schreit aus dem Fenster:

„Stop! Please follow us!"

Was kommt jetzt wohl auf uns zu?

Das Polizeiauto stoppt am Straßenrand und wir auch. Ich bereite mich schon auf eine lange Diskussion vor, obwohl ich nicht mal weiß, ob Slalomfahren überhaupt verboten ist. Doch es kommt alles anders.

Zwei bestens gelaunte Polizisten steigen mit einem breiten Lächeln aus, kommen auf uns zu und das erste Wort ist:

„Selfie?"

Ich traue meinen Ohren nicht. Hat der Polizist tatsächlich nach einem Foto gefragt, anstatt mich auf das verbotene (?) Slalomfahren aufmerksam zu machen?

Es soll aber nicht bei einem Selfie bleiben. Wir werden von den Polizisten danach quasi gezwungen, mit ihnen zu Mittag zu essen. Bezahlen dürfen wir dafür natürlich wieder nicht. Das anschließende Angebot, uns mit dem Auto noch 50 Kilometer Richtung Osten zu fahren, lehnen wir nach einer langen Diskussion dankend ab.

Kaum zu glauben, wie entspannt, warmherzig und neugierig die Leute hier in Pakistan sind. Obwohl die täglich neuen, abenteuerlichen Begegnungen mit den Einheimischen auf Dauer anstrengend sind, fühle ich mich in dem Land sehr wohl und freue mich, hier zu sein.

Mein belgischer Begleiter und ich machen uns wieder auf den Weg. Wir wollen heute so nah wie möglich an die Stadt Lahore herankommen. Dort wartet eine Freundin von Nachos Gastgeberin aus Islamabad auf uns.

Nach Mittag steigen die Temperaturen auf über 30 Grad und die Luftfeuchtigkeit ist unerträglich. Die Hitze macht mir, neben dem Straßenlärm,

Oben: Je weiter wir in den Süden kommen, umso dichter wird der Straßenverkehr. Hier die Stadt Abbottabad.

Unten: Die Polizei hält uns nur auf, um ein Selfie zu machen.

SOHAIL
VENUS
CARPETS
Granfondo Team

sehr zu schaffen. Meine Hosen sind voller Salzflecke und der Schweiß läuft mir ständig in die Augen. Nacho kämpft auch arg mit der Hitze und wir beschließen, an einer Tankstelle Pause zu machen. Es gibt kalte Getränke und Liegen, wo Nacho ein paar Minuten schlafen kann. Er ist schwach und blickt auch nicht wirklich glücklich in die Linse meiner Kamera. In der Hoffnung, ihn etwas aufzupäppeln, kaufe ich eine Handvoll Schokoriegel und noch mehr Wasser.

Der kleine Junge, der hinter der Kasse das Geld verlangt, kann mit meinem 1000-Rupien-Schein (fünf Euro) nichts anfangen. Er hat nicht genug Wechselgeld. Er verschwindet einen Moment und kommt mit einem älteren Mann zurück, der sein Vater sein könnte. Dieser spricht gebrochen Englisch und gibt mir zu verstehen:

„Für dich ist das gratis, mein Bruder."

Er geht sogar noch zu Nacho raus und schaltet einen Ventilator ein, der meinen komplett fertigen Freund etwas abkühlen soll.

Nach einer halben Stunde Schlaf starten wir wieder. Ich bedanke mich noch mal herzlich bei dem Tankstellenverkäufer für seine Großzügigkeit und wir machen uns aus dem Staub. Der restliche Tag ist eine Mischung aus kurzen Konversationen mit vorbeifahrenden Motorradfahrern, Pausen an Tankstellen und unzähligen Selfies.

Es sind nur noch 50 Kilometer bis Lahore, aber es wird schon dunkel. Nacho und ich werden es heute nicht mehr nach Lahore schaffen und so schauen wir uns erneut auf Google-Maps nach einem Hotel um. Wir haben Glück. Im Dorf nur zwei Kilometer weiter werden drei Hotels angezeigt. Nichts wir hin!

An einem der Hotels angelangt, es ist schon dunkel, sitzen mehrere Pakistaner davor im Freien und essen zu Abend. Wir fragen den Koch, der die Chapati zubereitet, nach dem Hotel und ob noch ein Zimmer frei ist. Dieser weiß aber nichts von einem Hotel und schaut uns verdutzt an. Wir zeigen ihm am Smartphone, dass hier ein Hotel sein soll und wir hier übernachten wollen. Jetzt versteht der Mann unser Anliegen und gibt eine unerwartete Antwort:

„Unser Restaurant hier hat den Namen ‚Hotel' – es ist aber keines."

Ich hoffe, dass ich mich verhört habe und frage noch mal nach. Es ist aber tatsächlich so. Der Mann nennt sein Restaurant tatsächlich „Hotel" und trägt es sogar als solches bei Google-Maps ein. Nacho und ich können das nicht nachvollziehen und wollen zu den anderen zwei Hotels, um dort unser Glück zu versuchen. Doch der Koch klärt uns auf, dass auch diese „Hotels" keine Zimmer hätten.

Wir beide sind sehr verärgert. Wir packen zusammen, verabschieden uns nicht mal vom Koch und fahren durch die Dunkelheit weiter – in der Hoffnung, dass ein richtiges Hotel auftauchen wird. Wir sind innerlich auf 180, genervt bis aufs Letzte und einfach nur hundemüde.

Nacho und ich sind inzwischen zu einem guten Team zusammengewachsen und wissen, dass der jeweils andere nichts für die aktuelle Situation kann und lassen den Frust nicht aneinander aus. Wir reden fast kein Wort miteinander, wissen aber genau, was der andere denkt. So geht es schnell in Richtung Osten weiter, immer auf der Suche nach einem Schlafplatz.

Nach einer Stunde Fahrt kommen wir an einem Hochzeitssaal, wie sie hier in Pakistan üblich sind, vorbei. Wir schauen uns kurz an und wissen sofort, was zu tun ist.

„Hotel?! Hotel?! Zimmer?!", schreien wir den Wachmann vor dem Saal an.

Unser Frust ist nicht zu übersehen. Der Mann tut mir leid.

Ich passe auf die Räder auf, während Nacho nach den Zimmern schaut. 3000 Pakistanische Rupien soll eine Nacht kosten.

„Nein!", schnauzt Nacho den Hausherrn an.

„2000?", fragt dieser etwas verlegen.

„Nein! 1000 Rupien! Mehr nicht!", erwidert Nacho mit Nachdruck.

Der eingeschüchterte Mann willigt sofort ein und zeigt uns das Zimmer. Mein belgischer Freund scheint den Hotelbesitzer dermaßen erschreckt zu haben, dass der uns unaufgefordert Tee und etwas zum Essen bringt. Nach dieser dringend benötigten Stärkung beruhigen wir uns wieder und realisieren, wie unfreundlich wir mit den Leuten umgegangen sind …

Während sich Nacho duscht, wechsle ich eine Speiche an meinem Vorderrad, die heute ganz überraschend während der Fahrt gebrochen ist. Diese Speiche ist der erste nennenswerte Schaden an meinem Rad seit Beginn meiner Reise. Meiner Meinung nach ist das nicht so schlecht – ich bin schließlich bereits über 9000 Kilometer auf der Straße unterwegs.

Das Bett muss ich mit Nacho und Ameisen teilen, die überall im Zimmer herumwuseln. Die Hygiene lässt zu wünschen übrig, aber mir ist das jetzt egal. Ich will nur noch schlafen. Über das mit Lippenstift verschmierte Kopfkissen stülpe ich eines meiner T-Shirts. Das muss reichen. Auf die Bettdecke achte ich nicht mal; die brauche ich sowieso nicht. Hier kühlt es nachts kaum noch ab, sodass an erholsamen Schlaf fast nicht zu denken ist. Dazu kommt noch, dass die Klimaanlage ausgefallen ist.

Ich liege die halbe Nacht wach und schwitze sogar im Liegen. Alles klebt. Ich merke, dass Nacho neben mir sehr unruhig ist und auch nicht schlafen kann. Wie in den vergangenen zwei Wochen muss er ein paarmal aufs Klo. Diese Nacht kann mir echt gestohlen bleiben. Zum Glück sind es morgen nur 30 Kilometer, denke ich mir immer wieder, bis ich irgendwann doch einschlafe.

DIE ZEIT DRÄNGT

Das Frühstück fällt recht einfach aus – mit ein paar Keksen und Cola vor einer Tankstelle. Durch den morgendlichen Verkehr geht es stockend in Richtung Lahore. Ich weiß nicht, ob es Berufsverkehr ist oder ob es auf den Straßen von Lahore immer so zugeht. Obwohl es nervig ist und viel Konzentration erfordert, gefällt mir das Radfahren im chaotischen Verkehr Asiens sehr gut. Es ist wie ein Spiel, sich so schnell wie möglich durch den Verkehr zu schlängeln, ohne dabei von einem Auto oder Motorrad von der Straße geräumt zu werden.

Nacho und ich müssen, genau wie in Islamabad, ins Reichenviertel fahren, wo Maryam, unsere nächste Gastgeberin, auf uns wartet. Sie ist eine Schulfreundin von Anam, bei der Nacho in Islamabad übernachtet hatte. Dieses Viertel wird vom Militär bewacht, anscheinend dürfen Radreisende aber einfach so rein.

„Wie viele Länder?!", ruft uns der Offizier, der uns an der Straßensperre aufhält, schon von Weitem zu.

„Zwanzig!", erwidert Nacho in einem selbstbewussten Ton (ja, er hat während seiner Reise schon 20 Länder durchfahren).

So schnell und skurril, wie die Befragung begonnen hat, so schnell endet sie auch wieder. Nachos Antwort zaubert dem Offizier ein Lächeln ins Gesicht und er winkt uns sofort durch:

„Viel Glück! Willkommen in Pakistan!"

Ich kann mir nicht genau vorstellen, was mich bei Maryam erwarten wird, jedenfalls werde ich schon wieder überrascht. Ein weiteres Mal ist jemand dazu da, den gesamten Haushalt zu führen; die Besitzer des Hauses machen kaum einen Handgriff selbst. Für uns Radfahrer wird sofort etwas gekocht und man versorgt uns mit Getränken, ohne dass wir danach fragen.

Es ist zwar erst Mittag, aber ich bin hundemüde. Die vergangenen zwei Tage zwischen Islamabad und Lahore, mitten auf der GT-Road, waren ungemein anstrengend und nervenzehrend. Ich gehe mich duschen und schlafe dann drei Stunden mitten im Wohnzimmer auf einer Matratze ein. Nacho macht es mir nach und genießt es, an einem ruhigen Ort angekommen zu sein. Wir haben einen Rasttag vor uns. Ich kann ihm seine Erleichterung ansehen.

Auch nach dem Mittagsschlaf können Nacho und ich kaum etwas mit uns anfangen. Wir sind total ausgelaugt, was Maryam sehr amüsant und komisch zugleich findet.

„Jetzt kommt ihr zu uns nach Pakistan und alles, was ihr wollt, ist schlafen?", versucht sie uns zu necken.

Wir verstehen die Botschaft und lassen uns dann doch dazu überreden, die Stadt zu besichtigen. Am nächsten Tag ist auch Maryams Mann zu Hause. Es stellt sich heraus, dass wir beim Social-Media-Manager der pakistanischen Cricket-Nationalmannschaft gelandet sind.

Ich kann es kaum fassen, auf welche Leute ich durch Zufall stoße. Damit hätte ich vor dem Start meiner Radreise nie gerechnet. Ich bin aber glücklich, dass ich diesen Schritt ins Abenteuer gewagt habe und heute bei so freundlichen und sympathischen Leuten hier in Pakistan sitzen darf.

„Wann wollen wir eigentlich weiterfahren?", fragt mich Nacho.

„Ich weiß es nicht, von mir aus können wir noch einen Tag Rast machen", antworte ich und blättere durch meinen Reisepass.

Doch erst jetzt realisiere ich, dass ich gar keine Wahl habe: Ich muss morgen schon aus Pakistan raus! Es sind bereits 30 Tage in diesem Land vergangen und mein pakistanisches Visum läuft aus. Ich MUSS morgen über die Grenze!

Am Grenzübergang zu Indien, nur wenige Kilometer von Lahore entfernt, findet jeden Abend eine Zeremonie statt. Diese soll die Zusammenarbeit, aber auch Rivalität der beiden Länder darstellen. Während der Zeremonie und für den Rest der Nacht wird der Grenzübergang geschlossen. Das heißt, dass Nacho und ich die Grenze nach diesem Schauspiel nicht mehr überschreiten können und auf den nächsten Tag warten müssten. Wir machen uns auf den Weg, da heute für uns die letzte Gelegenheit ist, diese Zeremonie mitzuerleben.

Wir fahren mit einem Tuk-Tuk zur Grenze, wo wir sehr streng kontrolliert werden. Ich habe nicht daran gedacht, die Chlortabletten zum Desinfizieren von Wasser bei Maryam zu lassen und muss eine längere Diskussion mit einem Beamten führen. Nach der Kontrolle werden Nacho und ich dann aber sehr herzlich von den Pakistanern begrüßt und aufgenommen. Uns werden Stirnbänder geschenkt, man will uns die pakistanische Flagge auf die Wangen malen und unzählige Selfies dürfen natürlich nicht fehlen.

Entweder sind die Pakistaner immer und überall so nett, oder es kommen einfach nicht viele ausländische Touristen, um dieses Spektakel an der Grenze zu verfolgen.

Je näher ich der eigentlichen Grenze nun komme, umso klarer wird mir, warum jeder Pakistaner mir die Teilnahme an dieser Zeremonie nahegelegt hat. Hier wurde regelrecht ein Stadion errichtet, nur für diese einstündige Feier.

In der Mitte trennt ein großer Zaun die pakistanische Seite von der indischen. Mir fallen sofort die farblichen Unterschiede der Bekleidung in den beiden Ländern auf. Während hier in Pakistan hauptsächlich braune, weiße und dunkelgrüne Kleider getragen werden, leuchten von der indischen Seite knallige Farben herüber. Orange, Rot, Gelb – leuchtende Farben, die einen fröhlichen und verlockenden Eindruck machen. Ich freue mich schon sehr auf Indien.

Im Stadion werden Nacho und ich in die dritte Reihe gewiesen. Diese wird wohl die Touristenreihe sein, da noch zwei ältere Männer, wahrscheinlich Engländer, dort sitzen. Wir müssen an ihnen vorbei, um zu unseren Plätzen zu kommen, und da passiert ein kleines Missgeschick, das mir noch lange in Erinnerung bleiben wird.

Als ich mich an einem der auf der Tribüne sitzenden Männer vorbeischieben will, stoße ich mit dem Fuß an seine Wasserflasche und sie kippt um. Zum Glück ist sie verschlossen und es passiert nichts weiter. Schwein gehabt! Ich will die Flasche aufheben, mich entschuldigen und weitergehen.

Der englische Tourist nimmt dieses kleine Versehen aber nicht so gelassen und beschimpft Nacho und mich, als ob wir jemanden umgebracht hätten.

Wir beide sind von dieser Reaktion total überrascht und wissen überhaupt nicht, was wir antworten sollen …

Normalerweise macht es mir nichts aus, wenn sich Leute „grundlos" aufregen, doch diese Situation hat mich tatsächlich ein wenig verstört. Während der letzten Monate in Zentral- und Südasien hatte ich fast ausschließlich mit Einheimischen zu tun. Ich habe größere Touristenansammlungen immer vermieden und auf der Straße werde ich sowieso nur von Einheimischen angesprochen. Der Kontakt mit den Menschen war stets sehr entspannt und freundlich. Natürlich gab es immer wieder Situationen, wo etwas schiefgelaufen ist oder nicht ganz korrekt war. Zum Beispiel waren bei Grenzübergängen die Dokumente nicht immer zu 100 Prozent vollständig, ich hielt mit dem Rad den ganzen Verkehr auf oder versuchte zu fotografieren, wo es eigentlich nicht erlaubt war.

Die Leute begegneten mir trotzdem immer gelassen und mit Respekt. Sie versuchten auch, so wohlwollend und hilfsbereit wie möglich zu sein.

Als ich nun das erste Mal seit Monaten wieder einem Touristen begegne, ist dieses Aufeinandertreffen gleich so unangenehm. Ich weiß nicht, warum der Mann so gereizt reagierte. Nacho und ich erklären es uns damit, dass wir durch das lange Reisen sehr entspannt und im Kopf stärker geworden sind, vielleicht hat ihn diese Ausstrahlung gereizt. Das ist es wirklich nicht wert, sich wegen so kleiner Missgeschicke derart aufzuregen. Doch viele Leute sind durch ihren Alltag und die Arbeit so gestresst, dass sie nicht mal in ihrem Urlaub richtig abschalten können und sich wegen einer umgefallenen Flasche auf die Palme bringen lassen.

Die Zeremonie startet Punkt 17 Uhr. Fahnenträger und Trommler ziehen ein. Das Ganze ist mit extrem lauter Musik aus Lautsprechern untermalt – wahrscheinlich, um die Musik auf der indischen Seite der Grenze zu übertönen. Die Fahnenträger schreiten auf und ab und die Zuschauer jubeln ihnen zu. Danach haben die Soldaten ihren großen Auftritt und marschieren auf eine noch nie gesehene Art und Weise. Die Beine werden dabei so weit hochgeworfen, dass die Füße fast über die Köpfe der Soldaten reichen.

Es herrscht eine unglaubliche Energie im Stadion. Die Zuschauer jubeln mit der Musik mit, die Soldaten beider Seiten schreien und fuchteln in Richtung der jeweils anderen Seite und trotzdem arbeiten sie zusammen. Pakistanische Soldaten schütteln die Hände der indischen, ohne die Grenzmarkierung zu überschreiten. Danach werfen sie sich wieder drohende Blicke zu und wollen von den „verfeindeten" Soldaten nichts mehr wissen.

Ein Spektakel, das ich mit Worten kaum beschreiben kann. Das muss man mit eigenen Augen gesehen haben.

Die einstündige Show ist schnell vorüber und wir machen uns auf den Weg zurück. Nach einem gemeinsamen Abendessen mit unseren Gastgebern gehen Nacho und ich früh schlafen. Für morgen ist der Grenzübertritt geplant.

Der letzte Tag in Pakistan wird noch mal aufregend. Während Nacho und ich gestern unterwegs waren, hat Maryam einen lokalen Nachrichtensender von unserer mehrmonatigen Fahrradreise informiert. Sie sagt, der wäre so begeistert, dass er heute ein Interview mit uns führen wolle.

Wegen der übermäßigen Aufmerksamkeit in den vergangenen Wochen seitens der Pakistaner sind Nacho und ich von dieser Idee zuerst nicht wirklich begeistert. Es kommt noch dazu, dass ich heute das Land verlassen muss und nicht weiß, wie lange das Interview dauern würde.

Ich schlage vor, ohne Interview aufzubrechen und dass das Fernsehteam uns auf der Straße abfangen soll. Denn der Weg zum Grenzübergang ist eine kilometerlange, schnurgerade Straße, wo Nacho und ich sicherlich auffallen werden. Die Idee kommt gut an und so machen wir uns auf den Weg.

INDIA
INDIA'S FIRST LINE OF DEFENCE

RANGER

Ich bin so dankbar für die tolle Zeit in Pakistan. Die Menschen hier sind extrem liebenswürdig, neugierig und wollen immer weiterhelfen. Die neu gewonnenen Freunde in Islamabad und Lahore haben Nacho und mir eine besonders schöne Zeit bereitet, die ich nicht missen möchte.

Dennoch freue ich mich, in ein neues Land zu kommen und wieder neue Dinge erleben und entdecken zu dürfen.

Ich weiß nicht, wie die Pakistaner das machen, aber sie überraschen mich jeden Tag aufs Neue. Schon während Nacho und ich uns gerade durch den Berufsverkehr Richtung Stadtrand schlängeln, werden wir vom Fernsehteam gefunden und aufgehalten: Plötzlich fährt neben mir ein kleines Auto, aus dem zwei Männer rufen und mit einer Kamera winken. Das müssen sie sein.

Ganz unkompliziert darf ich ein paar Minuten über meine Fahrradreise sprechen. Der Journalist ist sehr an meiner Meinung über Pakistan interessiert. Über den Teil, den ich von diesem Land gesehen habe, kann ich nur Gutes berichten. Die Leute sind einsame Spitze! Ich habe selten so freundliche und zuvorkommende Menschen wie in Pakistan getroffen. Dass sie oft zu zuvorkommend sind und fast schon ein wenig aufdringlich, habe ich für mich behalten. Über das kann man ja hinwegsehen.

Pakistans Natur hat mir ausgesprochen gut gefallen. Stand ich vor ein paar Wochen noch auf über 4000 Meter Meereshöhe auf dem höchsten Grenzübergang der Welt, war Hunderte Kilometer zwischen Rakaposhi und Nanga Parbat auf dem Karakorum-Highway unterwegs, so bin ich jetzt mitten im Flachland zwischen Städten, Tuk-Tuks und Motorrädern, bei über 30 Grad und unerträglicher Feuchtigkeit. Deren Auswirkungen kann ich auch dem Kameramann ansehen.

Selbst die Einheimischen scheinen sich nicht so leicht an die Temperaturen zu gewöhnen. Sein Shirt ist komplett durchnässt und der Schweiß läuft ihm übers Gesicht. Es ist erst zehn Uhr am Morgen …

Das Interview dauert nicht lange und es gibt noch eine abschließende Filmszene: Nacho und ich beim Radfahren durch die Stadt. Jetzt aber nichts wie hin zur Grenze!

Hier ist überhaupt nichts los. Als ich das Grenzgebäude erreiche, wartet ein älterer Mann vor dem Haus und kommt geradewegs auf mich zu. Er

Oben: Das Stadion, in dem die Grenzzeremonie stattfindet. Von hier aus kann ich schon Indien sehen.

Unten: Pakistanische und indische Soldaten stehen sich gegenüber und zelebrieren allabendlich ihr Ritual.

winkt schon von Weitem mit Geldscheinen und hat ein breites Grinsen im Gesicht. Das wird ein Geldwechsler sein, denke ich mir und ich soll recht behalten. Er will Nacho und mir die letzten Pakistanischen Rupien abnehmen und sie gegen Indische wechseln. Bisher wurde mir bei solch grenznahen Tauschgeschäften immer ein miserabler Kurs geboten und es war viel Überzeugungskraft und Diskutieren nötig, um einen akzeptablen Wechselkurs zu erhalten.

Hier ist es anders und der Mann bietet einen nur minimal schlechteren Kurs als den offiziellen. Er ist mir sympathisch und so wechsle ich mein verbliebenes Geld in die neue Währung, die mich hinter der Grenze erwartet. Ich will auch noch meine restlichen Dollarscheine loswerden und biete ihm auch diese an. Es sind nur 22 Dollar, aber die Augen des Mannes beginnen zu leuchten! Für Dollar bietet er mir sogar noch einen besseren Kurs als fürs pakistanische Geld.

Diese Scheine müssen hier wirklich rar und gefragt sein, denke ich mir. Das ist tatsächlich so, doch es kommt noch besser. Als ich die Dollarscheine aus meinem Geldbeutel nehme, taucht zwischen den Scheinen ein 10-Euro-Schein auf, den ich immer noch von zu Hause mithabe. Der Geldwechsler sieht den roten Schein und will sofort danach greifen.

„Bitte gib mir auch den Euroschein!“, bettelt er ununterbrochen.

Auf die Frage, warum, meint er nur:

„Diese Scheine sind hier extrem selten. Euro bekommen wir hier so gut wie gar keine. Ich MUSS diesen Schein haben!“

Na gut, wenn ich dem Mann einen Gefallen tun kann, dann wechsle ich auch den Euroschein.

Die Ausreise aus Pakistan geht recht unkompliziert über die Bühne. Nacho und ich müssen ein paar Formulare ausfüllen und werden zum Beamten weitergereicht, der uns den Ausreisestempel in den Reisepass drückt. Wieder ein sehr sympathischer Mann, mit dem wir fast eine Stunde plaudern, bevor es zum eigentlichen Grenzübergang geht.

Auf diesen Moment habe ich mich lange gefreut. Ich darf durch das Stadion fahren, wo gestern Abend noch die spektakuläre Zeremonie stattgefunden hat. In der Mitte des Stadions wird der Grenzzaun geöffnet, sobald ich mich nähere. Mein belgischer Begleiter und ich lassen es uns natürlich nicht nehmen, auf dem dicken weißen Grenzstrich innezuhalten und den Moment zu genießen. Sogar Fotos dürfen wir hier machen, was normalerweise bei anderen Grenzübergängen komplett tabu war.

Vor mir liegt Indien, Pakistan hinter mir. Land Nummer 17, ich komme!

Indien

Aus Pakistan bin ich gut rausgekommen. Mal sehen, ob die Einreise nach Indien auch so reibungslos abläuft.

Nacho und ich radeln dem großen Gebäude entgegen, wo wir die Einreisedokumente erhalten. Noch bevor wir das Haus betreten dürfen, werden unsere Fahrräder und Taschen von einem Drogenspürhund beschnüffelt.

„Alles in Ordnung!"

Das beginnt ja schon mal sympathisch …

Die Räder bleiben draußen, nur wir und unsere Dokumente dürfen vorerst rein. Als Erstes sind mehrere Formulare auszufüllen und dann warten wir eine gefühlte Ewigkeit. Es ist niemand da, der ebenfalls von Pakistan nach Indien einreisen will, worauf muss ich dann eigentlich warten?

Meine genervten Gedanken verfliegen schnell wieder, da ich in China gelernt habe, dass man in solchen Situationen einfach Geduld haben muss. Mittlerweile verfahre ich bei Grenzübergängen nach dem Motto „Kooperieren, aber nur so viel wie nötig." Genau dieser Ansatz spart Nacho und mir am Ende sogar noch Zeit.

Wir werden vor dem Verlassen des Grenzgebäudes nach unserer Ausrüstung gefragt und erklären, dass wir mit den Fahrrädern hier sind. Die stünden allerdings vor der Haustür.

Der Beamte schickt uns los, um sofort die Fahrräder mit den Taschen zu holen. Sie müssten durch den Röntgenscanner geschickt werden. Ich versuche gar nicht erst zu diskutieren, sondern bringe das Rad bis an die Tür zum Röntgenscanner-Raum. Das vollbepackte Rad passt aber nicht durch, also warte ich auf neue Anweisungen.

Der Beamte fordert mich auf, die Taschen vom Rad zu nehmen und sie zum Scanner zu tragen. Ich tue so, als ob ich ihn nicht verstehen würde, bis er die Geduld verliert.

„Was ist da drin?", fragt er, während er auf das beladene Rad zeigt.

„Kleidung, Zelt, Campingausrüstung, Ersatzteile …"

Das scheint ausreichend zu sein und er schickt Nacho und mich weiter, ohne die Taschen scannen zu müssen. Perfekt!

Der erste Eindruck von Indien ist sehr positiv. Die Menschen sind fröhlich, lachen und zeigen sich an unseren Fahrrädern interessiert. Überall sind grelle Farben: Orange, Rot, Gelb, Violett. Das bin ich von Pakistan nicht gewöhnt.

Der größte und auffallendste Unterschied zu Pakistan ist aber, dass ich wieder Frauen auf der Straße sehe. Sie lachen, tanzen und schreien herum. Ein herrlicher Anblick, diese fröhlichen Menschen zu sehen. Zugleich ist es sehr traurig, wie wenig die Frauen in Pakistan zu sagen haben. Nur in den reichen Städten Islamabad und Lahore habe ich Frauen auf offener Straße gesehen und mit ihnen sprechen können. Auf dem Land und in den Bergen waren sie so gut wie überhaupt nicht anzutreffen.

Am Einreisetag fahren wir noch bis Amritsar. Das Hostel dort ist sehr ansprechend. Sogar mit Klimaanlage! Die wird die sonst so heiße Nacht erträglich machen.

EIN GUTER START IM NEUEN LAND

Es ist kurz nach Mittag und das neue Land muss, trotz Nachos Magenproblemen, mit einem Bier gefeiert werden. Auf dem Weg zur nächstgelegenen Bar statten wir dem Goldenen Tempel, dem bedeutendsten Heiligtum der Sikhs, einen Besuch ab. Der Goldene Tempel ist eine Attraktion und sehr beeindruckend. Um das Areal betreten zu dürfen, müssen wir unsere Schuhe ausziehen und ein Kopftuch aufsetzen. Es wird wohlklingende Musik gespielt und Essen verteilt. Bedürftige können hierherkommen und erhalten von freiwilligen Helfern etwas zu essen.

Bevor wir eine Bar aufsuchen, kauft Nacho an einer Straßenapotheke Probiotika für sein Verdauungssystem. Von außen wirkt die Bar verlassen, keine Gäste sind zu sehen. Hier in Amritsar scheint der Genuss von Alkohol nicht wirklich gern gesehen zu sein. Dennoch bestellen wir uns zwei große Bier.

„Normales Bier oder das starke?"

Die Antwort ist schnell gegeben und es schmeckt ausgezeichnet. Es ist das erste offizielle Bier seit genau einem Monat. Im muslimischen Staat Pakistan war es nicht leicht, es zu bekommen. Dank einiger glücklicher Begegnungen hatten Nacho und ich aber doch die Chance, in Pakistan gebrautes Bier zu verkosten.

Während Nacho und ich in den Erinnerungen an Pakistan, Tadschikistan und all die Länder zuvor schwelgen, bringt der Kellner ein Bier nach dem anderen. Wir unterhalten uns köstlich und ich freue mich sehr, einen so passenden Reisepartner gefunden zu haben. Obwohl wir uns während der vergangenen Wochen und Monate 24 Stunden am Tag aushalten mussten, verbringen wir auch die „Freizeit" ohne Rad zusammen.

Oben: Die Grenze öffnet sich. Nacho ist schon halb in Indien.

Unten: Goldener Tempel. Das höchste Heiligtum der Sikhs.

BSF
सत्यमेव जयते
INDIA
STEALTH WHEELS

REDELK

Nacho und ich schätzen die Straßenküchen.

Ich denke, es passiert nicht jeden Tag, so einen guten Freund quasi zufällig auf der Straße kennenzulernen.

Es wird schon dunkel und der Kellner schaut uns mit einem fragenden Blick an, ob wir wirklich noch eine Runde bestellen wollen. Man scheint uns die sechs großen Starkbier anzusehen und wir beschließen, es dabei zu belassen. Der Weg zurück zum Hostel ist ein langer, aber ein unterhaltsamer. Wir torkeln ohne Orientierung durch die Straßen, spielen mit den streunenden Hunden und holen uns ein Thali als Mitternachtssnack.

Am Tag darauf bedankt sich der Körper mit Kopfschmerzen und wir lassen die Nacht noch mal Revue passieren. Es war bestimmt nicht die beste Idee, komplett betrunken mit streunenden Hunden zu spielen. Hätte uns einer gebissen, wären wir jetzt vielleicht mit Tollwut im Krankenhaus. Der gestrige Abend hatte aber auch etwas Gutes. Etwas sehr Gutes sogar!

Nacho weiß nicht genau, ob es an der Menge Bier oder den Probiotika liegt: Auf jeden Fall ist er den Durchfall los und es soll auch für den Rest seiner Reise so bleiben.

Zusammen mit Nacho schlängle ich mich durch den Verkehr aus Amritsar raus und fahre wie immer Richtung Osten. Obwohl ich von mehreren Radreisenden davor gewarnt wurde, gefällt mir das Radfahren auf den indischen Straßen sehr. Die Straße ist gut, die Landschaft schön und ich genieße es sehr, wieder in einem neuen Land zu sein.

Nacho und ich kommen nicht weit und werden von einem Inder und seinem Sohn angehalten. Mitten auf der Hauptstraße.

Er begrüßt uns in seinem Land und hält uns eine Tasche voller Guaven hin. Diese wachsen in seinem Garten und er möchte sie uns schenken. Das Geschenk nehmen wir dankend an. Ich freue mich riesig über die Guaven und die großherzige Geste des Inders.

Die Pakistaner haben immer so schlecht über Indien gesprochen, doch ich kann ihre Aussagen überhaupt nicht bestätigen. Die Leute hier lachen, winken uns zu, schenken uns Früchte. Was will man mehr …

Es ist kurz vor Mittag und ich trete angestrengt hinter Nacho die Straße entlang. Mir stecken noch immer die gestrige Nacht und der fehlende Schlaf in den Knochen. Die schwüle Hitze macht es nicht leichter, konzentriert zu bleiben. Ich schwitze und meine Kleidung ist klatschnass. Mir wird schlecht. Ich hoffe, es ist nur ein kurzer Moment, aber es wird immer schlimmer. Ich muss mich fast übergeben.

Zum Glück kommen wir an einer Tankstelle vorbei, die Nacho sofort ansteuert. Hier gibt es einen Kühlschrank voll kalter Getränke. Eine Cola muss her!

Neben dem Kühlschrank steht ein alter Ventilator. Ich liebäugle schon damit, mich einfach vor ihn hinzustellen. Irgendwie muss ich mich abkühlen und den Magen beruhigen.

Affen mitten im Großstadtdschungel.

Der Tankwart sieht Nacho und vor allem mir an, dass wir ordentlich mit uns zu kämpfen haben. Er zögert nicht lange und holt einen Stuhl, den er vor den Ventilator stellt.

„Setz dich hierhin", sagt er zu mir, während er meine Cola-Flasche öffnet.

Gerade war ich noch kurz davor, mich zu übergeben. Die kühle Luft und die kalte Cola wirken Wunder und ich erhole mich langsam. Nacho findet es amüsant, wie ich da so mit mir ringe und hat nichts Besseres zu tun, als von mir ein Foto zu machen.

Nachdem ich etwas wiederhergestellt bin, geht es weiter. Wir fahren auf einer fast leeren Schnellstraße. Es kommt nur eine Handvoll Autos vorbei und wir können die Natur in vollen Zügen genießen. Nach der Regenzeit ist hier alles saftig grün, das Gras hoch und wunderschön anzusehen. Das Radfahren macht hier am Land sehr viel Spaß!

ICH FINDE EIN HANDY

Nacho und ich wollen in Indien nicht zelten. Es ist viel zu heiß und schwül. Außerdem kostet eine Unterkunft nicht viel und wir haben eine Dusche. Wir steuern auf ein „Hotel" zu, das von außen aussieht, als ob es ein Fast-Food-Lieferant wäre. Hinter der Tür gibt es aber tatsächlich eine Rezeption und wir fragen den Inder dort nach einem Zimmer. Ein Doppelzimmer kostet umgerechnet zehn Euro.

„Ohne Klimaanlage", betont er.

„Was kostet denn ein Zimmer mit Klima?", erkundigen wir uns wie aus der Pistole geschossen. Das wäre der totale Luxus!

Ich glaube zuerst, ich hätte mich verhört, aber der Hotelbesitzer verlangt tatsächlich 20 Euro für ein Zimmer mit Klimaanlage. Das ist das Doppelte! Viel zu viel! Nacho und ich sind nicht bereit, so viel Geld für eine Nacht auszugeben.

„So heiß ist es eh nicht mehr", versuchen wir uns einzureden, als wir im Zimmer sind. Wir täuschen uns aber sehr. Es kühlt nachts so gut wie gar nicht ab und wir wälzen uns hin und her. An Schlaf ist nicht zu denken. Als ob das nicht genug wäre, gesellen sich jetzt Ameisen zu uns ins Bett. Viele kleine rote Ameisen. Meine Beine und Arme jucken von den kleinen Biestern und ich wälze mich noch mehr im Bett herum. Das kann es doch nicht sein! Ich will einfach nur schlafen!

Der heutige Tag beginnt wie der gestrige. Ich bin hundemüde, mir ist wieder schlecht und ich fahre hinter Nacho her. Ich bin entnervt von der letzten Nacht und rede nicht besonders viel mit Nacho. Erst die Pause an einer Tankstelle und eine Cola bringen meinen Körper wieder auf Trab und meine Laune bessert sich. Mir wird bewusst, wie sehr sich mein Körper in den letzten Monaten an Zucker gewöhnt hat. Nacho und ich trinken täglich schon am Morgen eine Cola oder Fanta, um in den Tag zu starten. Unsere Körper brauchen das inzwischen, um in Schwung zu kommen. Wir sind zuckersüchtig …

Diesen Schwung brauchen Nacho und ich heute aber dringend. Während wir gemütlich auf der Landstraße dahinfahren, überholt plötzlich ein Scooter und fordert uns auf, anzuhalten. Der Mann holt sein Smartphone heraus und beginnt, uns zu filmen. Er stellt sich als Reporter des BBC Punjab vor, eines lokalen Radiosenders, und stellt uns ohne große Umschweife Fragen:

„Woher seid ihr? Warum seid ihr mit dem Fahrrad unterwegs? Wie gefällt es euch hier in Indien?"

Der Mann hört nicht auf, uns mit Fragen zu bombardieren.

Nach einigen Minuten und einem freundlichen Händedruck dürfen wir wieder los. Was für ein verrückter Vogel! Die Leute hier in Indien scheinen ganz spontan aufzutauchen und ebenso spontan wieder zu verschwinden.

Nacho und ich fahren weiter und suchen im nächsten Dorf nach einem Geldautomaten. Wir haben nur wenige Indische Rupien übrig und müssen wieder zu Bargeld kommen. Leider funktioniert hier so gut wie kein Automat und erst nach gefühlt zehn Anläufen finden wir einen, der Geld ausspuckt. Nach Nacho will auch ich Geld beheben und öffne meine Lenkertasche, wo sich mein Geldbeutel mit der Bankomatkarte befindet.

„Was ist das?", rufe ich Nacho zu. „Hast du ein neues Handy?"

Nacho verneint die Frage und ich ahne, dass heute ein spannender Tag werden wird. Der Reporter auf dem Scooter hat tatsächlich sein Handy in meiner Lenkertasche liegen lassen, als wir uns die Hände schüttelten. Was machen wir jetzt? Wir sind schon über 30 Kilometer vom Interviewort entfernt und wer weiß, wo sich unser Reporter-Freund befindet.

Wir beschließen, weiterzufahren und währenddessen einen der eingespeicherten Kontakte anzurufen. Es geht jemand ran, aber ich verstehe kein Wort. Mein Gesprächspartner scheint kein Englisch zu sprechen und wir können uns nicht verständigen. Ich lege auf. Das macht so keinen Sinn.

Im nächsten Dorf gehe ich mit dem gefundenen Handy zu einem kleinen Straßengeschäft und bitte den Besitzer, die zuvor angerufene Person erneut zu kontaktieren. Der Mann ist hilfsbereit und lässt sich nicht zweimal bitten. Ich verstehe nicht, was er am Telefon sagt, aber es hört sich vielversprechend an.

„Problem gelöst", meint er. „Du kannst das Handy bei mir lassen und der Besitzer holt es morgen hier ab".

Während meiner Reise habe ich gelernt, den Menschen zu vertrauen und ich überlasse ihm das Handy. Ich bin mir sicher, dass es zu seinem rechtmäßigen Besitzer zurückfindet.

Nacho und ich fahren der Stadt Kalka entgegen. Dort wollen wir zwei Tage rasten und ich nutze gleich die Zeit zum Friseurbesuch. Der Service kostet fast nichts, umgerechnet 40 Cent. Das gesparte Geld investiere ich in eine gute Mahlzeit und in Bier. Heute ist nämlich ein besonderer Tag. Nacho ist genau heute ein ganzes Jahr von zu Hause weg. Für mich werden es in wenigen Tagen sechs Monate. Das muss gefeiert werden!

Wir bekommen hier keinen Alkohol zu kaufen und müssen mit einem Taxi an den Stadtrand fahren. Der Taxifahrer zockt uns ab, was uns heute aber egal ist. Wir folgen einer sich den Berg hinaufschlängelnden Straße bis zu einem Restaurant. Es ist offenbar das einzige weit und breit, das Alkohol verkauft. Wir gönnen uns das indische Kingfisher-Bier. Ein recht gutes, noch dazu mit 8 Prozent Alkoholgehalt ziemlich stark.

„Endlich wieder Pause!", atmen wir fast zugleich auf.

Den Satz, den Nacho dann sagt, werde ich nicht so schnell vergessen:

„Ich hätte mir nie gedacht, dass ich nach genau einem Jahr nach meiner Abreise von zu Hause in Indien bei einem Bier sitze – mit einem Deutsch sprechenden Italiener."

Mit Nacho unterwegs zu sein, macht viel Spaß und wir lassen es uns im Restaurant gut gehen. Erst nach Einbruch der Dunkelheit taumeln wir Richtung Stadtzentrum, wo unsere Unterkunft ist. Es fährt kein Taxi mehr und wir müssen die kurvenreiche Straße zu Fuß zurücklegen. Wir sind schon zehn Minuten unterwegs, als uns plötzlich ein Auto überholt und vor uns stehen bleibt. Es ist der Restaurantbesitzer!

„Ihr wart gute Kunden. Lasst euch nach Hause bringen", schreit er aus dem Auto und fordert uns auf, einzusteigen.

Wir haben ein Taxi! Yes!

UNERGRÜNDLICHES CHAOS

Am nächsten Tag erleben wir das chaotische Indien hautnah. Unser Plan ist es, mit einer alten Schmalspurbahn von Kalka nach Shimla zu fahren, um eine lange Steigung über den Berg zu umgehen.

„Heute könnt ihr kein Ticket kaufen, erst morgen!", werden wir vom Angestellten am Bahnhof aufgeklärt. „Das Ticket immer am selben Tag kaufen!"

Wir glauben das nicht und probieren es an einem anderen Schalter.

„Der Zug ist schon komplett ausgebucht", werden wir wieder fortgeschickt.

Was jetzt? Ist der Zug ausgebucht oder bekommen wir heute einfach keine Tickets mehr? Ein dritter Angestellter, den wir befragen, teilt uns mit, dass Tickets nur online gekauft werden können und die verbliebenen erst kurz vor der Abfahrt des Zuges am Bahnhof verteilt werden. Ich bin verwirrt.

Verwirrter als zuvor, schlendern wir zurück zum Hotel und lassen den Tag mit viel gutem Essen verstreichen. Warum muss hier alles so kompliziert sein? Wir wollen doch nur ein Zugticket kaufen! Wir beschließen, unsere Sachen zu packen und es morgen früh noch mal zu probieren. Spätestens da müssen wir an Tickets kommen. Doch es soll wohl nicht sein.

„Ihr hättet die Zugtickets gestern kaufen sollen. Gestern waren noch viele verfügbar, jetzt ist der Zug voll."

„Ist das euer Ernst?", werden Nacho und ich laut. „Wir wurden gestern mehrere Stunden von Schalter zu Schalter geschickt, um dann zu erfahren, dass wir noch keine Tickets kaufen können oder keine mehr zu haben sind. Heute erfahren wir, dass es noch welche gegeben hätte. Was soll der Scheiß?"

Wir sind gezwungen, den Plan, per Bahn nach Shimla zu kommen, aufzugeben und mit unseren Rädern weiterzufahren. Doch alles passiert aus einem Grund.

Kaum haben wir die Stadt verlassen, finden wir uns in einem wunderschönen Waldstück inmitten eines noch schöneren Panoramas wieder. Die steile Straße schlängelt sich durch den dichten Wald. Wir kommen an Kühen vorbei, die mitten auf der Straße wiederkäuen, sehen Menschen, die sich halb nackt an einem Brunnen waschen und beobachten das erste Mal Affen in freier Wildbahn.

Aus dem frustrierenden Tag ist plötzlich ein überraschend erfreulicher geworden. Ich freue mich sehr, dass alles genau so passiert ist und radle gemächlich aus dem Wald hinaus.

PAUSE IN INDIEN

Nacho und ich reisen die nächsten Tage durch eine zauberhafte Landschaft. Wir befinden uns hoch über einem Tal auf einer schmalen Straße, die durch saftig grüne Hänge und Wälder führt. Aufgrund der hohen Luftfeuchtigkeit zieht Wasserdampf durch die Lüfte und sorgt für eine mystische Stimmung. Mir gefällt es zu Hause auch sehr, wenn Nebel in den Bäumen hängt und die Landschaft etwas dramatisch aussieht.

गंगा राष्ट्रीय धरोहर है, गंगा माँ है।

GANGA BEACH
Cafe & Restaurant
New
LUCKY CAFE

Je weiter wir kommen, umso mehr freue ich mich, mit Nacho unterwegs zu sein. Ihm habe ich es zu verdanken, dass ich diese schöne Natur hier erleben darf. Ich wollte mit dem Rad eigentlich die Stadt Delhi ansteuern und durch das Flachland nach Nepal fahren. Nacho hat mich aber so lange bearbeitet, bis ich mich ihm angeschlossen habe und wir nun zusammen durch den hügeligen Teil im Norden Indiens fahren. Nach dem wochenlangen Schwitzen im pakistanischen und indischen Flachland ist es eine Wohltat, in den kühleren Lagen in den Bergen zu sein.

So geht das fast drei Tage lang weiter. Wir kommen durch üppige Wälder, wo Straßenschilder uns vor frei laufenden Elefanten warnen, uns kleine Affen nachjagen und wir zwischen Kühen Slalom fahren müssen, bevor wir in Rishikesh ankommen.

Die Stadt ist für ihre vielen Yoga-Zentren bekannt und dadurch recht touristisch. Obwohl ich diese Art von Städten bisher möglichst vermied, freue ich mich nun auf einen längeren Aufenthalt in diesem Ort. Ich bin erst seit einer guten Woche in Indien und möchte mehr von diesem fantastischen Land sehen.

Hier lerne ich Rita kennen, eine Österreicherin, die ebenfalls mit dem Rad unterwegs ist. Es ist bereits ihre zweite Reise und sie kennt Nacho über die Plattform „Warmshowers". Wir finden heraus, dass Rita nicht weit von meinem Heimatort gearbeitet hat. Sie verbrachte zwei Sommer als Kellnerin auf einer Hütte im hinteren Umbaltal in Osttirol, das nicht weit von meiner Heimat, dem Ahrntal in Südtirol, entfernt ist. Was für ein Zufall! Es gesellt sich noch eine weitere Radfahrerin, Liesbeth aus Belgien, dazu und wir lassen es uns in Rishikesh gut gehen.

Ich nutze die Gelegenheit und besuche das erste Mal in meinem Leben einen Yogakurs. Wenn nicht hier in Rishikesh, wo dann??

In Indien mache ich die längste Pause während meiner gesamten Reise – fast drei Wochen. Nacho wird nicht so lange hierbleiben und fährt dann allein weiter. Er will vor Weihnachten in Tokio ankommen und hat noch eine lange Strecke vor sich. Es wird also unser letztes Miteinander sein, dann sind wir wieder auf uns allein gestellt.

Mit Nacho Rad zu fahren habe ich außerordentlich genossen. Er strahlte immer so eine angenehme Ruhe aus, wir fuhren in einem ähnlichen Tempo, hatten dieselben Vorstellungen über Geldausgaben und notwendige Pausen. Ich muss sagen, Nacho kennengelernt zu haben, war ein

Oben: Ich wohne einer Zeremonie in Rishikesh bei.

Unten: Inder bei ihrem Reinigungsritual im Heiligen Fluss Ganges.

Indien. Das Land des bunten Gewusels.

HOTEL SA
AROMA
RESTAURANT
FULLY
A.C
Lucky
HOTEL

echter Glückstreffer. Wir sind zu guten Freunden zusammengewachsen und ich bin traurig, dass er jetzt allein weiterfährt. Ich hoffe, dass ich ihn bald in seiner Heimat Belgien besuchen darf und wir auf die gemeinsame, wunderschöne und aufregende Zeit auf der Straße zurückblicken können.

Nach einigen Tagen in Rishikesh mache ich mich mit Bus und Zug auf den Weg nach Delhi, Varanasi und der kleinen Stadt Manali im nördlich gelegenen Bundesstaat Himachal Pradesh. Es macht Spaß, auch einmal Zeit ohne Rad zu verbringen und das Land auf andere Art besser kennenzulernen. Ich bin mir sicher, dass diese lange Pause hier notwendig ist. Auf dem Rad erlebe ich täglich unzählige neue kleine Abenteuer und habe überhaupt keine Zeit, sie zu verarbeiten. Auch beim Erkunden dieser drei indischen Städte werde ich von den vielen Eindrücken überwältigt, aber auf eine andere Weise. Ich spüre, wie mein Kopf wieder freier wird und Raum für Neues entsteht.

ICH KOMME WIEDER!

Zurück in Rishikesh hole ich mein Rad im Hostel ab, wo ich es abstellen durfte. Alles ist noch da. Nichts wurde aus meinen Taschen geklaut oder durchwühlt. Was wollen die Leute auch klauen … Müffelnde Unterwäsche wird kaum jemand haben wollen.

Ich mache mich auf den Weg zu meinem letzten Grenzübergang. Zum Grenzübergang nach Nepal. Nur noch drei Tage trennen mich vom letzten Land meiner langen Reise. Ich erlebe noch mal die schönen und die weniger schönen Seiten Indiens. Ich werde von jungen Truckern angehalten und mit Äpfeln beschenkt. Sie feiern meine Reise mit dem Rad und gehen mit mir sogar noch mittagessen. Für das Essen bezahlen zu dürfen, muss ich mir wie immer abschminken.

Am Tag darauf werde ich von einer Horde Kinder belagert, während ich zu Mittag esse. Sie bestaunen schüchtern mein Rad und trauen sich nicht, es anzufassen. Sobald ich beginne, mit ihnen zu reden und ihnen das Rad zu erklären, tauen sie auf und wollen mich nicht mehr gehen lassen. Wir machen ein Gruppen-Selfie, danach lassen sie mich dann doch wieder ziehen. So herzliche Kinder! Ich bin glücklich, in Indien gewesen zu sein und schwöre mir, wieder in dieses großartige Land zu kommen. Ich habe erst einen winzigen Bruchteil davon erkundet, ich will noch viel mehr sehen!

Der letzte Tag in Indien ist angebrochen – morgen fahre ich in Nepal ein. Heute wird mir noch mal vor Augen geführt, unter welchen Umständen die Leute hier leben müssen. Besonders in Grenznähe komme ich an auffallend vielen Dörfern mit gewaltigen Müllproblemen vorbei. Bevor ich

Die begeisterten Kinder lassen mich erst nach einem Selfie wieder ziehen.

das Dorfzentrum erreiche, muss ich oft an Hunderte Meter langen Müllhalden vorüber. Kinder und Frauen, Kühe und Hunde wühlen sich durch den Dreck und suchen nach Verwert- oder Fressbarem.

Mir wird immer öfter bewusst, welches Glück und Privileg ich habe, in Mitteleuropa geboren und aufgewachsen zu sein. Ich kann mir die Zeit nehmen und habe genug Geld, um mit dem Fahrrad durch die Welt zu reisen, kann mir täglich Essen kaufen und mir ein ordentliches Dach über dem Kopf leisten. Die Menschen hier müssen von Tag zu Tag überleben und viele sind aufs Betteln angewiesen, um etwas Warmes zu essen zu bekommen.

Es ist so weit – Nepal, ich komme! Ich verlasse das Gästehaus, das ich nur dank des Tipps einer Radfahrerin gefunden habe. Es ist ein Restaurant, das im Obergeschoss drei heruntergekommene, verdreckte Zimmer für ein paar Rupien vermietet. Fließend Wasser gibt es nicht, die Fensterscheiben sind eingeschlagen und es stinkt. Na ja, ich dachte mir, es ist ja nur für eine Nacht, und zum Glück blieb es auch dabei.

Ich fahre nur wenige Kilometer und ein Blick auf meinen Fahrradcomputer zaubert mir ein Lachen ins Gesicht. Heute knacke ich die magische Grenze von 10.000 Kilometern!

Der Computer steht bei 9998 Kilometern und obwohl ich mir eigentlich die mittlerweile obligatorische Frühstücks-Fanta kaufen wollte, fahre ich weiter. Ich starre nur noch auf das kleine Gerät auf meinem Lenker. 9999 Kilometer. Komm schon, bald ist es so weit. Schalt um!

10.000 Kilometer! Ich habe es tatsächlich geschafft! Ich habe auf meiner Reise 10.000 Kilometer zurückgelegt und den größten Teil davon bin ich immer einer einzigen Himmelsrichtung gefolgt: Osten. Es ist zwar nur eine Zahl, aber ich freue mich dennoch unbändig darüber. So sehr, dass ich ein Foto davon mache. Die Zeit ist extrem schnell vergangen und ich kann mich noch genau an den Tag erinnern, als ich meinen ersten Platten hatte. Das war bei ungefähr 5500 Kilometern und es ist kaum zu fassen, wie viel ich in der Zwischenzeit erlebt habe.

Meine Reise ist noch nicht vorbei. Ein großes Kapitel liegt noch vor mir: Nepal. Ich habe mich nicht genauer über Nepal informiert und weiß nicht recht, was mich hinter der Grenze erwarten wird. Bis dorthin ist es nicht mehr weit. Ich muss bei einer recht unscheinbaren Kreuzung von der Hauptstraße abfahren und dann der kleinen Straße zu einem Fluss folgen.

Ich schlängle mich durch eine Schar indischer und europäischer Touristen und fahre über die Brücke, an deren Ende das Migrationsamt Indiens steht. Hier muss ich melden, dass ich aus dem Land ausreisen will. Das weiß ich aus Erzählungen anderer Radfahrer. Vor Aufregung und Vorfreude vergesse ich aber, an diesem Haus halt zu machen und rolle schnurstracks dem neuen Land entgegen. Erst, als ich den Schlagbaum und Beamte mit einer mir unbekannten Uniform sehe, erkenne ich, dass ich zu weit gefahren bin. Noch mal zurück …

Auch beim zweiten Anlauf fahre ich fast an dem Gebäude vorbei. Es ist zwar beschriftet, aber meine Augen wollen es wohl nicht sehen. Erst, als ich andere Touristen es verlassen sehe, erkenne ich, dass ich hier richtig bin. Die Beamtin am Schalter trägt meine Daten in ein überdimensionales Buch ein und will wissen, wo ich mich in den vergangenen Tagen aufgehalten habe. Bei jeder Übernachtung in einem Hotel musste ich in Indien angeben, woher ich an diesem Tag gekommen bin und in welche Stadt ich plane weiterzureisen.

So berichte ich ein letztes Mal, wo ich gestern war und mache mich aus dem Staub.

Nepal

Die Einreise nach Nepal ist sehr entspannt und erinnert mich an Usbekistan. Waren es dort noch Hunderte überladene Autos, die auf die Einreise warteten, so sind es hier schwerstbepackte Fahrräder, die von ihren Besitzern nach Nepal gebracht werden wollen. Auch hier werde ich vom Militär nach vorne gerufen und darf an allen Wartenden vorbeiziehen. Ich setze mich auf einen Gartenstuhl an einem Unterstand aus Wellblech und zeige meinen Reisepass.

Während ich warte, kommt eine Touristenfamilie und gesellt sich zu mir. Auch sie wollen nach Nepal und warten auf die Einreise. Ihrem Akzent nach müssen sie Amerikaner sein. Wir kommen ins Gespräch und es stellt sich heraus, dass sie gar keine Touristen sind! Die Familie lebt schon seit über 20 Jahren in Kathmandu, der Hauptstadt Nepals, und führt dort für amerikanische Universitäten Studien durch. Ich bin von ihrer Geschichte ganz fasziniert, aber wir können leider nicht weiterreden. Der Grenzbeamte hat meine Daten aufgenommen und schickt mich weiter.

Ich schwinge mich auf mein Rad, komme aber nur einen halben Kilometer weit. Hier steht ein weiteres Gebäude, wo ich meine Daten ein weiteres Mal angeben muss und endlich ein Visum bekomme. Hier wird, wie in Indien und Pakistan, alles handschriftlich erledigt und ich bin wieder zum Warten verurteilt.

Die amerikanische Familie kommt nach und sie wollen mich zu sich einladen. Vater, Mutter und Tochter sind gerade auf Urlaub und haben an einer Safari in Indien teilgenommen. Auf dem Heimweg nach Kathmandu machen sie einen Stopp im Suklaphanta-Nationalpark im Westen Nepals und wollen sich noch mal auf Safari begeben.

„Komm mit!“, fordern sie mich auf. „Wir laden dich zur Safari ein. Es ist alles schon organisiert und du musst morgen nur noch in den Jeep steigen!“

Dieses sagenhafte Angebot lasse ich mir nicht entgehen und fahre voraus in Richtung Unterkunft der Familie. Sie werden mich mit ihrem Jeep sicherlich einholen.

Der erste Eindruck von Nepal ist überwältigend. Hier ist alles noch grüner als in Indien! Die Reisfelder, die Bäume und Sträucher neben der Straße, als Kontrast die Strohhütten. Ein herrlicher Anblick!

Bis zur Unterkunft ist es nicht weit und ich komme noch vor Sonnenuntergang dort an. Sie befindet sich mitten im Wald und es ist sehr ruhig hier. Es ist das erste Mal seit Wochen, dass ich keinen Straßenlärm höre. Nur den Wind in den Bäumen und in der Ferne Tierlaute. Es ist angenehm kühl. Klasse.

Die amerikanische Familie wartet schon auf mich und hat ein Zimmer für mich organisiert. Ein wahrer Luxus! Ich habe kaum Zeit, die Taschen von meinem Rad zu nehmen, schon werde ich von den Amerikanern aufgefordert, mitzukommen:

„Wir fahren zu einer Hängebrücke an der Grenze. Komm mit, es lohnt sich!"

Und wie es sich lohnt! Pünktlich zum Sonnenuntergang erreichen wir die Brücke. Das Licht wird im Dunst goldgelb und es ist ganz still. Vor mir laufen Leute über die Brücke; ich kann nur noch ihre schwarzen Silhouetten erkennen. Dahinter die untergehende Sonne – ein wirklich schöner Moment!

Ich muss an zu Hause denken. Was machen wohl meine Familie und Freunde gerade? Hoffentlich geht es ihnen gut. Es ist Anfang Oktober, zu Hause in den Alpen wird es langsam kalt und ich stehe hier in meinem verschwitzten Hemd neben einer amerikanischen Familie, die ich vor einer Stunde kennengelernt habe. Als ich vor über einem halben Jahr von zu Hause losgefahren bin, hätte ich mir nie gedacht, wie sehr ich solche kleinen und einfachen Momente schätzen werde.

Es handelt sich nur noch um Wochen, bis ich wieder nach Hause fliegen muss. Ich freue mich sehr auf zu Hause, möchte aber gleichzeitig nicht, dass dieses Abenteuer zu Ende geht. Vor lauter Aufregung ist mir erst jetzt klar geworden, dass ich im letzten Land meiner Reise angelangt bin. Nepal!

Wir kehren mit dem Safari-Jeep zurück zu unserer Unterkunft und kommen an nepalesischen Familien vorbei. Sie leben in kleinen Hütten mit Strohdächern. Die Wände scheinen aus Lehm zu sein und nicht immer sind Scheiben in den Fensteröffnungen. Es ist ein trauriger Anblick, wie die Nepalesen hier hausen müssen. Ihnen scheint das aber nichts auszumachen. Sie lachen und winken uns zu, als wir mit unserem Jeep an ihnen vorbeifahren.

Mir kommt die ganze Situation plötzlich sehr ungerecht vor. Ich sitze hier im hochbeinigen Jeep und winke dem armen Volk zu, also ob ich was Besseres wäre. Sie besitzen überhaupt nichts und dennoch wirken sie so fröhlich. Haben sie möglicherweise ein besseres Leben als wir reichen Mitteleuropäer?

Wir hetzen von einem materiellen Ding zum nächsten und haben keine Zeit, uns über kleine Gesten wie ein Winken oder Lächeln zu freuen. Ich bin damit überfordert und weiß nicht, was ich von der Situation halten soll …

Oben: Fast zwei Mal rausche ich an dem weißen Häuschen – und damit meinem nepalesischen Visum – vorbei.

Unten: Hängebrücke vor Sonnenuntergang – eine tolle Stimmung, die ich mit der amerikanischen Familie teile.

IMMIGRATION OFFICE
अशोक बेण्ड
TO NEPAL

AUF SAFARI

Am nächsten Tag geht es in den Dschungel und ins hohe Gras. Es ist früh am Morgen und der Wecker klingelt mich aus dem Bett. Das Frühstück steht schon bereit. Es gibt Toast und Spiegeleier. Dazu Pulverkaffee. Danach schwingen wir uns samt einem Guide in den Jeep und fahren in Schrittgeschwindigkeit durch den dichten Wald.

Die Tochter der Amerikaner und ich setzen uns auf das Dach des Jeeps, um einen noch besseren Ausblick zu haben. Es ist für mich das erste Mal, dass ich auf Safari bin.

Zu Beginn sehen wir viele Rehe, Hirsche und Eulen. Je weiter wir in den Wald hineinfahren, umso exotischer werden die Tiere. Es zeigen sich Krokodile, die sich am Ufer der Flüsse sonnen. Die Tiere sehen entspannt aus und zeigen keine Regung. Wie versteinert liegen sie da und beobachten uns, wie wir an ihnen vorbeifahren.

Wir verlassen den Wald und befinden uns auf einer riesengroßen Grasfläche. Das Gras ist mehrere Meter hoch und peitscht mir während der Fahrt ins Gesicht. Ich fühle mich wie im Film. Mit dem Jeep fahren wir quasi direkt der Luftlinie folgend von Aussichtsturm zu Aussichtsturm und warten dort darauf, dass sich ein Tier zeigt.

„Oktober ist leider nicht die beste Zeit, um auf Safari zu gehen. Nach der Regenzeit ist das Gras sehr hoch und die Tiere mögen es, sich darin zu verstecken“, erklärt mir unser Guide.

Dem ist auch so, denn bis auf eine Handvoll Hirsche wollen sich keine anderen Tiere blicken lassen. Das ist schade, aber ich feiere die heutige Erfahrung sehr.

Ich war in einem Nationalpark in Nepal, habe Krokodile, Rehe und riesige Graslandschaften gesehen, wie ich sie nur aus der Fernsehsendung „Universum“ kenne, und habe einen großartigen Tag mit einer amerikanischen Familie verbracht.

Diese Gedanken gehen mir durch den Kopf, als wir mit dem Jeep langsam Richtung Ausgang des Nationalparks fahren. Es dämmert bereits und völlig unvermittelt legt unser Fahrer eine Vollbremsung hin.

„Was ist los?“, fragen wir alarmiert. Der Guide gibt keinen Laut von sich und deutet mit dem Finger nach vorne.

Ein Leopard!! Mit solch einem Tier scheint hier niemand gerechnet zu haben. Nicht nur die Amerikaner kommen aus dem Staunen nicht mehr heraus, auch unser Guide ist fassungslos und möchte dem Tier am liebsten nachlaufen. Der Leopard zeigt sich noch einmal ganz kurz und verschwindet dann im dichten Wald. Ein perfekter Abschluss des Tages!

Meine erste Safari – und das in Nepal!

In Nepal geht jetzt alles sehr schnell. Ich nehme den East-West Highway und mache mich auf den Weg zu meinem Ziel – Kathmandu. Laut Karte trennen mich nur noch 800 Kilometer von der Stadt, wo ich den Fahrradteil meiner Reise beende.

Im Laufe dieser langen Reise haben sich meine Vorstellungen über Entfernungen stark verändert. Waren früher 200 Kilometer ein mit dem Rad nur schwer erreichbares Ziel, so hören sich jetzt 800 Kilometer wie ein Klacks an. In einer Woche bin ich dort!

Nicht ganz. Ich lasse mir Zeit und rase nicht durch das Land. Der Hauptstraße folgend, muss ich ein Stück Nationalpark durchqueren. Die Straße führt tatsächlich durch ein Gebiet, wo jeden Augenblick ein Tiger auf der Straße auftauchen kann. Straßenschilder und Militärposten warnen vor dieser Gefahr. Ich muss hier durch und denke nicht weiter nach, was passieren könnte, würde ein Tiger vor mir stehen. Als ich meine Reise vor zwei Jahren zu planen begann, habe ich nicht mit einer Nationalpark-Durchquerung gerechnet. Und mich damals für rote Fahrradtaschen entschieden. Die Guides betonen während der Safaris allerdings immer wieder,

Oben: Mensch und Umwelt mitten im Müll.
Unten: Die Armut in Nepal ist bedrückend.

man solle in der Natur möglichst keine schrillen Farben verwenden – erst recht keine rote Kleidung oder anderes. Diese Farbe lockt Tiere an, kann sie sogar aggressiv machen.

Mit meinen knallroten Taschen bin ich sozusagen eine rollende Zielscheibe, die durch den Park fährt und darauf wartet, dass ein Tier aus dem Gebüsch springt. Die Durchquerung des Waldstückes dauert eine Stunde und es passiert glücklicherweise nichts. Nur Rehe und ein paar Affen trauen sich auf die Straße.

Ich mache im Bardia-Nationalpark halt, gehe dort mit einem deutschen Paar wieder auf Safari und bin überwältigt, wie arm und zugleich gastfreundlich die Menschen in Nepal sind. An das unglaublich herzliche Verhalten der Menschen habe ich mich mittlerweile gewöhnt, aber die Armut macht mir zu schaffen.

Als ich an einem anderen Tag mein Ziel nicht mehr erreiche, und kurz vor Sonnenuntergang eine Unterkunft suche, komme ich an einem Bauernhof am Straßenrand vorbei. Ich frage den Mann dort, ob es in der Nähe ein Hotel gibt.

„Du kannst bei uns ein Zimmer haben", deute ich seine Gestikulation.

Er zeigt mir einen kleinen Raum, in dem ich die Nacht verbringen darf. Die drei Jungs auf dem Hof kommen sofort zu mir und versuchen, ihr bestes Englisch zum Einsatz zu bringen. Sie zeigen mir, wo ich meine Wäsche waschen kann, wo der Platz zum Zähneputzen ist, wo sie den Abwasch erledigen und ihre geschlachteten Hühner ausnehmen. All diese Dinge passieren am selben Platz – am Abfluss neben einem großen Wassertank. Es gibt kein fließendes Wasser, also muss alles an diesem einen Tank stattfinden.

Den Leuten hier scheint das nichts auszumachen. Wahrscheinlich kennen sie es auch nicht anders.

Zum Abendessen bekomme ich Dal Bhat. Ähnlich dem pakistanischen und indischen Essen besteht dieses aus Reis, Linsensuppe, Gemüse und manchmal Hühnchenfleisch. Dieses Gericht essen die Einheimischen mindestens zwei Mal täglich, denn sie können sich nichts anderes leisten. Dal Bhat kostet wenig und gibt Kraft. Mir schmeckt es sehr gut und ich frage, ob ich noch ein wenig bekommen kann. Bei Dal Bhat darf man immer ein Mal um Nachschlag bitten, wie ich im Laufe meines Aufenthaltes in Nepal lerne.

Zum Abschluss wird mir ein selbst gemachter Reiswein vorgesetzt. Er schmeckt ziemlich eigen, aber ich will alles probieren, was zur hiesigen Kultur gehört.

KATHMANDU ZUM GREIFEN NAH

Mich trennen nur noch wenige Kilometer von Kathmandu. Heute sehe ich das erste Mal ein Straßenschild, auf dem die Hauptstadt angeschrieben ist. 492 Kilometer. Es ist wirklich nicht mehr weit!

Der Verkehr hier in Nepal und die Hitze machen sich bemerkbar und ich komme nicht mehr so schnell voran wie gewohnt. Oft muss ich anhalten und eine Pause machen, und ich kaufe viel Obst am Straßenrand.

„Ich weiß genau, was du jetzt brauchst!“, schreit mir ein junger Mann am Straßenrand nach, der Äpfel und Bananen verkauft. Ich halte an und lasse mir zeigen, was er im Angebot hat.

Die Bananen sehen appetitlich aus und ich nehme ihm drei ab. Eine esse ich vor Ort und die anderen zwei kommen als Proviant mit. Sie schmecken ausgezeichnet und überhaupt nicht wie zu Hause. Hier sind sie viel intensiver und süßer.

Hätte mir der Mann nicht nachgerufen, wäre ich wahrscheinlich wie blind an ihm vorbeigefahren. Ein guter Geschäftsmann.

Mein nächster Halt ist die Stadt Pokhara. Um dort hinzukommen, muss ich das Flachland im Süden Nepals verlassen und ins hügeligere Landesinnere fahren. Die Straße nach Pokhara ist viel befahren und der Verkehr wird mir langsam zu viel. Hier in Südasien ist es gang und gäbe, dass gehupt wird, wenn man jemanden überholt. So gibt man dem Überholten Bescheid, dass man sich momentan direkt hinter und dann gleich neben ihm befindet. Ein Präsenzalarm sozusagen.

Dieses Verfahren wenden die Nepalesen auch bei mir an. Es wird ständig gehupt. Der Bus, der an mir vorbeisaust, die Autos, die Motorräder. Alle hupen und hupen, auch wenn weit und breit niemand ist und sie einfach nur an mir vorbeifahren müssten. Das ist auf Dauer stressig und ich kann den Verkehr nicht mehr ertragen! Hört doch bitte endlich auf zu hupen!

Nicht nur das Hupen ist nervtötend, sondern auch die Fahrweise. In Indien, Pakistan und Nepal hat das größere Auto Vorrang und das kleinere muss ausweichen – auch beim Überholen. Es passiert nicht selten, dass ein entgegenkommender Bus gerade ein Auto überholt und mir auf meiner Fahrspur entgegenkommt. Ohne irgendwelche Anstalten zu machen, auszuweichen, hält er geradewegs auf mich zu. Ich als kleiner Radfahrer muss das Feld räumen und rette mich oft in den Straßengraben.

Oben: Das tiefblaue Juwel am Annapurna Circuit – mein Highlight, der Tilicho See.

Unten: Es ist nicht mehr weit. Endlich der erste Hinweis auf mein Ziel: Kathmandu!

बुटवल
Butwal
236
H01
काकडभिट्टा
Kakadbhitta
823
H01
काठमाडौं
Kathmandu
492
METRO

So ein rücksichtsloser Fahrstil. Kein Wunder, dass hier so viele Unfälle passieren.

Ich lerne aber, mit dem Verkehr umzugehen. Dank der Zeit in Pakistan und Indien habe ich schon reichlich Erfahrung und schlängle mich durch den jetzt stockenden Verkehr. Hier gibt es keine Vorfahrtsregeln. Wer zuerst da ist, der darf fahren. Mit meinem Rad bin ich sehr wendig und komme auf diese Weise zügig durch den Verkehr.

Die Zeit in Nepal ist irgendwie strapaziös. Vielleicht ist es der Verkehr, der mich fertigmacht. Vielleicht die viele Armut, die ich tagtäglich sehen muss. Oder es ist einfach die lange Zeit in den südasiatischen Staaten mit dem freundlichen, aber auch recht aufdringlichen Verhalten ihrer Bewohner. Ich weiß nicht genau, woran es liegt, aber ich fühle mich ausgelaugt. Ich nutze jede Gelegenheit, eine Pause zu machen. Oft ist es einfach nur eine Horde Kinder, denen ich zusehe, wie sie sich mit einer selbst gebauten Schaukel vergnügen. Diese ist aus langen Bambusrohren gebaut und sieht spektakulär aus. Die Kinder erspähen mich und winken mir zu.

Bisher hatte ich mit dem Wetter extremes Glück. Der Regenzeit konnte ich gut ausweichen. In diesem Zeitraum war ich entweder gerade in den pakistanischen Bergen oder mit dem Zug in Indien unterwegs. Und es gab bisher auch keinen einzigen Tag, an dem ich von früh bis spät durch den Regen radeln musste. Nur heute, ausgerechnet am Tag, an dem ich in Pokhara ankommen werde, spielt das Wetter nicht mit.

Ich starte in Tansen, einem Dorf hoch oben in den Bergen, und habe zunächst eine hügelige, aber sehr schöne Strecke Richtung Pokhara vor mir.

Anfangs ist das Wetter optimal, ich folge der kurvenreichen Straße und mache viele Höhenmeter. Es ist fast nichts los und ich habe die Straße ganz für mich allein.

Zu Mittag halte ich an einem schön hergerichteten Café am Straßenrand. Ich genehmige mir einen Teller Nudeln und dazu Bananen-Lassi. Der Cafébesitzer spricht sehr gut Englisch und erzählt mir, dass er das Lokal erst vor Kurzem eröffnet hat. Er möchte es an die Bedürfnisse der vielen Radfahrer anpassen, die auf dieser Straße unterwegs sind. Aus diesem Grund hat er auch ein Gästebuch, in dem ich meine Wünsche notieren und mich verewigen soll.

Ich schreibe ein paar Sätze in das Buch, blättere es durch und siehe da: Ich finde einen Eintrag von Nacho! Er war auch auf dieser Straße unterwegs und hat ebenfalls im Café gegessen!

Vom Mittagessen gestärkt fahre ich weiter nach Pokhara, doch plötzlich schlägt das Wetter um. Die Regenzeit scheint doch noch nicht ganz vorbei zu sein. Es gießt wie aus Kübeln und es wird richtig finster. Eine Pause zu machen, halte ich für sinnlos, da es vermutlich mehrere Stunden lang regnen wird, ich aber spätestens heute Abend in der Stadt ankommen will.

Ich entscheide mich, einfach weiterzufahren und den Regen über mich ergehen zu lassen. Es dauert keine zehn Minuten und ich bin klatschnass. Die Einheimischen schauen mich verdutzt an und wundern sich, dass ich bei diesem Wetter trotzdem noch weiterfahre. Die allermeisten haben Schutz vor dem Regen gesucht und warten auf eine Wetterbesserung.

Das ist eigentlich nicht mal so schlecht. Jetzt ist die Straße so gut wie leer gefegt und ich muss mich nicht mit den hupenden Autos abplagen.

Zu früh gefreut. Pokhara liegt in einem Kessel und ich muss von den Bergen ins Tal hinunter. Das Rad kann ich einfach rollen lassen und es nimmt ordentlich Geschwindigkeit auf. Durch den starken Regen sehe ich nicht viel von der Straße, fahre nur nach Gefühl und hoffe, dass keine Schlaglöcher kommen. Die Sonne geht bereits unter und das Fahren wird noch problematischer. Ich hatte ohnehin schon keine gute Sicht, doch nun fahre ich fast blind ins Tal. Bitte lass mich jetzt keinen Unfall bauen.

Jetzt gesellt sich ein Scooterfahrer zu mir. Er versucht, neben mir zu fahren, während ich mein Fahrrad ins Tal rollen lasse. Er kommt mir nur mit Mühe nach und will mit mir reden.

„Es ist zu gefährlich, jetzt mit dir zu reden. Ich muss mich auf die Straße konzentrieren", rufe ich ihm zu, aber er will oder kann mich nicht verstehen.

Ich schaffe es ohne Unfall nach Pokhara und checke in einem Hostel ein. In dieser sehr touristischen Stadt treffe ich plötzlich auf viele Rucksacktouristen. Zu Beginn fühle ich mich nicht wirklich wohl zwischen all den Touristen. Mit ihrem grundverschiedenen Reisestil scheinen sie auch völlig andere Interessen und Bedürfnisse zu haben, und ich komme damit nicht ganz zurecht. Überall sind Bars und Restaurants, es wird mit Geld um sich geworfen und natürlich werden Touristen abgezockt. Ein ungutes Gefühl.

Erst am nächsten Tag freunde ich mich mit der Stadt ein wenig an und bereite mich auf den Annapurna Circuit vor, auf den ich mich in den kommenden zwei Wochen begeben werde. Fast drei Wochen liege ich mit der Ankunft in Pokhara vor meinem ursprünglichen Zeitplan und habe jetzt genug Spielraum, zu Fuß das Annapurna-Massiv zu umrunden.

Mein Kollege Simon, mit dem ich die letzten Meter zum Everest Base Camp bestreiten werde, kommt in drei Wochen nach Kathmandu. Es ist also noch genug Zeit.

Ich lasse es mir in der Stadt gut gehen und probiere ein Restaurant nach dem anderen aus. Hier gibt es sogar eine belgische „Frituur" (Imbissbude) mit ausgezeichneten Burgern und belgischem Bier. So was gab es ja seit Ewigkeiten nicht mehr!

Ich muss ein sogenanntes Trekking-Permit beantragen, um auf dem Annapurna Circuit unterwegs sein zu dürfen. Danach fahre ich mit einem Bus nach Besisahar, dem Ausgangspunkt der Trekkingroute. Von nun an heißt es wandern, Tag für Tag. Meine Beine sind nur noch die Bewegungen beim Radfahren gewöhnt; ich muss mich mit dem Wandern erst wieder anfreunden.

Gleich zu Beginn treffe ich Simon, einen Wiener. Er ist auch allein unterwegs, wir tun uns zusammen und bestreiten die Tour gemeinsam. Der Annapurna-Trek ist eine einmalige Erfahrung. Im Tal wandere ich durch den Dschungel, später wird die Landschaft mit ihren Nadelwäldern immer karger, und je näher ich dem 5416 Meter hohen Thorong La-Pass komme, umso kälter wird es und die Vegetation hört auf zu existieren.

Das absolute Highlight des Rundganges ist ein Ausflug zum Tilicho See – ein tiefblauer Bergsee auf fast 5000 Metern. Die Gegend hier ist surreal und wahnsinnig schön zugleich. Der blaue See, die hohen, vergletscherten Berge, der strahlendblaue Himmel und die vielen im Wind wehenden Gebetsfahnen. Ich komme aus dem Staunen nicht mehr heraus.

Mit der dünnen Höhenluft kann ich gut umgehen und habe so gut wie keine Probleme. Mit den ungewohnten Minustemperaturen will sich mein Körper allerdings nicht so recht anfreunden und ich werde fast krank. Das ist ein Grund für mich, nur noch den Thorong La zu überschreiten und dann mit dem Bus vom nächsten Dorf zurück nach Pokhara zu fahren. Die weiteren fünf Wandertage vom Pass zurück nach Pokhara schenke ich mir. Mir ist wichtiger, wieder gesund zu werden und vollkommen erholt mit meinem Kollegen Simon zum Everest Base Camp zu wandern. Dieser Ausflug wird vermutlich noch mal anstrengend, aber zweifellos ein tolles Erlebnis.

Zurück in Pokhara genehmige ich mir zwei Tage Ruhe, bevor ich weiterfahre nach Kathmandu.

DER LETZTE TAG AUF DEM RAD

Es ist Ende Oktober und das Tihar-Festival, das Lichterfest, steht vor der Tür. Am Abend vor meiner Weiterreise schlendere ich noch mal durch die Stadt, überall wird gefeiert. Die Häuser sind mit Lichterketten geschmückt und aus jeder Gasse ertönt laute Musik. Farben sind hier bei den Festivals besonders wichtig und vor jedem Hauseingang werden Mandalas in bunten und glitzernden Farben ausgelegt und gezeichnet. Eine wundervolle Stimmung!

200 Kilometer. 200 Kilometer trennen mich noch von meinem Ziel Kathmandu. Bis dort hin werde ich mit dem Rad fahren und dann nur noch zu Fuß unterwegs sein. 200 Kilometer. Ich will über die viel

Geschafft! Der Thorong La-Pass ist bezwungen. Ungewohnte Minusgrade bescheren mir eine Erkältung.

befahrene Hauptstraße von Pokhara nach Kathmandu radeln. Viele Radreisende und auch Einheimische warnen mich vor ihr. Es passieren dort viele Unfälle und ich solle diese Straße besser meiden. Mir ist das mittlerweile egal, ich will nur noch ankommen. Das Fahren im nepalesischen Verkehr ist sehr aufreibend und ich will nicht noch mehr Tage auf diesen Straßen unterwegs sein.

Die letzten 30 Kilometer nach Kathmandu führen über eine steile, kurvenreiche Straße mehrere Hundert Höhenmeter hinauf. Ich hecke den Plan aus, am ersten Tag 150 Kilometer zu schaffen, am letzten Radtag meiner Reise die Steigung anzugehen und dann gemütlich in Kathmandu anzukommen.

Ich mache mich auf den Weg. Ein interessantes Gefühl – jetzt, nach über 10.000 Kilometern, fühlen sich diese 200 Kilometer überhaupt nicht mehr lang an. Es geht gut voran und die Straße ist weniger stark befahren als erwartet.

Dal Bhat, das Nationalgericht Nepals: Linsensuppe, Reis und Gemüse. Reis ist unterwegs fast ständig mein Begleiter.

Mit dem Ziel in greifbarer Nähe, versinke ich in meinen Gedanken und lasse die vergangenen acht Monate auf dem Rad Revue passieren. Ich bin in Italien im Schnee gestartet, wurde im Balkan von Hunden verfolgt, bin durch Regen in der Türkei gefahren. In Kasachstan und Usbekistan habe ich gegen die Hitze gekämpft, danach die Berge in Tadschikistan und Pakistan genossen. Der indische Subkontinent hat mich sehr viel gelehrt und nun bin ich fast am Ziel. Die Zeit ist so schnell verflogen – es fühlt sich ganz und gar nicht nach acht Monaten an. Eher nach nur einem oder zwei, aber auf keinen Fall acht.

Komplett abwesend trete ich vor mich hin und erkenne, dass ich schon mittags 100 Kilometer geschafft habe. Eine gute Zeit also zum Mittagessen.

Eine englische Familie am Tisch neben mir schaut oft zu mir herüber, wie ich da allein und total verschwitzt am Tisch sitze und esse. Irgendwann trauen sie sich dann doch, mich anzusprechen und zu fragen, was ich hier mache.

„Ich bin mit dem Rad von Italien hierhergekommen und habe nur noch 100 Kilometer bis zu meinem Ziel, Kathmandu", erkläre ich stolz.

Die Familie hat nicht mit so einer Antwort gerechnet, feiert mit mir aber diesen Augenblick.

Erst als ich weiterfahre, realisiere ich, wie weit ich es mit dem Rad tatsächlich geschafft habe. Mein eigener Maßstab für Entfernungen hat sich in den letzten Monaten total verändert. Das kurze Gespräch mit dieser Familie bringt mich allerdings auf den Boden der Tatsachen zurück: Die

Strecke von Italien nach Nepal ist tatsächlich enorm und ich freue mich plötzlich sehr, es ohne größere Pannen geschafft zu haben.

Ich verliere mich schon wieder in meinen Gedanken, werde aber von einem Hund energisch zurück ins Hier und Jetzt geholt. Ähnlich wie im Balkan jagt mir hier einer nach und würde mir am liebsten in die Wade beißen. Mittlerweile weiß ich aber, wie mit solchen Kötern umzugehen ist und nur wenige Sekunden später ist der Hund weg.

Es scheint so, als ob der heutige Tag eine Zusammenfassung meiner Reise wäre. Es ist heiß wie in Zentralasien, Hunde jagen mir wie im Balkan nach und ich rutsche sogar fast auf dem sandigen Seitenstreifen aus. Das erinnert mich an das zermürbende Wakhan-Tal in Tadschikistan.

64 km, lese ich auf einem Schild. Es sind nur noch 64 Kilometer bis Kathmandu. Als ich dieses Schild sehe, ist für mich alles klar: Ich werde heute ganz sicher nicht mehr auf der Straße übernachten. Ich werde heute nach Kathmandu fahren!

Beflügelt trete ich bis kurz vor die 30 Kilometer lange Steigung und hole mir mit einem Teller Nudeln und Fanta neue Kraft. Die Sonne ist schon untergegangen und ich muss die gefährliche Straße bei Dunkelheit befahren. Ich habe aber großes Glück und die Straße ist wie leer gefegt. Das Lichterfest Tihar dauert noch an und alle Nepalesen scheinen zu Hause zu feiern. Während ich langsam den Berg hochtrete, sehe ich viele hell erleuchtete Häuser. Die Menschen stehen auf der Straße und feiern bei lauter Musik. Viele jubeln mir zu, was mich richtig anspornt.

Die ersten Kilometer bringe ich recht flott hinter mich, doch nach und nach wird es mühsam. Ich bin schon über zehn Stunden auf dem Rad, es ist kalt und ich schwächle. Mir geht die Kraft aus und ich brauche viel Zucker, um mich über Wasser zu halten. Ab jetzt lege ich halbstündlich Pausen ein, kaufe an einem Kiosk Cola, verdrücke noch ein paar Snacks und versuche, so konstant wie möglich weiterzutreten. Ohne die obligatorischen Ballermann-Hits in meinen Ohren würde ich es heute wohl nicht mehr bis Kathmandu schaffen.

Obwohl es eigentlich sehr warm ist, beginne ich zu frieren. Ich bin total am Ende. Es fehlen aber noch fünf Kilometer. Die Straße scheint kein Ende zu nehmen und ich kann überhaupt nicht mehr einschätzen, wo ich mich gerade befinde. Auf dieser kurvenreichen Straße und in der Finsternis sieht es überall gleich aus.

Ich hole meine Fleece- und Regenjacke aus den Taschen und muss mich erst einmal aufwärmen. Während ich das mache, kommt ein älterer Mann auf mich zu und fragt, ob alles in Ordnung ist. Ich bejahe die Frage und er spornt mich an, dass ich es schaffen werde:

„Es sind nur noch fünf Minuten."

Den nepalesischen Zeitangaben darf man wirklich keinen Glauben schenken. Es sind immer nur „fünf Minuten" und es ist immer „flach", auch wenn es kerzengerade nach oben geht. Ich reiße mich am Riemen, nehme einen Schluck von meiner Cola und mache mich auf, um die verbleibenden fünf Kilometer hinter mich zu bringen.

Mit gesenktem Blick trete ich vor mich hin und starre auf meinen Fahrradcomputer. Nach einer halben Stunde hebe ich meinen Blick und kann eine bunt erleuchtete Stadt erkennen. KATHMANDU!!

Ich habe es geschafft!! Überhalb der Stadt Kathmandu halte ich kurz inne und genieße den Anblick. Jetzt muss ich nur noch zu meinem Hostel rollen. Die Stadt ist wegen des Tihar-Festivals so farbenfroh geschmückt und ich freue mich ungemein, endlich hier in Kathmandu, dem Ziel meiner Fahrradreise, angekommen zu sein.

Am Hostel steige ich ab: Meine Uhr zeigt den 28. Oktober, Punkt Mitternacht an. Vor Freude vergesse ich, ein Ankunftsfoto zu machen.

Ich checke im Hostel ein, lasse mein Rad im Eingangsbereich liegen und hole mir in der Stadt eine Dose Bier. Die genieße ich im Hostel in vollen Zügen und gehe auf direktem Wege schlafen. Eine selten bescheuerte Idee, bis Mitternacht Rad zu fahren, aber nach 208 Kilometern und über 3000 Höhenmetern habe ich es geschafft! Ich bin in Kathmandu! Was für eine Erleichterung!

Jetzt habe ich den größten Teil meiner Reise hinter mir und noch eine Woche Zeit, mich auf die Wanderung zum Everest Base Camp vorzubereiten. Ich freue mich sehr darauf, meinen Kollegen Simon endlich wiederzusehen und mit ihm die letzten Kilometer zum finalen Ziel meiner Reise zurückzulegen.

DER DREI-PÄSSE-TREK BIS ZUM EVEREST BASE CAMP

Die ersten Tage in Kathmandu verbringe ich wie in all den anderen Städten mit Schlafen, Essen und Trinken. Sonst nichts. Ich baue mein Rad auseinander und bereite es für den Heimflug in einem Monat vor. Es ist ein sehr eigenartiges Gefühl, das Rad zu zerlegen, mit dem ich bis hierher gefahren bin. Auch wenn es nur ein Fahrrad ist, hänge ich doch sehr

Oben: Zum Everest Base Camp – traumhafte Ausblicke, rechts einer der Gokyo Seen.

Unten: Simon bittet um eine sichere Weiterreise. Das Drehen der Gebetsmühlen darf dabei nicht fehlen.

an diesem Drahtesel. Damit habe ich viele gute, aber auch weniger gute Dinge erlebt und noch mehr gelernt.

Ich frage mehrmals in der Rezeption nach, ob es sicher ist, das Rad im Hostel zu lassen, während ich mich auf den Everest Base Camp-Trek begebe. Die Hostelbesitzer verstehen, dass mir viel am Rad liegt und sie versichern mir, bestens auf das gute Stück achtzugeben.

Simon ist da! Ich hole ihn am Flughafen ab und wir machen uns sofort auf den Weg nach Manthali, einem Dorf 130 Kilometer östlich von Kathmandu. Um dort hinzukommen, benötigen wir einen Bus. Den richtigen zu finden ist allerdings schwierig. Es herrscht ein solches Chaos an der Bushaltestelle und mittendrin müssen wir jeden vorbeifahrenden Bus stoppen und nach dem jeweiligen Fahrtziel fragen. Ich weiß nicht, wie die Leute hier den richtigen Bus finden. Es ist überhaupt nichts beschriftet.

Für die 130 Kilometer lange Strecke benötigen wir fünf Stunden. Der schreckliche Straßenzustand und der noch schlimmere Verkehr machen das möglich. Das gibt Simon und mir aber viel Zeit, uns auszutauschen. Ich habe ihn das letzte Mal in Usbekistan gesehen, als er mich, zusammen mit meiner Schwester und einem weiteren Kollegen, dort besuchen kam.

Er ist von den Zuständen in Nepal ziemlich überrascht. Hier herrsche das totale Chaos, es sei dreckig und überhaupt nicht wie in Usbekistan oder gar Europa, sagt er.

Als wir im „Hotel" einchecken und dort am nächsten Morgen frühstücken, fällt mir erst so richtig auf, wie sehr ich mich an die Lebensstandards in Asien doch schon gewöhnt habe.

Simon ist erst seit einem halben Tag in Nepal und wir sitzen an einem verdreckten Tisch und frühstücken. Das Essen, das Trinken und die hygienischen Verhältnisse hier in Nepal sind für ihn sehr ungewohnt – er scheint einen Kulturschock erlitten zu haben, was ich gar nicht bemerkt habe. Ich muss Simon mehr Zeit geben, sich mit dem Land vertraut zu machen.

Am nächsten Tag geht es mit einer Propellermaschine nach Lukla. Der Flughafen im Tal ist ein heruntergekommenes Haus, in dem drei Angestellte nach unseren Ausweisen fragen, unsere gepackten Rucksäcke auf eine Waage stellen und uns dann zum Flugzeug schicken. Wir dürfen zu Fuß über die Landebahn zur Propellermaschine marschieren und fliegen nach Lukla auf 2860 Metern. Die dortige Landebahn ist geneigt, damit die landenden Flugzeuge bergauf bremsen können und nicht am Ende der Bahn mit dem Fels kollidieren.

Der Gedanke, auf welche Gefahren man sich mit diesem Flug einlässt, ist ein mulmiger, aber ich denke wie immer nicht darüber nach, was alles passieren könnte und komme wohlbehalten in Lukla an.

Hier startet der Everest Base Camp-Trek. Mit Simon werde ich aber nicht dieser Hauptwanderroute folgen, sondern wir nehmen den Drei-Pässe-Trek. Dieser ist eine anspruchsvolle Rundtour im Sagarmatha-Nationalpark, das Everest Base Camp ist unterwegs mit einem Abstecher als Nebenziel erreichbar.

Wir brechen auf und werden die erste Nacht in einem kleinen Dorf verbringen, etwa 15 Kilometer von Lukla entfernt. Auf der Strecke müssen wir mehrmals unsere Genehmigung vorzeigen, den Nationalpark betreten zu dürfen. Die Genehmigung kostet für nepalesische Verhältnisse nicht gerade wenig. Auch die Preise für Unterkunft und Verpflegung sind hier um ein Vielfaches höher als es sonst am Land üblich ist.

Wieder einmal erkenne ich, dass ich in einem touristischen Gebiet gelandet bin, wo die Preise dann sofort dementsprechend höher liegen. Auch die Leute hier sind anders. Während ich am Land von den Einheimischen wie ein Familienmitglied aufgenommen werde, bin ich hier nur noch ein Tourist, eine Nummer, und werde als Goldgrube betrachtet. Zwischenmenschliches wie auf dem Land gibt es hier nicht mehr. Es zählt nur noch das Geld.

Nach zwei Tagen kommen wir in Namche Bazar an, dem größten und am besten ausgestatteten Dorf der Gegend. Obwohl es Anfang November

Mit Lachen und Neugier begegnen mir die Kleinen.

ist und wir uns auf 3500 Meter Höhe befinden, können wir im Shirt in der Sonne sitzen und unser leckeres Mittagessen verspeisen. Simon scheint es bisher sehr gut zu gefallen, was mich besonders freut.

Wir bleiben nur eine Nacht hier und machen uns auf den Weg zu nachfolgenden, kleineren Dörfern. Den Drei-Pässe-Trek möchten wir im Uhrzeigersinn begehen und hoffen, so auf weniger Touristengruppen zu treffen.

Die Natur hier ist einfach nur atemberaubend. Um uns herum ragen die Bergriesen gewaltig in die Höhe, der Himmel ist tagtäglich wolkenlos und fast unwirklich strahlendblau. In den Dörfern treffen wir immer wieder auf kleine Kinder, die hier zur Schule gehen. Sie haben ein Lachen im Gesicht und freuen sich über die vorbeiwandernden Touristen. Ein kleiner Junge hat es auf uns abgesehen und will uns gar nicht mehr gehen lassen. Er klammert sich an mein Bein und grinst mich schelmisch an.

Die heutige Nacht verbringen wir in Thame, einem Dorf auf 3800 Metern. Ich bin vom Annapurna Circuit noch einigermaßen gut akklimatisiert und habe keine Probleme mit der dünnen Luft. Auch Simon scheint noch nichts zu spüren. Was wir aber spüren, ist die Kälte. Obwohl es tagsüber sehr warm und sogar heiß werden kann, kühlt es abends nach Sonnenuntergang fast übergangslos stark ab.

Die Hütten hier sind nur schlecht oder überhaupt nicht isoliert. Hinzu kommt, dass Nepalesen die Angewohnheit haben, ständig die Tür offenzulassen. Nur im Gemeinschaftsraum gibt es einen kleinen Ofen, der Wärme spendet. Leider bringt er wenig, da die Tür nach draußen ja immer offen ist.

Simon und ich sitzen also in unseren Daunenjacken am Ofen und hoffen auf ein klein wenig Wärme für unsere eiskalten Zehen. In der Kälte zu sitzen macht keinen Spaß und so beenden wir die Tage oft sehr früh und verkriechen uns in unseren Schlafsäcken. Die spenden zumindest Wärme.

Von Thame marschieren wir ein Dorf weiter und schlafen in einem Gästehaus, kurz vor dem ersten Pass – dem Renjo La. Auch hier haben wir mit einem eiskalten Gemeinschaftsraum zu kämpfen und halten uns mit Tee und einem warmen Teller Nudeln bei Kräften. Es zehrt ungemein, wenn man es abends nie wirklich warm hat. Ich bin die Kälte ganz und gar nicht gewohnt.

Wir können nicht schlafen und nutzen die Gelegenheit, den wolkenlosen Sternenhimmel zu betrachten. Auf dieser Höhe können wir die Sterne sagenhaft klar sehen! Ein Traum!

Von nun an geht es sehr schnell – für mich etwas zu schnell. Simon und ich machen uns auf den Weg zum ersten Pass auf circa 5400 Metern. Je weiter wir aufsteigen, umso mehr macht sich die dünner werdende Luft bemerkbar. Ich muss immer wieder Pausen einlegen und meinen Herz-

Die Nacht auf 5200 Metern bei Eiseskälte – die auch unsere Jackenvorhänge nicht abhalten können.

schlag beruhigen. Simon hat auch mit sich zu kämpfen und wir kommen nur schleppend voran.

Auf 5000 Metern befindet sich ein kleines Plateau, das wir gestern schon besucht haben. Denn hinter uns liegt ein Rasttag, an dem wir einen Akklimatisierungsspaziergang auf 5000 Metern unternommen haben.

EINE LANGE REISE GEHT ZU ENDE

Nur noch 500 Höhenmeter trennen uns vom Pass. Wir beschließen, dass jeder sein eigenes Tempo geht und wir uns erst ganz oben wieder treffen, statt ständig aufeinander zu warten. Ich gehe voraus und hänge wieder meinen Gedanken nach. Ich weiß nicht genau, an was oder ob ich überhaupt an etwas denke, ich setze einfach einen Schritt vor den anderen. Ich spüre die dünne Luft und komme außer Atem. Es ist extrem beschwerlich. Von nun an gehe ich in einem langsameren Tempo, dafür aber kontinuierlich, und versuche, keine Pause mehr zu machen. Das gelingt mir gut, ich erreiche den Pass.

Ich hebe den Blick – und mir läuft ein ehrfürchtiger Schauer über den Rücken. Ich sehe den Mount Everest …

Damit habe ich in dem Moment überhaupt nicht gerechnet. Völlig in meinen Gedanken versunken habe ich total vergessen, dass ich ja den Everest sehen werde, sobald ich den Pass erreicht habe. Deshalb trifft mich sein Anblick ganz unvermittelt.

Wie versteinert stehe ich da. Ich weiß nicht mehr, was ich sagen oder denken soll. Ich muss mich hinsetzen. Über acht Monate bin ich von zu

Hause fort, immer unterwegs, und nun sehe ich direkt vor mir das Ziel meiner Reise. Ich bin absolut nicht vorbereitet auf diesen Augenblick und breche in Tränen aus. Ich habe es geschafft. Ich habe es geschafft!! Ganz allein stehe ich hier am Renjo La und starre den Mount Everest an.

Nach wenigen Minuten stößt Simon dazu und sieht mich wie erstarrt dastehen. Vor Verwirrung frage ich ihn, ob das dort wirklich der Mount Everest ist? Irgendwie wünschte ich, er wäre es nicht, irgendwie aber doch.

Simon bejaht meine Frage. Ich bin überfordert. Einen solch überwältigenden Moment hatte ich noch nie in meinem Leben.

Ab diesem Zeitpunkt habe ich mit meiner Reise schon abgeschlossen. Ich habe mein Ziel gesehen, für das ich mich fast ein dreiviertel Jahr ins Zeug gelegt habe. Die nächsten Tage zum Base Camp sind für mich nur noch Formsache, einfach eine schöne Wanderung.

Ich bin wunschlos glücklich und bezwinge mit Simon den zweiten der drei Pässe, bevor wir auf den Weg zum Everest Base Camp abbiegen.

Hier begegnen uns plötzlich ganze Scharen von Touristen, Bergführern und Trägern. In den letzten Tagen waren wir oft allein und haben das Guesthouse mit vielleicht fünf anderen Wanderern geteilt, doch jetzt sind es Hunderte, die hier unterwegs sind. Überall liegen Müll und leere Plastikflaschen herum.

Manchmal werden wir von Gruppen sogar blöd von der Seite angemacht, was uns einfällt, ohne einen Bergführer und Träger zu wandern. Simon und ich können über solche Aussagen nur lachen, aber wir vergessen sie nicht.

Das letzte Dorf vor dem Everest Base Camp ist Gorak Shep. Hier kommen wir am späten Nachmittag an und wollen morgen das abschließende Ziel meiner Reise erreichen. Bevor wir uns ins Bett und in den Schlafsack verkriechen, machen wir einen Ausflug auf den Kala Patthar – einen Berg mit 5643 Meter Höhe. Er erhebt sich unmittelbar neben Gorak Shep und von seinem Gipfel soll man bei Sonnenuntergang einen atemberaubenden Ausblick auf den Mount Everest haben. Das müssen wir natürlich erleben und machen uns auf den Weg.

Der Aufstieg ist nicht leicht. Wir haben einen langen Tag hinter uns und müssen weitere 400 Höhenmeter schaffen. Meine Lungen arbeiten wie verrückt, es wird immer kälter und der Wind frischt auf. Ich habe meinen schweren Rucksack in Gorak Shep gelassen und nur meine Daunenjacke und die Kamera mitgenommen.

Oben: Warten auf den Sonnenuntergang – hinter mir der Everest.

Unten: Der Mount Everest im Feuer des Abendlichts.

EVEREST BASE CAMP

Nach achteinhalb Monaten am Ziel meines Reisetraumes: Everest Base Camp!

Nach gefühlt zwei Stunden kommen wir an. Am Gipfel des Kala Patthar bläst der Wind und es ist kalt. Die Stimmung jedoch ist absolut einzigartig. Langsam verschwindet die Sonne hinter den Bergen und die vielen Gebetsfahnen flattern im Wind. Was für ein Tag!

Es ist so weit. Das Licht der untergehenden Sonne verändert sich, wird fast bronzefarben und dann … glüht der Everest feuerrot. Keiner von uns sagt irgendwas, lediglich ein paar Fotos schießen wir. Wir bestaunen den höchsten Berg der Welt und seine mächtigen Nachbarn. Die Zeit ist wie eingefroren, ich stehe zwischen den Steinen und lasse meinen Blick wandern.

Das ist es also gewesen, geht es mir durch den Kopf. Ich bin achteinhalb Monate unterwegs gewesen. Den Großteil davon auf dem Rad und die letzten Meter zu Fuß. Ich bin gespannt, wie der morgige Tag werden wird. Der letzte auf meiner Reise. Ich habe es geschafft …

Als die Sonne komplett hinter dem Horizont verschwunden ist und es beginnt, finster zu werden, sind wir wieder unten und suchen unser Guesthouse in Gorak Shep auf. Das war ein sensationeller Tag! Die Nacht wird heute noch mal kalt werden, bevor wir morgen zum Base Camp aufbrechen.

Wir befinden uns auf 5200 Metern und wissen nicht, wie es sich auf dieser Höhe schläft. Wir beide haben noch nie eine Nacht in so dünner Luft verbracht, sind aber guter Dinge. Mehr Bedenken haben wir wegen der Kälte. Die Fenster in unseren Zimmern sind einfach verglast und isolieren so gut wie gar nicht. Deshalb stopfen wir unsere Daunenjacken wie Gardinen in die Fenster. Vielleicht bringt das was.

Ich schließe das Zimmer ab und finde Simons Anblick amüsant. Die Fenster sind mit unseren warmen Jacken gedämmt und er liegt in seinem Schlafsack, zugedeckt mit einer zusätzlichen Decke. Er sieht aus, als ob ihm kalt wäre, zugleich kommt er mir aber auch sehr zufrieden vor.

Die Nacht ist erstaunlich gut verlaufen und wir brechen auf, um die letzten vier Kilometer hinter uns zu bringen. Wir nehmen den Weg, an dessen Seiten haufenweise Plastikflaschen liegen. Warum können die Leute ihren Müll nicht wieder mit nach Hause nehmen oder zumindest ins Tal bringen?

Auf einem angenehmen Pfad erreichen wir den Gletscher, dessen Decke mit Schotter und großen Steinen übersät ist. Ich will meinen Blick noch nicht nach vorne richten und schaue zu Boden. Erst als wir den Gletscher erreichen, blicke ich auf und sehe das Everest Base Camp.

Es sind keine Zelte zu sehen, sondern nur ein großer gewölbter Stein, auf dem in großen roten Lettern „Everest Base Camp“ geschrieben steht. Die Gebetsfahnen flattern im Wind.

Das war's. Ich bin da.

Nachwort

Nach achteinhalb Monaten habe ich es geschafft. Von meinem Heimathaus in Luttach in Südtirol habe ich es tatsächlich und fast ausschließlich mit Muskelkraft bis nach Nepal zum Everest Base Camp geschafft!

Unzählige, wahnsinnig schöne, intensive Erfahrungen und eine Menge unbezahlbarer, einzigartiger Momente liegen hinter mir. Viele neue Freunde habe ich gefunden in allen durchreisten Ländern, und überall gab es spannende, überraschende, manchmal auch kuriose Bekanntschaften. Fast immer wurde mein grundsätzliches Vertrauen in die Menschen bestätigt.

Diese Reise hat mir gezeigt, wie viel sich bewegen und erreichen lässt, wenn man es nur mit ganzem Herzen will. Es gab mehrmals einen Moment, in dem ich an der Sinnhaftigkeit dieser Reise gezweifelt habe. Doch Aufgeben war nie eine Option.

Das Leben habe ich unterwegs manchmal mit dem Radfahren verglichen – mit dem Befahren eines Passes. Es gibt Situationen, die aussichtslos scheinen und sehr anstrengend sind. Das Hinaufradeln auf einen Pass macht vielleicht nicht immer Spaß, aber es wird der Augenblick kommen, der Umkehrpunkt, wo die Mühen enden, wo man sich wieder entspannen und ins Tal rollen kann. So wird es auch mit dem Leben sein. Nach einem Tief kommt irgendwann wieder ein Hoch und umgekehrt. Dass immer alles wie am Schnürchen läuft, ist eine reine Wunschvorstellung.

Nach der Rückkehr vom Base Camp packe ich meine Sachen, meinen Drahtesel und meine Erinnerungen ein und mache mich unendlich bereichert auf den Weg nach Hause. Ich bin stolz darauf und glücklich, mein Ziel erreicht zu haben. Vor allem aber freue ich mich über die vielen Dinge, die ich aus dieser Reise gelernt habe und als Reichtum mit nach Hause nehme. Vieles könnte ich dazu noch aufschreiben, weiter reflektieren oder mich in Details verlieren. Die wesentlichen, essenziellen Erkenntnisse, die ich aus dem Erfahrenen gewonnen habe, werden aber wohl erst im Laufe der Zeit sichtbar werden und ihre volle Wirkung entfalten.

Alles geschieht aus einem bestimmten Grund, und die Welt ist ein viel besserer Ort, als der sie von manchen dargestellt wird.

Blaslahof
Gsiesertal
Naturapart am Stockerhof
Reischach
Follow us
Skyview-Chalets
Toblacher See
Schwarzensteinhüt
3030

Foto: © Greta Weithaler

David Niederkofler wurde 1994 in Luttach im Ahrntal, Südtirol, geboren und ist dort aufgewachsen. In Graz, Österreich, hat er 5 Jahre lang Telematik studiert.

Er besuchte bereits während des Studiums mehrere europäische Länder und hat mit Freunden einige Abenteuer durchlebt: eine Fahrradreise von Graz nach Südtirol, die Rallye von München nach Barcelona sowie eine Reise zum Nordkap in einem 500 €-Auto …

Gegen Ende seines Studiums beschließt er, sich eine längere Auszeit zu gönnen und bereitet sich 1½ Jahre lang auf seine Fahrradreise von Südtirol (Italien) bis zum Base Camp des Mount Everest in Nepal vor.
Eine Reise, die ihn mental und körperlich sehr geprägt hat und bislang zu seinen größten Herausforderungen zählt.

TIEFSTE TEMPERATUR

-8° C in Georgien

HÖCHSTE TEMPERATUR

+56° C in Usbekistan

TIEFSTER PUNKT

116 m unter dem Meeresspiegel in Kasachstan

HÖCHSTER PUNKT

4.655 m auf dem Ak-Baital-Pass in Tadschikistan

USBEKISTAN

Sand, Wind, Staub, Steppe und karge Wüsten, soweit das Auge reicht. Mittendrin mein Fahrrad und ich.

PAKISTAN

Regenzeit. Überschwemmte Straßen und Flussdurchquerungen. Das Wasser reichte mir bis zur Hüfte.

INDIEN

60–70 % Luftfeuchtigkeit. Meine Klamotten sind über Tage hinweg nicht getrocknet. Die wenigen Stahlteile am Rad sind in dieser Zeit gerostet.

Mein Fahrrad mit Blick auf das Pinion P1.18 Schaltgetriebe